U0920593

泾川年鉴

JINGCHUAN NIANJIAN

2020

泾川县档案馆　编

蘭州大學出版社
LANZHOU UNIVERSITY PRESS

图书在版编目（CIP）数据

泾川年鉴. 2020 / 泾川县档案馆编. -- 兰州 : 兰州大学出版社, 2020.10

ISBN 978-7-311-05800-5

Ⅰ. ①泾… Ⅱ. ①泾… Ⅲ. ①泾川县－2020－年鉴 Ⅳ. ①Z524.24

中国版本图书馆CIP数据核字(2020)第175896号

责任编辑　马继萌　梁建萍
封面设计　汪如祥

书　　名　泾川年鉴2020
作　　者　泾川县档案馆　编
出版发行　兰州大学出版社　(地址:兰州市天水南路222号　730000)
电　　话　0931-8912613(总编办公室)　0931-8617156(营销中心)
　　　　　0931-8914298(读者服务部)
网　　址　http://press.lzu.edu.cn
电子信箱　press@lzu.edu.cn
印　　刷　兰州人民印刷厂
开　　本　880 mm×1230 mm　1/16
印　　张　13.5(插页20)
字　　数　324千
版　　次　2020年10月第1版
印　　次　2020年10月第1次印刷
书　　号　ISBN 978-7-311-05800-5
定　　价　164.00元

《泾川年鉴》编审委员会

总编审　吕鹏举　县委书记
　　　　王廷佐　县委副书记、县政府县长
编　审　王德全　县委副书记
　　　　崔　飞　县委常委、常务副县长
成　员　吕孝忠　县委办公室主任
　　　　尚志龙　县人大常委会办公室主任
　　　　马虎林　县政府办公室主任
　　　　刘红杰　县政协办公室主任
　　　　王新义　县委组织部分管日常工作副部长
　　　　任新红　县委宣传部常务副部长
　　　　段全福　县委统战部常务副部长
　　　　任小平　县财政局局长
　　　　张剑冰　县统计局局长
　　　　高隆华　县档案馆馆长

《泾川年鉴》编辑部

主　编　高隆华
编　辑　何来锁　王华丽　吴永红　袁步选
　　　　郭俊成　王燕萍　张婷婷

编辑说明

一、根据国务院《地方志工作条例》和《甘肃省地方志工作规定》,《泾川年鉴》由泾川县人民政府主管、泾川县档案馆主编，是全面系统记述全县上年度自然、政治、经济、文化、社会等方面情况的大型年度资料性文献，是集权威性、实用性为一体的地情百科资料工具书。

二、本年鉴记述时限为2019年1月1日至12月31日，为了事物的完整性，记述时间适当上溯或下延。

三、本年鉴以文字资料为主，数字、图、表为辅；文体以记述为主，说明为辅，两者结合。

四、本年鉴按照方志体例横分门类，以类目、分目、条目3个层次为框架结构，以条目为主要载体撰稿，每事一题，设小标题，揭示中心内容。全书设24个类目，全书照片均配以文字说明。全书条目的标题统一用黑体加【】表示。

五、本年鉴采用国家规定的法定计量单位，统计公报由县统计局提供；各单位机构人员编制情况以县编办文件为准；领导班子成员和任职时间以县委组织部2019年干部档案为准；入鉴荣誉以市委、市政府及以上级别的表彰奖励为准。

六、年鉴的基础资料均由各乡（镇）、城市社区、县直部门及驻泾单位提供，并经供稿单位领导审定。由于编辑人员水平有限，书中难免有疏漏或不足之处，敬请读者批评指正。

数字泾川2019

年末户籍人口	35.3万人
全年平均气温	10.5℃
年降水总量	631毫米
生产总值	38.15亿元
粮食产量	8.81万吨
工业增加值	32051万元
社会消费品零售总额	279063.9万元
出口创汇	2318万元
大口径财政收入	41560万元
金融机构各项存款余额	99.97亿元
年末民用汽车保有量	10027辆
计算机互联网用户	8.17万户
年度高考上线人数	2114人
本科上线人数	1695人
城镇居民人均可支配收入	27155.4元
农村居民人均可支配收入	10483.7元
城乡居民基本医疗保险参保	298144人

2月13日，县委十七届七次全体会议暨县委经济工作会议在职教中心召开

2020年1月4日至6日，县第十八届人民代表大会第五次会议在泾州宾馆召开

2020年1月3日至5日，县政协九届五次全体会议在泾州宾馆召开

3月18日，省委第二巡视组巡视泾川工作动员会在泾州宾馆召开

9月11日，泾川县“不忘初心、牢记使命”主题教育动员部署会在国土大厦召开

6月22日，天津市武清区与泾川县签署东西部扶贫协作文件

7月9日，5G发布暨智慧城市建设合作协议签署

7月28日，“走进王母故里·品味诗韵泾川”文化旅游节开幕

9月26日至27日，泾川县举办庆祝中华人民共和国成立70周年歌咏比赛

10月16日，泾川县举办第二届“中国农民丰收节”暨赛园赛果活动颁奖活动

泾汭河川万亩设施西瓜种植基地一角

拱棚内西瓜

拱棚内甜瓜

天津武清区援建的王村镇朱家涧设施蔬菜园区

玉都镇康家村鼎惠矮化密植果园建设

鼎惠公司苹果园防雹设施建设

鼎康肉牛育肥场全景

鼎康牛场一角

王村镇朱家涧“平凉红牛”养殖场

7月10日，平凉红牛良种中心项目在泾川县开工

9月18日，朱家涧水库建成蓄水

王村镇朱家涧易地扶贫搬迁安置楼

县人民医院医技楼主体竣工

县电商物流配送中心

县城亮化工程一角

竣工投用的县体育场

大云寺广场全景

4月20日，泾川县全民运动会开幕

6月22日，平凉第七届登山挑战赛在泾川县举办

1月17日，平凉市2019年春节联欢晚会分会场在城刘村录制

8月7日，第三届锦绣凤凰民俗文化旅游节开幕

8月18日，第六届海峡两岸谒礼华夏母亲（西王母）仪式在王母宫举行

锦绣凤凰旅游区鸟瞰全景

泾明乡山水白家一角

王村知青记忆园

7月，泾川县被省委、省政府、省军区授予“双拥模范县”

荣誉证书

授予：平凉理工中等专业学校

“全国教育系统先进集体”称号

中华人民共和国人力资源和社会保障部
中华人民共和国教育部
二〇一九年九月

9月，平凉理工中等专业学校获“全国教育系统先进集体”称号

12月，城关镇凤凰村、党原镇城刘村被国家林业和草原局授予“国家森林乡村”

目　录

泾川县人民政府

政协泾川县委员会

民主党派

群众团体

法治军事

农林水牧

工　业

商贸流通

交通通信

财税金融

经济管理

住建环保

教育科技卫生

文化旅游

社会服务与管理

乡（镇）与城市社区

获奖人物·先进单位

附　录

凝心聚力攻坚 履责担当突破 展示新作为 奋力谱写全县经济社会高质量发展新篇章

——在县委十七届七次全体会议暨县委经济工作会议上的讲话

吕鹏举

（2019年2月13日）

同志们：

这次会议的主要任务是，高举习近平新时代中国特色社会主义思想伟大旗帜，深入贯彻落实党的十九大和中央、省市委经济工作会议精神，回顾总结成绩，分析研判形势，安排部署新年度重点工作，动员全县上下进一步统一思想，提振信心，鼓足干劲，担当作为，奋力谱写全县经济社会高质量发展新篇章。后面，廷佐同志对今年经济工作还要作具体安排部署，希望大家认真抓好贯彻落实。现在，根据县委常委会讨论的意见，我重点讲三个方面。

一、正确估价去年工作，增强推动高质量发展的信心决心

2018年，全县上下坚持以习近平新时代中国特色社会主义思想为指导，认真学习贯彻党的十九大和十九届二中、三中全会精神，深入落实习近平总书记视察甘肃“八个着力”重要指示精神，坚决贯彻中央和省市决策部署，坚持稳中求进总基调，紧扣高质量发展要求，全面落实稳增长、促改革、调结构、惠民生、防风险各项任务，纵深推进全面从严治党，全县经济社会发展呈现出平稳健康持续向好的态势。

一是始终把政治建设摆在首位，党的领导全面加强。坚持以党建统领经济、政治、文化、社会和生态文明建设，把旗帜鲜明讲政治作为根本要求，严格落实县委常委会、理论中心组学习制度，深入学习习近平新时代中国特色社会主义思想，全面贯彻习近平总书记重要讲话、重要论述和重要指示，通过专题研讨、党课辅导、组织轮训等方式，教育引导全县各级党员干部切实增强“四个意识”、坚定“四个自信”、坚决做到“两个维护”。严格落实意识形态责任制，扎实开展净化舆论环境专项整治活动，牢牢掌握意识形态工作主动权。严格执行县委常委会议事规则和决策程序，全力支持人大、政府、政协按照各自职能和章程履行职责，切实加强对工、青、妇等群团组织的领导，形成了相互支持、紧密配合、共谋发展的良好局面。

二是认真贯彻新发展理念，县域经济实力不断壮大。紧盯高质量发展导向，始终把培育优势产业作为加快县域经济发展的根本途径，坚持做大总量与提高质量并举，发挥优势与弥补短板齐抓，持续推进特色产业深度开发，积极推行“五个一”产业发展模式，多方培育新型农业经营主体，全面建成“平凉红牛”泾川鼎康肉牛育肥场和种质资源站，扶持建办雄发兴农蔬菜保鲜库，加快农产品加工产业链条和物流营销网络建设，现代农业产业体系初步建立。持续加大招商引资力度，对接洽谈签约了生猪屠宰、生物质发电等一批招商引资项目；大力扶持民营经济发展，天纤棉业二期20万锭棉纱生产线、商品交易和农产品批发市场等重点项目加快实施，工业经济总量不断增加。加快创建省级全域旅游示范县，积极推进大景区管理体制改革，与省城投集团开展股份合作，组建成立了甘肃大云寺旅游开发有限责任公司，全力打造城关凤凰、泾明白家等乡村旅游名片，县域旅游品牌知名度和影响力不断提升。深入推进国家电子商务进农村综合示范县创建，全面加快县级电子商务中心、物流配送中心等服务体系建设，商贸物流等第三产业提速发展。认真落实城市发展“四个转变”要求，持续加大城镇建设投入力度，棚户区改造、商住小区开发、城市街路改造等工程进展顺利，供气供热、排污排洪、电力通信等市政设施日趋完善，“智慧城市”平台建成投用。特别是贯穿县城全境的南滨河景观大道建成通车、城东片区老旧住宅楼改造全面完成，有效提升了城市形象、改善了人居环境。

三是全力实施“九大冲刺行动”，脱贫攻坚取得实效。把打赢打好脱贫攻坚战作为最大的政治，紧扣“两不愁、三保障”基本目标，落实落细“一户一策”，全力推动帮扶政策和帮扶措施精准到村到户到人。聚力补短板、强弱项，严格落实县级领导包乡联村责任制，统筹调配帮扶力量，多方加强东西部扶贫协作，带动全县各级党员干部全员参战、合力攻坚。按照“远抓苹果近抓牛、当年脱贫抓劳务”的产业扶贫思路，探索推广“国有公司+龙头企业+合作社+贫困户”发展模式，扎实开展产业培育和劳务输转，群众增收基础不断夯实。加快实施易地搬迁、道路硬化、安全饮水、农网改造等基础设施建设工程，全面补齐教育、医疗、文化、养老等公共服务短板，贫困乡村生产生活条件明显改善。全县脱贫退出1.35万人，贫困发生率下降至1.15%。

四是纵深推进全面深化改革，发展动力活力持续增强。坚持正确方向、问题导向、为民取向、破题指向，统筹推进各领域改革举措落地见效。持续深化“放管服”改革，启动运行一体化政务服务平台，80%以上的政务服务事项实现了“一网通办”。抢抓全国农村集体产权制度改革试点县机遇，全面推行农村“三变”改革，积极创新“三变”+旅游、“三变”+特色种养等发展模式，“三变”改革试点在省级考核中取得优秀等次，城关镇凤凰村“三变”改革多次被中央广播电视总台专题报道，并入选第二届中国美丽乡村百佳范例。全面对标省市机构改革“时间表”“路线图”，稳步推进县级党政机构改革，新成立机构全部挂牌运行，领导班子配备、部门职责调整、机构人员转隶等工作基本完成。生态文明体制改革、农村土地制度改革稳步推进，工会、团委、妇联、科协、文联等群团组织改革不断深化。深入开展庆祝改革开放40周年系列活动，全方位、多角度展示我县经济社会发展成就，为打赢整县脱贫攻坚战、全面建成小康社会提供了强大精神动力。

五是着力保障和改善民生，群众幸福指数不断提升。紧盯事关群众切身利益的实际问题，多方加大资金投入，精心措办惠民实事，县第四幼儿园、县医院整体搬迁等重点工程加快实施，分级诊疗制度逐步完善，公立医院药品全部实行零差率销售，城乡公共服务均等化、普惠化水平明显提升。严格落实城乡居民养老保险、医疗救助、残疾人“两补”等政策，城乡低保、特困供养补贴提标工作全面完成，就业创业渠道不断拓宽，社会保障体系更加健全。扎实推进平安泾川建设，全面加强社会治安综合治理，深入开展扫黑除恶专项斗争，认真排查化解矛盾纠纷，妥善处理信访突出问题，依法管理民族宗教事务，严格落实安全生产责任制。大力整饬高价彩礼、薄养厚葬等陈规陋习，推进移风易俗，倡树时代新风，为经济社会发展创设了良好环境。认真践行“绿水青山就是金山银山”发展理念，以创建国家生态文明建设示范县为契机，精心实施造林绿化、流域治理、环境整治等工程，统筹推进大气、水、土壤三大污染防治攻坚战，城乡生态环境质量明显改善。

六是深化“一强三创”行动，党建保障更加有力。认真落实新时代党的建设总要求，扎实推进“十星级”党支部建设标准化和“五星级”党员创评工作，大力推行产业党建“四链”模式，创新实施农村“三个带头人”队伍“一户一带”帮扶计划和农村“三变”改革助理员选聘计划，基层党组织引领脱贫攻坚、助推改革发展的能力进一步增强。坚持“四个一线”和“五个一批”干部选用方式，在脱贫攻坚主战场和项目建设一线培养、选用了一大批干部。深入开展转变作风改善发展环境建设年和脱贫攻坚作风建设年活动，部署开展县委第二轮巡察，扎实整改中央、省市委巡视巡察反馈问题，狠抓全面从严治党“两个责任”落实，紧盯扶贫领域腐败和作风问题，深化运用监督执纪“四种形态”，加大“四风”查纠整治力度，强化执纪问责，形成了有力震慑。

过去的一年，面对错综复杂的宏观形势和艰巨繁重的改革发展任务，县上四大班子团结带领各级各部门，齐心协力，务实苦干，形成了经济平稳运行、民生持续改善、社会和谐稳定、党的建设全面加强的良好局面。这些成绩的取得，得益于市委的正确领导，得益于全县广大干部群众的奋力拼搏，得益于社会各界人士的倾力支持。在此，我代表县委、县人大、县政府、县政协，向大家表示崇高的敬意和衷心的感谢！

二、准确把握形势任务，抓牢推动高质量发展的着力重点

科学研判发展形势，准确把握面临的机遇挑战，对于我们谋划今年工作具有重要意义。

从机遇优势看：一是宏观形势整体趋好。中央经济工作会议作出了我国发展仍处于并将长期处于重要战略机遇期的重大判断，强调继续实施积极的财政政策和稳健的货币政策。省委十三届七次全会暨省委经济工作会议强调，要过好战略定力关、攻坚能力关、干事魄力关，全力抓好强产业、增动能、促开放、挖潜力、优环境、保民生六项重点任务，释放了良好发展预期，传递了鲜明政策导向。市委四届七次全会暨市委经济工作会议对推进脱贫攻坚、聚集发展动能、强化产业支撑、破解瓶颈制约等重点任务作出了全面部署。这些新要求，为我们科学判断形势提供了依据，也为我们应对困难挑战指明了方向。二是政策机遇多重叠加。国家实施新一轮西部大开发、深入推进“一带一路”建设、大力实施乡村振兴战略、加速推进东部产业向西部转移、加快绿色崛起；中央明确提出实施更大规模的减税降费、较大幅度增加地方政府专项债券规模，毫不动摇鼓励、支持、引导非公有制经济发展；中央农村工作会议强调要加大基础设施等领域补短板力度，注重解决小农户生产经营面临的困难；省市聚焦持续打好“三大攻坚战”、稳妥处理地方政府债务、构建生态产业体系，谋划了一大批重点项目，出台了一系列利好政策，为县域经济发展带来了全新机遇。三是优势潜力不断厚植。经过两轮新农村建设试点，我县美丽乡村建设走在了省市前列，乡村旅游发展多点开花，生态林业建设成果持续巩固，城乡基础条件显著改善，实施乡村振兴战略具备了良好基础。农业产业在“三变”改革牵引下，富原红果品、鼎康牛业、雄发蔬菜等一大批新型经营主体应运而生；工业集中区晋升为省级开发区，产业结构持续调优，服务环境明显改善，工业经济在天纤棉业等龙头企业带动下，园区聚集、转型升级、效益提升的势头更加明显；百里石窟长廊保护开发获得国家支持，文旅融合发展取得突破性进展，后发赶超优势逐步形成。四是发展环境持续优化。通过扎实开展转变作风改善发展环境建设年和扶贫领域作风建设年活动，全县各级党员干部作风持续好转，营商环境不断创优，工作合力有效凝聚。随着新一轮机构改革的深入推进，必将对经济社会和党的建设各项事业发展注入强劲动力。

从困难问题看：一是制约因素较多。经济下行压力较大，环境保护、节能降耗等方面政策趋紧，金融风险防范、地方政府债务化解，对项目建设、企业融资方面影响较大；县域经济总量偏小，财政自给率低，资金运筹愈加困难，社会事业领域和城乡基础设施建设资金缺口较大，经济发展质量亟待提高。二是稳定脱贫任务艰巨。大多数乡镇产业化龙头企业培育缓慢，村级集体经济薄弱，相当一部分专业合作社运行不规范，带动作用不强；部分贫困群众自我发展的能力动力不足，工作不深入不细致的问题亟待消除，巩固脱贫成果、实现稳定脱贫还需要做大量细致的工作。三是产业开发水平不高。传统农业比重偏大，现代农业发展缓慢，特色产业管理不够精细，新型经营主体培育滞后，产业抵御风险能力较弱，助农增收作用发挥仍不充分；现有企业数量少、规模小、融资难，工业短腿问题十分突出，旅游基础设施和产业要素不够完善，生态、文化等资源优势尚未转化为经济优势，对第三产业带动作用不强。四是干部管理仍需加强。从严治党责任压力传导不够到位，个别单位干部作风慵懒散漫，消极懈怠，个别党员干部心存侥幸，顶风违纪，“四风”问题仍未禁绝；面对新形势新任务新要求，一些领导干部思想保守、观念落后，工作闯劲不足，攻坚克难缺乏担当，严重影响思路破解和工作落实。

综合分析，可以说2019年机遇与挑战并存，但总体上仍是机遇大于挑战。全县上下一定要深入学习贯彻中央和省、市委经济工作会议精神，找准宏观战略与县域经济发展的契合点，抓住用好重大战略机遇，抓紧对接和争取项目，以舍我其谁的责任担当和奋发有为的精神劲头，坚定不移推动县域经济高质量发展。

2019年是中华人民共和国成立70周年，是全面建成小康社会的关键之年。全县经济工作的总体思路是：以习近平新时代中国特色社会主义思想为指导，全面贯彻党的十九大和十九届二中、三中全会精神，统筹推进“五位一体”总体布局，协调推进“四个全面”战略布局，深入落实习近平总书记视察甘肃重要讲话和“八个着力”重要指示精神，坚持稳中求进工作总基调，坚持新发展理念，坚持推动高质量发展，坚持以供给侧结构性改革为主线，牢牢把握“六稳”要求，把“巩固、增强、提升、畅通”八字方针贯穿工作始终，认真落实中央和省市各项决策部署，统筹推进稳增长、促改革、调结构、惠民生、防风险工作，保持经济持续健康发展和社会大局和谐稳定，为全面建成小康社会收官打下决定性基础，以优异成绩庆祝中华人民共和国成立70周年。

总体要求是：党建统领强保障，稳中求进提质量，创新突破促提升，担当尽责抓落实。党建统领强保障，就是要旗帜鲜明讲政治，坚持把全面加强党的领导贯穿工作始终，充分发挥党委总揽全局、协调各方的领导核心作用，切实提高领导、谋划、推动改革发展的能力和水平，不折不扣落实中央和省市县委各项决策部署，确保各项事业始终沿着正确方向发展。稳中求进提质量，就是要坚持稳中求进工作总基调，准确把握经济发展和转型升级规律，正确处理速度与质量的关系，保持“稳”的定力和态势，增强“进”的信心和动能，着力在调结构、转方式、提质量上下功夫，久久为功，善作善成，全力促进经济持续平稳健康发展。创新突破促提升，就是要坚持实干导向和创新导向有机结合，深入推进思想解放，认真贯彻新发展理念，立足县情实际和发展现状，坚持用创新的思维、改革的办法、务实的举措，着力破解瓶颈制约，激发发展活力，充分调动一切积极因素，开拓进取，真抓实干，推动各项工作在现有基础上取得新成效、实现新突破。担当尽责抓落实，就是要牢固树立有权必有责、有责必担当的意识，始终保持强烈的责任感和使命感，在困难面前敢闯敢试，在矛盾面前敢抓敢管，对确定的目标紧盯不放，对下达的任务不推不拖，以创造性的工作成效彰显新担当新作为。

具体工作中，重点抓好六个方面：

1.聚焦脱贫摘帽，巩固拓展脱贫攻坚新成效。整县脱贫是我们必须坚决完成的政治任务，2月中下旬省上考核评估即将全面开展，各级各部门一定要做到越在最后关头，越要坚定必胜的信念，越要拧紧责任的螺丝，任何地方、任何环节都不能出问题。全县上下要围绕责任落实、政策落实、工作落实，按照省上新的考核办法，进一步强化政治担当，压实包抓责任，大力实施脱贫攻坚“三年行动计划”，持续推进“九大冲刺行动”，以更大力度、更高标准、更严要求，咬紧牙关，一鼓作气，全面打赢打好脱贫攻坚战。要着眼持续增收，抓好产业培育。紧紧扭住产业扶贫这个根本，按照“远抓苹果近抓牛、当年脱贫抓劳务”的总体要求，坚持因地制宜、因户施策，持续壮大果、菜、畜等特色产业规模，大力培育龙头公司和专业合作社，依托农村“三变”改革，健全完善利益联结机制，真正把贫困户嵌入产业链。要更加注重扶贫与扶智、扶志相结合，强化宣传教育和技能培训，进一步扩大劳务输转，多方增加贫困群众现金收入。要高度重视易地扶贫搬迁工程后续产业培育和就业创业工作，真正让贫困户搬得出、稳得住、能发展、可致富。要对标脱贫标准，全面补齐短板。紧盯“两不愁、三保障”基本目标和“643”脱贫标准，坚持用“过筛子法”逐项查漏补缺，认真扎实做好各项工作。特别是要针对中央对我省脱贫攻坚专项巡视、省上督查检查和市级脱贫退出初验反馈问题的整改工作来一次深入细致的“回头看”，列出清单、逐项销号，务必在省上考核之前全部整改到位，以高质量脱贫成效迎接国家评估验收。在这个问题上，谁马虎大意出了问题，必须从严惩处。要统筹兼顾非贫困村贫困户和收入略高于建档立卡标准的临界群体，加强政策宣传，加大帮扶力度，全面提高群众对脱贫攻坚工作的满意度。要强化政策落实，巩固脱贫成效。在确保全面完成整县脱贫摘帽的基础上，坚持脱贫不脱钩、脱贫不脱政策、脱贫不脱帮扶，持续加大工作落实力度，细化实化帮扶举措，扎实推进各项扶持政策措施到村到户到人。加强与天津市武清区对接协作，广泛动员社会各界力量参与精准扶贫，形成脱贫攻坚强大合力。要健全完善督查落实机制，统筹推进监督检查，抓细抓实问题整改，确保脱贫经得起时间检验。

2.突出要素聚集，全力开创乡村振兴新局面。实施乡村振兴战略，是新时代做好“三农”工作的总抓手，也是当前和今后一个时期的主攻方向。要紧扣“二十字”方针和“五个振兴”的总要求，立足实际认真研究制定规划，合力抓好落实，努力探索乡村振兴新路子。要加快发展现代农业。按照“果转型、牛扩量、菜提质”发展思路，坚持果品第一产业地位毫不动摇，全面落实果园标准化管理措施，健全完善市场营销体系，鼓励引导农户增施有机肥，提高果品质量，发展绿色有机果品；牛产业要以建设西部肉牛种质科技创新基地为牵引，抢抓我市承办第十四届中国牛业发展大会的机遇，着力在数量扩张、规模养殖小区建办、饲草种植、科学饲养、“平凉红牛”品系培育、精深加工和品牌推广方面力争有大的提升；蔬菜产业要坚持设施栽培与露地生产并重，依托龙头企业和专业合作社扩大种植规模，发展订单生产，开拓多元市场，力争年内实现泾汭河川区蔬菜种植全覆盖。要持续深化农业供给侧结构性改革，探索推行公司化运作、资本化运营、工厂化生产，大力发展精深加工、冷链物流、包装销售等配套产业，促进农村一二三产融合发展，加快推动农业由增产向提质转变。要持续完善基础设施。抢抓国家加大基础设施建设投资力度的良好机遇，精心实施通村道路建设、安全用水保障、清洁能源推广等基础设施建设工程，全面完成泾汭河、黑河河堤治理续建工程，建成高平、飞云、窑店、罗汉洞4个乡镇天然气管网，全面改善城乡群众生产生活条件。要将美丽乡村建设与发展乡村旅游相结合，建成“千村美丽”示范村6个。要深入推进环境整治。认真学习浙江“千万工程”经验，扎实开展农村厕所、农村垃圾、农村风貌“三大革命”，深入推进农村生活污水治理、废旧农膜回收与尾菜处理利用、农村畜禽粪污资源利用专项行动，持续推进全域无垃圾专项治理和农村人居环境整治三年行动，加大废旧庄基复垦力度，大力整治和美化村容村貌，加快乡镇垃圾转运站和垃圾、污水处理站建设，坚决清理整治“大棚房”问题，努力创造更加舒适宜居的人居环境。今年每个乡镇都要抓建3～5个农村人居环境整治方面的成功典型，以点带面，整体推动。要着力培树文明乡风。坚持把社会主义核心价值观、村规民约融入乡村和家庭，持续推进社会公德、职业道德、家庭美德建设。充分发挥村务监督委员会、村民议事理财小组等各类自治组织的作用，全面推行村务公开标准化规范化。广泛开展各种形式的群众性精神文明创建活动，持续整治高价彩礼、薄养厚葬、大操大办、人情攀比等陈规陋习，使孝老敬亲、诚信友善、崇俭戒奢蔚然成风。

3.强化项目带动，着力打造经济发展新引擎。我县经济发展中存在的最大问题在于动能不足，解决这一问题的关键是要以项目建设为抓手，发展壮大实体经济。要加大项目争建力度。抓住国家稳增长、稳投资的重大政策利好，运用好项目生成“四个渠道”和谋划争取“八个方面”，严格落实“三个一”项目包抓责任制，切实加强项目谋划争取、前期推进、审批落地等各个环节的工作，力促固定资产投资稳定增长。要紧盯重点领域、重点行业，由县级领导牵头组建招商团队，大力开展外出招商、委托招商、以商招商，争取年内引进过亿元项目1个以上、5000万元以上项目5个以上。特别是对一些有意向的招商项目，有关部门要跟踪对接，力争早日落地见效。要提升工业经济实力。深入实施工业强县战略，改造提升传统产业，引进培育新兴产业，突出抓好循环经济产业园区基础设施建设，不断提升园区承载能力。深化与中国纺织机械集团战略合作，全力加快天纤棉业二期等续建项目进度，确保完成年度建设任务。要大力发展非公经济。深入学习贯彻习近平总书记在民营企业座谈会上的重要讲话精神，落实落细中央、省市支持非公经济发展各项政策措施，建立用好小微企业互助贷款风险补偿担保基金，积极开展纾难解困和协调服务，坚定不移支持民营经济发展。要推进文旅融合发展。按照“政府主导、市场运作、高起点谋划、大手笔运作、全社会参与”的思路，加快大景区管理体制机制改革，依托甘肃大云寺旅游开发有限责任公司，对县域文化旅游资源统一开发经营。以发展全域旅游为统揽，全力抓好大云寺·王母宫国家5A级旅游景区创建，努力提升乡村旅游发展水平。多方聚集产业要素，加强资源整合和区域合作，积极融入周边旅游圈精品线路，精心办好第六届华夏母亲节系列活动，广泛开展宣传推介和交流合作，辐射带动商贸物流、电子商务、健康养老等第三产业发展，加快培育县域经济新的增长极。

4.坚持以城带乡，积极构建城乡一体新格局。按照城市发展“四个转变”“六项原则”要求，加快开发建设，规范管理运营，着力打造宜居宜业宜游的现代化精品县城。要更加突出规划引领。坚持以超前的理念抓规划，全面启动“多规合一”工作，及时开展县城“城市双修”和城区地下综合管网专项规划编制，加快完善重点小城镇、重点区域修建性详规，修订完善县城市政基础设施和公共服务设施专项规划，进一步完善城镇空间布局和功能形态。要树立经营城市理念。统筹利用城市土地、供水、供热、供气、公交、绿化等资源，运用市场化手段，借助各类融资平台和债券等政策，有效整合城市资产，规范经营城市土地，吸引更多社会资本参与城市基础设施和公共服务设施建设，不断提高城市运营管理水平。要统筹抓好县城扩容提质和重点小城镇建设，加快实施棚户区改造和世纪花园C区等住宅小区开发，精心实施水泉路改造和文体路延伸等重点工程，形成城乡互促互补、一体推进发展新格局。要加强城镇综合管理。不断健全市政设施配套体系，全面加强县城道路、供排水、市场、停车场、绿地公园等基础设施建设，持续加大违章建筑、交通拥堵、市场秩序、环境卫生整治力度，全面提升城市管理水平。

5.着眼民生改善，不断扩大共建共享新成果。始终把改善民生放在重要位置，尽力而为，量力而行，着力解决好服务群众“最后一公里”难题。要大力发展社会事业。持续加大投入力度，全面建成城区第四幼儿园，加快县医院搬迁项目建设，统筹做好教育、医疗、就业、养老等领域工作，下功夫解决城乡教育医疗资源不均衡、看病难看病贵、孤残群体和特困人员保障机制健全等普惠性民生问题。不断完善公共文化服务体系，广泛开展文化惠民活动，进一步丰富群众精神文化生活。要努力提升社会保障水平。持续加大对特殊困难弱势群体的帮扶力度，不断提高城乡低保、农村特困供养人员救助标准。积极实施全民参保登记计划，整合城乡居民基本医疗保险，不断完善社会保障体系。深入开展创业促就业行动，全力做好高校毕业生、困难家庭人员、退役军人等群体的就业帮扶工作，最大限度满足不同层次的就业需求。要坚决整改突出环境问题。紧盯问题清单、任务清单和责任清单，扎实开展生态环境整治和流域综合治理，坚决完成中央、省市环保督察反馈问题整改。要围绕创建国家森林城市，持续抓好大规模造林绿化和重点生态工程，全面落实河（湖）长制，积极推进餐厨废弃物资源化处理，强化环境保护执法监管，完善生态环境保护长效机制，努力提升生态文明建设水平。要不断创新社会治理。深入开展“七五”普法，扎实推进平安泾川建设，加快社会治安防控体系建设，防范化解各类重大风险，全力做好公共安全、食品药品市场监管、信访维稳，依法加强民族宗教事务管理，严格落实安全生产责任制，全力保障人民群众生命财产安全。深入开展扫黑除恶专项斗争，始终保持高压态势，严厉打击聚众斗殴、敲诈勒索、欺行霸市等违法犯罪行为，坚决铲除黑恶势力关系网和“保护伞”，切实维护社会和谐稳定。

6.深化改革创新，多方激发转型发展新活力。坚持以改革促开放、以开放促发展，加快构建有利于释放改革红利、激发市场主体活力的体制机制。要全面完成县级党政机构改革。县机构改革领导小组要发挥好综合协调、整体推进、督促落实作用，统筹抓好涉改单位资产划转、档案移交、“三定”方案制定等重点工作，及时研究解决工作中遇到的新情况新问题，确保改革顺利推进，各项工作平稳有序、无缝对接。要统筹推进重点领域改革。持续深化“放管服”改革和“四办”改革，全面推行网上审批、并联审批，最大程度方便企业群众办事。总结推广全国农村集体产权制度改革和农村“三变”改革试点经验，健全完善农村土地“三权分置”制度，全面助力乡村振兴。全力推进生态文明、教育医疗、投融资机制、监察体制和党建制度等领域改革，让广大群众更多分享改革红利。要持续创优经济发展环境。省委明确要求，转变作风改善发展环境建设年活动要持续开展下去，直到全省营商环境真正大变样。相关部门要严格落实市场准入、减费降税、降低运营成本等措施，大力开展市场准入限制专项清理，着力打造开放、公平的市场环境。要认真落实领导干部联系帮扶民营企业制度，常态化开展银企对接，引导金融机构通过信贷支持、融资担保、风险补偿等方式，下功夫解决中小微企业融资难融资贵等问题，努力营造亲商、扶商、安商的良好氛围。

三、全面加强党的领导，落实推动高质量发展的保障措施

加强和改善党对经济工作的领导，是落实习近平新时代中国特色社会主义经济思想、促进县域经济发展的根本保障。全县各级各部门要严格按照“党建统领，稳中求进，创新突破，担当尽责”的要求，紧盯发展目标，创新工作方式，以真抓的实劲、敢抓的狠劲、常抓的韧劲，自我加压，务实苦干，努力为推动经济高质量发展提供坚实保障。

一要提高政治站位谋划发展。始终把学习贯彻习近平新时代中国特色社会主义思想作为重要政治任务，持续在学懂弄通做实上下功夫，努力把学习的过程转化为指导实践、推动发展的过程。要坚持把党的政治建设摆在首位，深入开展“不忘初心、牢记使命”主题教育，引导各级党员干部严守政治纪律和政治规矩，树牢“四个意识”，坚定“四个自信”，坚决做到“两个维护”。要严格落实党委（党组）意识形态工作责任制，加大对各类意识形态阵地的管控力度，弘扬主旋律，传播正能量。

二要筑牢坚强堡垒引领发展。全面落实新时代党的建设总要求和组织路线，深入实施党建统领“一强三创”行动，以党建促发展，以发展强党建。要建强基层组织。持续推进“十星级”党支部建设标准化和“五星级”党员创评工作，严格落实“三会一课”、主题党日、谈心谈话等制度。积极适应脱贫攻坚和乡村振兴需要，选好配强基层党组织班子特别是党组织书记，狠抓软弱涣散党支部整顿转化，提升党支部的带富能力。村党组织书记要切实当好脱贫攻坚“排头兵”“领头雁”，带头宣传政策、发展产业，千方百计为贫困群众办实事、办好事；要把牢纪律底线，严格落实各项惠民政策，管好用好扶贫资金“救命钱”，绝不能辜负群众的信任与期盼。要激发干部活力。认真贯彻落实激励广大干部新时代新担当新作为的实施意见，围绕推进经济高质量发展，把敢不敢扛担子、愿不愿攻难关、能不能干成事作为识别评价干部的重要标准，扎实做好干部培养管理使用，加大优秀年轻干部培养选拔力度，着力打造一支忠诚干净担当的干部队伍。纪检、组织部门要进一步完善容错纠错机制，特别是对敢于担当负责，因发展、因工作受到问责的干部，要坚持严管和厚爱相结合，在思想上教育，心理上疏导，对处分影响期结束后表现优秀、符合使用条件的，应向县委提出使用建议，为想干事、会干事、能干成事的干部撑腰鼓劲。要打造党建品牌。牢固树立党的一切工作到支部的导向，把更多的精力投入抓弱项、补短板中，强化分类指导，做好后进转化，统筹推进机关、社区、企业、学校医院等各领域党建均衡发展。坚持以品牌化理念推进基层党建工作，注重在工作思路、内容载体、落实措施等方面积极探索创新，认真总结提炼，形成特色亮点，辐射带动党建整体工作提升。

三要锻造过硬本领推动发展。面对新时代新任务新要求，推动全县经济高质量发展，需要高素质专业化的干部和人才。要深入解放思想。我们与先进县区的差距，表面上看是经济发展水平的差距，实质上是思想观念和开放水平的差距。全县各级党员干部一定要深入贯彻新发展理念，打破惯性思维，克服经验主义，跳出泾川看泾川、对标一流谋发展，多想能干成的方法，少找干不成的理由，不断创新理念，转变方式方法，坚决破除不合时宜的观念束缚，以观念大转变促进经济社会大发展。要提升工作能力。各级领导干部必须带头加强学习和调查研究，对中央和省、市出台的每一项政策，敏锐把握、精学细研，切实做到政策与项目对接、项目与产业对接、产业与市场对接，最大限度地发挥政策效力。要系统学习掌握现代金融知识和融资办法，学习经济运筹、社会管理等做好本职工作必需的一切知识，努力提升谋划发展、推动落实、解决问题的能力和水平。要强化协作配合。牢固树立“一盘棋”思想，坚决消除部门之间推诿扯皮、相互掣肘的思想，打破乡镇之间各自为政的壁垒，在脱贫攻坚、产业开发、基础配套、污染治理等工作中联动发展、合力攻坚、整体突破，凝聚形成齐心协力抓落实的强大合力，确保各项工作高效率高质量完成。

四要持续正风肃纪保障发展。纪律作风是抓落实的重要保证。各级各部门特别是各单位“一把手”，必须以身作则、以上率下，带动广大党员干部不断转变作风，强化纪律规矩意识，努力营造正气充盈的政治生态和心齐劲足的干事创业环境。要弘扬务实作风。坚持从县情、乡情和民情实际出发，不好高骛远，不急功近利，多谋打基础、利长远的事情，多想管全局、惠民生的措施，真正做到谋实事、重实干、出实招、求实效。严格落实中央八项规定及实施细则精神，集中开展形式主义、官僚主义专项整治行动，坚决查纠对党中央重大决策部署和省市县委工作安排不落实、慢落实、落不实的问题，坚决查纠空泛表态、应景造势、敷衍塞责、出工不出力等问题。要压实主体责任。全县各级党组织要切实担负起主体责任，党组织书记要认真履行第一责任人职责，亲自协调解决突出问题，把责任传导给所有班子成员、传递到各级党员干部，班子成员要严格履行“一岗双责”，既要严以律己，遵守廉洁从政各项规定，又要敢抓敢管，切实抓好职责范围内的党风廉政建设工作。要从严执纪问责。深化运用监督执纪“四种形态”，深入推进常态化巡察，对顶风违纪问题从严查处，典型案例通报曝光。深入推进扶贫领域腐败和作风问题专项治理，严肃查处向扶贫资金伸黑手的行为，严厉整治村组干部以权谋私、吃拿卡要、虚报冒领、优亲厚友等典型问题，重拳惩治群众身边的“微腐败”，推动全面从严治党向基层延伸、向纵深发展。

同志们，形势催人奋进，使命呼唤担当。我们要坚持以习近平新时代中国特色社会主义思想为指引，坚决贯彻中央、省市各项决策部署，不忘初心、牢记使命，履责担当、真抓实干，奋力谱写全县经济社会高质量发展新篇章，以优异成绩庆祝中华人民共和国成立70周年！

坚持稳中求进　全力实干攻坚 努力推动全县经济社会高质量发展

——在县委十七届七次全体会议暨县委经济工作会议上的讲话

王廷佐

（2019年2月13日）

同志们：

县委十七届七次全体会议暨县委经济工作会议，是春节之后召开的一次定任务、压担子、交责任的重要会议，对于动员全县上下进一步统一思想，聚焦重点，实干攻坚，推动全县经济高质量发展，具有十分重要的意义。刚才，鹏举同志站在战略和全局的高度，对贯彻落实中央、省市委经济工作会议精神，做好今年工作提出了明确要求，我们一定要认真学习领会，切实抓好贯彻落实。下面，我根据县委、县政府讨论的意见，讲三个方面。

一、认清形势，抢抓机遇，切实坚定推动高质量发展的信心和决心

客观审视县情实际，准确研判发展形势，对于我们谋划和推动全年各项工作，具有十分重要的意义。综合分析全县经济社会发展形势，必须把握好以下三个方面：

第一，要客观估价成绩，提振发展信心。2018年，面对稳中有变的经济形势、频发多发的自然灾害和艰巨繁重的工作任务，全县上下坚持以习近平新时代中国特色社会主义思想为指导，深入贯彻党的十九大和十九届二中、三中全会精神，全面落实中央、省、市各项决策部署，统筹推进稳增长、促改革、调结构、惠民生、防风险各项工作，全县经济社会呈现出持续健康发展的良好态势。一是脱贫攻坚成效显著。紧盯整县脱贫目标，全面落实"一户一策"计划，深入推进"九大冲刺行动"，全力抓重点、补短板、强弱项，大力发展果品、畜牧、蔬菜、劳务等富民产业，加快推进易地扶贫搬迁、农村危房改造等项目，精心实施县乡道路改造、农村饮水安全、电网改造提升等工程，全面落实教育扶贫、健康扶贫、兜底保障等政策，贫困群众产业发展、基础改善、公共服务水平显著提升，全县实现脱贫4113户1.35万人，贫困发生率下降到1.15%。二是重点项目进展良好。严格落实"三个一"包抓责任和清单化管理制度，切实强化衔接协调，扎实做好前期工作，全力加快建设进度，全年实施500万元以上项目73项，完成投资17.8亿元，县医院整体搬迁、大景区旅游基础设施、南滨河景观大道等重点项目取得突破性进展。三是产业开发纵深推进。加快特色产业扩量提质增效，全县新栽果园1.23万亩，新建改建标准化养殖场（小区）6个，搭建日光温室160座、钢架大棚948座，产业收入占农民人均可支配收入的比重进一步提高。全力推动工业转型升级，泾川工业集中区晋升为省级开发区，天纤棉业二期20万锭棉纱、15兆瓦农业光伏等项目加快实施，工业经济运行总体平稳。大力推进全域旅游，大云寺·王母宫大景区旅游基础设施项目加快实施，城关凤凰、泾明白家、汭丰郑家沟评定为国家3A级旅游景区，文化旅游产业在景区拓展、要素完善、宣传推介等方面走在了全市前列。四是基础条件持续改善。全力加快住宅小区建设、城区棚户区及老旧住宅楼改造进度，精心实施南滨河景观大道、城区生活污水处理厂提标扩容、乡镇垃圾填埋场、污水处理站等工程，配套供气供热、排洪排污、电力通信等设施，城镇综合功能进一步完善。切实加强生态综合治理，完成荒山造林2.12万亩、水土保持综合治理10.57平方公里，生态治理水平进一步提升。五是社会事业协调发展。精心措办农村电网改造、天然气入户等惠民实事，扎实开展燃煤锅炉综合整治，全面推行河（湖）长制，深入推进全域无垃圾专项治理，城乡人居环境明显改善。加快发展社会事业，城区第四幼儿园、县医院整体搬迁项目建成主体，中街小学教学楼、县城体育中心建成投用。全面落实城乡低保补助提标、医疗救助、残疾人“两补”等政策，积极扩大就业和再就业，切实加强安全生产、信访维稳、社会治理等工作，全县社会大局保持和谐稳定。六是各项改革稳步推进。持续深化“放管服”改革，建成县级政务服务中心，改造完成乡镇便民服务中心，启动运行一体化政务服务平台，积极承接、调整、取消行政审批事项，大力推行“一窗受理、集成服务”，80%以上的政务服务事项实现了“一网通办”。全面推进农村“三变”改革，积极探索“企业+基地+合作社+贫困户”等利益联结机制，实现了企业盈利和群众增收互惠共赢。深入推进投融资机制改革，建立健全政银企合作机制，为项目建设和产业发展提供了有力的资金保障。

第二，要正视问题差距，全力应对挑战。在充分肯定成绩的同时，我们也要清醒地看到，全县经济社会发展仍存在诸多不容忽视的困难和挑战，一些方面的工作还存在诸多差距和问题。从宏观政策看，中央经济工作会议明确指出，要继续打好“三大攻坚战”，下大力气抓好环境保护工作，坚定、可控、有序、适度防范金融市场异常波动和共振，稳妥处理地方政府债务风险，全县经济发展面临的资金短缺、环境约束等问题将更加突出，对我们进一步稳就业、稳金融、稳外贸、稳外资、稳投资、稳预期，推动经济高质量发展提出了新的更高要求。从外部环境看，国内需求不足、产能相对过剩、经济下行等问题相对突出，抓改革、促发展、调结构、保民生的任务十分艰巨。面对新的发展形势，周边地区、兄弟县区之间你追我赶、竞相发展的势头十分强劲，区域之间的竞争进一步加剧，对我们加快发展形成了较大压力。从发展现状看，我们论证储备的大项目、好项目还比较少，拉动固定资产投资的动力明显不足；贫困村基础设施、公共服务还不够完善，特色产业管理水平低、产业链条短，支撑贫困群众稳定脱贫的产业基础尚不牢固；招商引资路子不宽、办法不多，工业企业数量少、规模小、实力弱；文化旅游产业运营管理体系还不够完善，机制创新、资源整合、景区开发、要素完善的任务十分艰巨；城镇开发建设在破解土地、资金制约方面思路不够开阔，扩容提质步伐缓慢，基础设施欠账较大，建设品位有待进一步提升。从干部作风看，个别乡镇、部门缺乏责任担当，谋事、干事、创业的劲头不足，等靠要、中梗阻、推拖绕等问题依然存在；一些干部发展意识、创新意识不强，工作中“管死”的办法多、“解难”的办法少；个别干部政策观念淡薄，执行纪律不严，一些违纪违规问题时有发生，等等。这些问题，必须引起大家的高度重视，在今后的工作中，采取得力措施，切实加以解决。

第三，要敏锐把握机遇，积极主动作为。近期，国家、省市相继召开一系列重要会议，出台了诸多促进发展的政策措施，释放出更加积极的政策信号，为全县经济社会发展提供了难得机遇。一是支持政策多层叠加。中央经济工作会议明确提出，积极的财政政策要加力提效，稳健的货币政策要松紧适度，实施更大规模的减税降费，较大幅度增加地方政府专项债券规模，持续推进西部大开发，加大基础设施领域补短板力度，毫不动摇鼓励、支持、引导非公有制经济发展；中央农业农村工作会议指出，要深入实施乡村振兴战略，聚力打赢脱贫攻坚战，深化农业供给侧结构性改革，重视培育家庭农场、农民合作社等新型经营主体，加快培育农村发展新动能。所有这些，都为我们争取国家投资、改善基础条件、优化经济结构带来了难得的机遇。二是省市要求指向明确。省委经济工作会议作出了当前我省正处于重要战略机遇期、动能转换窗口期、重大任务攻坚期的重要判断，要求必须抓好提质增效和稳速扩量“双重任务”，守住脱贫攻坚和生态环保“两大底线”，全力抓好强产业、增动能、促开放、挖潜力、优环境、保民生六项重点任务；市委经济工作会议准确研判发展形势，对脱贫攻坚、项目建设、产业发展、城乡建设、生态环保、民生改善等重点任务作出了具体安排，为我们做好新年度各项工作指明了方向。三是发展基础不断夯实。近年来，我们立足自然禀赋和资源优势，确立了建设绿色开放幸福美好新泾川的发展定位，推出了一系列战略性全局性的工作举措，办成了一批顺民意合民情的实事好事，探索形成了一些可复制能推广的发展模式，全县经济社会发展在脱贫攻坚、产业开发、城镇建设、民生保障等方面取得了显著成效，为今后发展奠定了坚实基础。

综合分析，全县经济社会发展机与危并存，时与势共生。全县上下要切实把思想和行动统一到中央、省市决策部署上来，进一步坚定信心，振奋精神，坚持稳中求进，全力实干攻坚，奋力开创经济社会发展新局面。

二、突出重点，全力攻坚，努力推动经济社会高质量发展

2019年是中华人民共和国成立70周年，也是全面建成小康社会的关键之年。全县经济工作的总体思路是：以习近平新时代中国特色社会主义思想为指导，全面贯彻党的十九大和十九届二中、三中全会精神，统筹推进“五位一体”总体布局，协调推进“四个全面”战略布局，深入落实习近平总书记视察甘肃重要讲话和“八个着力”重要指示精神，坚持稳中求进工作总基调，坚持新发展理念，坚持推动高质量发展，坚持以供给侧结构性改革为主线，牢牢把握“六稳”要求，把“巩固、增强、提升、畅通”八字方针贯穿工作始终，认真落实中央和省市各项决策部署，统筹推进稳增长、促改革、调结构、惠民生、防风险工作，保持经济持续健康发展和社会大局和谐稳定，为全面建成小康社会收官打下决定性基础，以优异成绩庆祝中华人民共和国成立70周年。

经济社会发展的预期目标是：生产总值增长5%，固定资产投资增长10%，规模以上工业增加值增长7%，社会消费品零售总额增长6%，公共财政预算收入增长10%，城镇居民人均可支配收入增长8%，农村居民人均可支配收入增长8%，城镇登记失业率控制在3.6%以内，单位生产总值能耗和主要污染物排放量完成省市下达的控制指标。

围绕上述思路和目标，重点抓好五个方面工作：

（一）突出项目支撑，补齐发展短板，集中攻坚强基础。着眼夯基础、利长远、强支撑、增后劲，加大项目争建力度，持续改善基础条件，为推动经济高质量发展奠定坚实基础。

1. 坚持争取投资与招商引资双向发力，全力推进重大项目建设。按照大小齐抓、内外并举、签履并重的思路，狠抓招商引资和项目建设，拉动固定资产投资稳步增长。要谋深做细抓前期。积极创新“八个一批”谋划争取和“四种渠道”生成运作方法，以十大绿色生态产业为统揽，精准谋划一批支撑长远可持续发展的大项目、好项目，切实做细做好项目前期工作，完善项目报批要件，争取早日审批立项，确保80%以上新建项目3月底前完成前期工作。要精准对接抓招商。坚持部门与乡镇联动、领导分工与招商方向结合、招商引资与招才引智并举，建立从项目发起、考察、洽谈、签约到开工、建设、投产全过程的“保姆式”服务机制，多方引进一批龙头型、基地型、产业型、财源型项目，确保年内引进投资过亿元项目1个以上、5000万元以上项目5个以上。要压实责任抓推进。各级各部门特别是领导干部要把主要精力放在争项目、筹资金、抓保障、促落地上，对重大项目采取“一事一议”的办法，逐项目制定建设计划和行事历，靠实包抓责任，明确进度要求，倒逼任务落实，确保续建项目3月底前全部复工，新建项目5月底前全部开工，所有项目11月底前完成年度建设任务。要严格程序抓监管。认真落实项目法人责任制、招投标制、工程监理制等管理制度，严格审批程序，强化资金监管。充分发挥财政、审计等部门职能作用，强化项目绩效评价，确保各类项目规范实施。

2.坚持脱贫攻坚与乡村振兴有效衔接，持续夯实农村发展基础。把打赢脱贫攻坚战作为最大的硬任务，把实施乡村振兴战略作为总抓手，按照产业兴旺、生态宜居、乡风文明、治理有效、生活富裕的总要求，全力抓好主导产业开发、基础条件改善、宜居环境营造和治理体系完善，为全面推进乡村振兴奠定基础。要全力冲刺整县脱贫。目前，我县脱贫攻坚工作已进入最后冲刺的关键阶段，各级各部门要坚持焦点不散、靶心不变、频道不换，进一步对标对表、靠实责任、补齐短板，聚焦贫困县退出三项指标，深入实施“一户一策”脱贫计划，持续推进“九大冲刺行动”，突出抓好产业扶贫、“三变”改革、专业合作组织提升、龙头企业建办等重点工作，确保顺利通过国家和省级考核验收。要重视做好已脱贫人口的巩固提高工作，认真研究解决收入水平略高于建档立卡贫困户的群体缺乏政策支持等问题，统筹抓好贫困村和非贫困村的均衡发展，持续巩固提升脱贫攻坚成果。要多方改善基础条件。坚持联网配套与晋等升级相结合，切实加大基础设施领域补短板力度，新建通村道路10公里，整治“畅返不畅”路段30公里，完成泾河、汭河、黑河河堤治理续建工程36公里，新建改造农网线路86公里。要扎实抓好人居环境整治。深入学习浙江“千万工程”经验，按照“抓点示范、逐步推开，整合项目、一次到位”的思路，以县城、乡镇周边村庄为重点，扎实推进农村厕所、农村垃圾、农村风貌“三大革命”，精心实施绿化美化工程，清理拆除废旧房屋、残垣断壁，集中整治柴草乱垛、粪土乱堆、垃圾乱倒、污水乱泼等突出问题，强化农业面源污染防控，加大农业废弃物循环利用，努力改善农村环境面貌。要全力抓好“大棚房”清理整治，坚决防止农地非农化问题，守牢“农地姓农”的底线。要积极创新社会治理。坚持自治、法治、德治相结合，加快完善农村治理体系，健全村民议事、村务监督等制度，努力实现群众的事情群众管。加强农村法治宣传教育，完善乡村法律服务体系，推进法律援助、法律顾问进农村，引导群众尊法学法守法用法。广泛开展文明村镇、星级文明户、文明家庭等精神文明创建活动，着力破除“高价彩礼”、铺张浪费、封建迷信等陈规陋习，推动移风易俗，树立文明新风。

3.坚持新城开发与旧城改造一体推进，努力提升城镇建设品位。牢固树立城市经营发展新理念，注重规划引领，优化拓展空间，提升功能品质，全力推进以人为核心的新型城镇化建设。要加快完善规划体系。统筹考虑经济社会发展水平、资源环境承载能力、人口转移、耕地保护等因素，既突出历史文化，又体现现代特色，启动实施“多规合一”工作，精心编制“城市双修”、城区地下综合管网专项规划，加快编制县城重点区域、重点小城镇修建性详规，修订完善美丽乡村建设规划，引领新型城镇化高品位、高层次发展。要全力推进开发建设。以县城为龙头，以小城镇为纽带，全面完成世纪花园、天和人家等住宅小区续建工程，启动实施安定街北侧、县医院东侧等重点区域开发，加快推进棚户区和老旧住宅楼改造。统筹推进小城镇建设，加大绿化美化、环境整治力度，完善供水供热、排污排洪、垃圾污水处理等配套设施，切实增强城镇集聚功能。要努力提升城市品位。精心实施水泉路改造和文体路延伸工程，开工建设泾汭河水体综合治理项目，配套实施滨水步道、观景凉亭、音乐广场等景观小品，全面完成主干道路、住宅小区等重点区域绿化亮化，完善停车场、公厕等公共服务设施和体育健身、休闲娱乐等生活服务设施，全力打造宜居宜业宜游的精品县城。要切实强化综合管理。扎实开展违法建筑清零行动，严肃查处县城规划区和村镇建设未批先建、乱修乱建等行为；全面落实日常巡查和联动执法机制，切实加大车辆乱停、占道经营、城市“牛皮癣”等顽疾治理力度；加快“智慧城市”建设，完善数据应用平台，积极推进城市管理和服务智能化，努力提升城镇管理水平。

4.坚持污染防治与生态治理两手齐抓，着力改善区域环境质量。牢固树立和践行“绿水青山就是金山银山”的理念，切实强化重点领域治理，持续加大生态建设力度，努力改善人居环境质量。要扎实开展污染防治。坚决打好“蓝天碧水净土”保卫战，全面落实大气污染防治网格化管理办法，加大重点排放企业在线监控力度，建成优质煤炭配送体系，全面淘汰燃煤小锅炉。强化水环境综合治理，严格落实河（湖）长制，切实加大巡河检查力度，集中整治违规采砂、河道种植等问题；持续完善环保基础设施，建成城区生活污水处理厂提标扩容、污泥处置及中水回用工程。严格落实畜禽养殖禁养区监管措施，加快推进土壤污染治理修复工程，确保环境质量持续好转。要大力推进生态治理。精心实施天然林保护、退耕还林、水土保持等重点生态工程，统筹推进流域治理、梯田建设和土地整理，完成荒山造林1万亩，建设绿色通道50公里，实施水土保持综合治理10平方公里、黄土高原塬面保护17平方公里。要健全长效监管机制。严格落实“党政同责、一岗双责”主体责任，不断健全环境执法联动机制，采取挂牌督办、集中曝光、约谈问责等方式，切实加大对环境违法案件的查处和问责力度，形成齐抓共管、常抓不懈的工作机制。

（二）突出扩量提质，推进产业开发，全力以赴稳增长。把发展产业作为促进县域经济发展的首要任务，以转型升级为方向，积极培育新主体、新业态、新模式，着力构建现代化产业体系。

1.突出提质增效，大力发展现代农业。坚持质量兴农、品牌强农，持续深化农业供给侧结构性改革，推进特色优势产业由规模扩张向质量提升、由粗放经营向集约发展、由低效产业培育向高效市场对接转变，切实提高农业创新力、竞争力和全要素生产率。要持续优化产业结构。按照全省特色产业基本形态的最新概括和明确定位，大力发展现代丝路寒旱农业，深入实施“果转型、牛扩量、菜提质”工程。加快培育现代果业体系，积极推广矮化密植模式，全县新栽补植果园2万亩，其中矮砧密植设施园1000亩。围绕做好第十四届中国牛业发展大会筹备工作，加快推进现代畜牧业发展，新建、改扩建标准化养殖场（小区）5个，培育3～5个能代表全县牛产业发展水平的示范典型。着力优化种植结构，扩大设施种植面积，加快推进泾汭河川蔬菜产业核心区建设，建成设施蔬菜园区2个，新建日光温室60座、钢架大棚600座，种植高原夏菜2万亩。要努力提升管理水平。扎实开展“特色产业质量效益提升年”活动，精心实施果园管理“春夏秋冬”四大战役，全面落实新幼园拉枝修剪、丰产园提质增效、低劣园间伐改造等管理措施，积极推广集约化育苗、水肥一体化、病虫害防控等蔬菜标准化管理技术，大力推行良种繁育、规模养殖等畜禽养殖方式，健全完善技术服务、防灾减灾、市场营销体系，努力提升农产品供给质量。要多方延伸产业链条。扶持壮大富原红果业、鼎康牛业、雄发果蔬等龙头企业，进一步健全完善农业社会化服务体系，大力发展农产品包装贮存、精深加工、冷链物流等配套产业，积极培育专业合作组织、家庭农场等新型经营主体，全县新增农民专业合作组织20户、家庭农场15个。要积极创新经营机制。大力推行“企业+合作社+家庭农场”“企业+合作社+农户”等经营模式，引导龙头企业通过订单生产、股份合作、收益分红等形式，与合作社、家庭农场、产业大户、贫困群众建立利益联结机制，让农户分享产业链增值收益、参与价值链收益分配、共享现代农业发展成果。

2. 着眼转型升级，加快发展工业经济。深入实施工业强县战略，聚焦发展实体经济，改造提升传统产业，培育壮大新兴产业，进一步扩张工业经济规模，提升企业经济效益。要在强化园区聚集效应上求突破。以高效承载、产业聚集、支撑有力为目标，加快推进园区道路、供水供电、排水排污、绿化亮化等基础设施建设，围绕果品包装、食品加工等领域，积极招引企业入园建厂，促进技术、资金、项目等向园区聚集，年内引进入园企业2户以上。要在加快工业项目建设上下功夫。严格落实旬督查、月通报制度，进一步加快项目建设进度，确保天纤棉业二期生产线项目5万锭建成投产，商品交易和农产品批发市场、8000万块煤矸石烧结砖项目年内建成运营，开工建设50万吨建筑垃圾回收利用、1万吨有机肥料生产线项目，跟踪洽谈正大公司生猪屠宰、鸭王集团矿泉水生产等项目。全力支持大唐丰泰与中纺集团、中棉集团建立战略合作关系，推动50万锭棉纱生产线、棉花储备库落地建设。要在搞活企业生产经营上做文章。全面落实“一企一策”政策措施，逐企业、逐项目研究解决具体问题，切实强化土地供应、资金支持等要素保障，全力支持正大饲料、家园陶瓷等重点工业企业扩大生产、稳健发展，力促各项工业指标止滑回升。要在发展壮大非公经济上出实招。认真贯彻落实中央、省市鼓励支持非公经济发展的各项政策，全面落实各项减税降费措施，扎实开展市场准入限制清理，优化营商环境，提升服务水平，培育壮大非公经济，年内新增规模以上工业企业2户以上、非公企业200户以上、个体经营户1000户以上。

3. 注重品牌打造，全力推进全域旅游。坚持把文化旅游产业作为推动县域经济发展的战略性支柱产业，以全域景区化、产业融合化、全民共享化为着力点，创新体制机制，强化龙头带动，推动旅游产业从点线布局向集聚发展转变、由单一业态向综合产业转变，着力构建多极支撑、融合互补、联动发展的全域旅游格局。要健全运营管理机制。按照“政府主导、市场运作、企业主体、社会参与”的思路，持续深化大云寺·王母宫大景区管理体制改革，科学界定景区管委会和旅游公司职能，统筹抓好大景区规划、招商、运营和管理，推进产业化开发、市场化运作、企业化管理。要全力加快景区建设。全面建成大云寺·王母宫大景区综合管理中心、游客接待中心及配套工程，积极开展国家5A级旅游景区创建，加快推进文旅综合体建设，进一步完善餐饮住宿、休闲度假、养生养老等服务设施。突出“土气、老气、生气、朝气”，大力发展乡村旅游，持续提升城关凤凰、泾明白家、汭丰郑家沟、王村完颜等旅游示范村发展水平，推动村镇变景区、农舍变旅馆、农民变导游，着力打造旅游产业新的增长极。要持续扩大宣传推介。积极组团参加“文博会”“兰洽会”等旅游节会，精心筹办第六届华夏母亲节等活动，充分利用网站、微信、微电影、手机APP等新媒体开展宣传推介，形成多形式、广覆盖、立体化的宣传叠加效应。切实加强与省内外知名旅行社合作，创新利益分配模式，开发精品旅游线路，进一步增强游客留驻能力，提升产业发展效益。

4.围绕体系完善，积极培育电商产业。以创建国家电子商务进农村综合示范县为统揽，按照市场主导、政府推动、鼓励创新、规范引导的要求，全力推动电商产业发展。要加快完善产业体系。全面建成县级电子商务服务中心、物流配送中心、农产品标准化生产加工中心、14个乡级服务站和141个村级服务点，大力实施乡镇农贸市场标准化提升工程，集中发展物流快递、仓储配送等配套产业，实现乡村电商公共服务和物流配送功能全覆盖。要切实强化人才培训。积极搭建电子商务合作平台，加大电商紧缺人才、高端人才和专业技能人才引进培训力度，引导大学生村干部、返乡高校毕业生和退伍军人投身农村电子商务，培育一批农村电子商务创业带头人。要发展壮大电商企业。围绕产品供给、平台支撑、运营服务、仓储物流等环节，招引和培育一批平台类、销售类、服务类电商企业，积极引导富原红果业、旭康食品等企业开展电商交易，鼓励果品蔬菜专业村、产业大户开展网络零售、大宗批发、网上预订等业务，不断拓宽农产品销售渠道。

（三）突出共建共享，发展社会事业，尽心竭力惠民生。坚持普惠性、保基本、均等化、可持续方向，多方加大投入力度，精心措办惠民实事，统筹推进社会事业，努力提升群众幸福感和获得感。

1.大力实施惠民工程。今年，县委、县政府从改善民生的角度，向全县人民承诺办成12件惠民实事，一些建议提案也都涉及这些实事，各乡镇、各部门要高度重视，统筹安排，紧密配合，全力抓好落实。要靠实工作责任。各乡镇、各部门要把惠民实事和人大议案建议、政协委员提案办理工作列入重要议事日程，与其他工作同研究、同部署、同落实，“一把手”负总责、分管领导具体抓，逐级靠实责任，层层细化任务，明确时限要求，确保高质量完成办理任务。要强化协作配合。对涉及几个方面内容、需要相关单位联合办理的惠民实事和建议提案，牵头单位要按照责任分工，强化衔接，细化措施，切实加快办理进度，协办单位要着眼大局，主动配合，确保各项任务不折不扣落实到位。要严格督查考核。“两办”及牵头部门要经常深入工作一线，加大督查力度，对领导重视不够、措施不得力、工作滞后的，要下发督办通知，跟踪督办落实。

2.统筹发展社会事业。坚持教育、卫生、科技、文化等各项社会事业协调推进，切实加大公共产品供给，让发展成果更多更公平地惠及广大群众。要优先发展教育事业。加快推进农村小规模学校和寄宿制学校建设，全面建成城区第四幼儿园，启动实施杨柳小学迁建工程，优化城乡教育资源配置，深化教育教学改革，着力解决城区学校“大班额”、农村学校优质教育资源紧缺等问题，稳步提高教育教学质量。要努力提升医疗保障能力。深化公立医院综合改革，加快县医院整体搬迁项目建设，持续推进分级诊疗，积极开展“基层卫生服务提升年”活动，加大优秀医护人才引进培养力度，全面提升城乡医疗卫生服务质量。要大力发展科技文化事业。加快推进科技创新，促进科技成果转化应用，全县科技贡献率达到53%。精心实施百里石窟长廊遗产保护项目，开工建设县博物馆，组织开展文体惠民活动，不断丰富群众精神文化生活。

3.努力提升保障水平。按照兜底线、织密网、建机制的要求，加快构建覆盖全民、城乡统筹、权责清晰、保障适度、可持续的多层次社会保障体系。要全面落实社会保障政策。健全完善城乡居民基本医疗保险、大病保险和医疗救助体系，持续推进全民参保、机关事业单位职工养老保险改革，统筹做好救助救济、优抚安置等工作，努力提升社会保障水平。要积极做好就业再就业工作。全面落实就业创业政策，高度重视普通高校毕业生、退役军人和下岗人员就业工作，加强困难群体就业援助、技能提升和劳务输转服务，实现城镇新增就业3700人。要全力维护农民工合法权益。持续加强劳动保障法律法规政策宣传，严格落实农民工工资保证金和欠薪应急周转金制度，扎实开展农民工工资清欠专项整治，健全完善劳动关系协调机制，建立和谐稳定的新型劳动关系。

（四）突出体制创新，破解瓶颈制约，稳妥有序促改革。坚持激活内力与借助外力并重，抓住关键环节，积极探索创新，以改革增活力，以创新促发展。

1.全面完成政府机构改革。各级各部门要把抓改革举措落地作为一项重大政治任务，按照中央、省市统一部署，坚持“先立后破、不立不破”和“编随事走、人随编走”原则，准确把握政策，严格工作程序，稳妥有序做好人员转隶、业务交接、“三定”规定、权责清单等工作，确保改革期间各项工作连续稳定。在相关职责调整到位之后，各相关部门要确保职能配置协同、运行机制高效、职责发挥到位，绝不能因为改革影响工作、贻误发展，绝不能出现任何空档，出现任何问题，真正改出新成效、改出新动力、改出新形象。

2.持续深化“放管服”改革。深入推进政务服务“一门一网一次”改革，进一步优化办事流程，提高办事效率，全力破解群众和企业办事堵点、难点、痛点问题。加快推进投资项目审批改革，大力推行“多评合一”“多图联审”“并联评价”，将评估评审时限缩短50%以上，工程建设项目审批时间压减至120个工作日。全面推行“互联网+政务服务”，加强政务外网数据交换共享平台和一体化网上政务服务平台应用，政务服务事项网上可办率达到90%以上，让数据多跑路，让群众少跑腿，最大程度方便企业群众办事。

3.深入推进农村“三变”改革。大力推广城关凤凰、泾明白家、窑店练范试点经验，立足乡村产业发展基础、集体经济状况、群众意愿等实际情况，精准选择发展潜力大、市场前景好的特色产业，通过内引外联、扶优培强，建办龙头企业、专业合作社等承接主体，大力推广“企业+基地+合作社+农户”运营模式，鼓励引导经营主体与群众建立更加紧密的利益联结机制，努力实现贫困村“三变”改革全覆盖。要坚守政策底线，健全法人治理结构和风险补偿机制，确保国有资产、集体资产、群众财产不受损失。

4.加快推进财税金融改革。全面推行全口径预算管理，持续加大信息公开力度，强化预算执行绩效管理，切实提高财政资金使用效益；大力推广政府购买服务，加强政府购买服务质量管理，提高公共服务供给水平；加大行政事业单位国有资产管理力度，规范资产配置标准和流程，提升国有资产使用效率。健全政府、银行、企业对接机制，不断拓宽融资渠道，全力支持实体经济发展。持续推进增值税、消费税、个人所得税改革，严格落实普惠性税收减免等政策，进一步激发经济发展活力。

（五）突出政策落实，强化监督管理，多措并举防风险。坚持预防为主、防治结合，注重综合施策，健全长效机制，着力解决经济发展、社会治理、廉政建设等方面的突出问题。

1.着力防范化解政府债务风险。坚持疏堵结合，强化县乡联动，坚决遏制债务增量，稳妥化解债务存量，促进经济社会高质量发展。要稳妥化解存量债务。健全完善债务风险化解和应急处置机制，合理确定年度债务偿还化解目标，通过控制项目规模、减少支出、处置资产、引入社会资本等方式，多渠道、多形式筹集资金，有步骤、有计划化解存量债务，确保县、乡两级政府债务控制在预警风险之内。要严格规范举债行为。各级各部门要切实加强债务管理，在项目谋划、产业发展、基础建设等方面要量力而行、尽力而为，坚决禁止通过PPP模式、政府购买服务、政府投资基金等方式变相举债，严禁以国有资产质押担保，从严控制债务增量。要切实防范债务风险。各乡镇、相关部门要加大妇女小额担保贷款、精准扶贫贷款等政策性贷款追缴催收力度，对符合条件的按程序办理续贷，对恶意赖债的启动司法程序依法收回，对确实无法归还已形成损失的贷款，按规定启动风险补偿程序，有效控制和降低政府债务风险。

2.切实防范化解金融风险。各级各部门、各金融机构要深刻认识防控金融风险的极端重要性，坚持底线思维，增强忧患意识，严格执行政策，强化监督管理，切实规范金融秩序。要规范金融机构经营行为。县金融办、人行要充分发挥监督管理职能，督促指导各金融机构严把受理、审批、签约、放款、贷后管理等关键环节，按市场化原则评估借款人财务能力和还款来源，加大不良贷款清收和呆账核销力度，着力化解不良贷款风险。要加强民间信贷机构管理。建立健全风险监测预警、早期干预和应急处置机制，加大小额贷款公司、融资担保公司、典当行等民间信贷机构监管力度，严厉打击抽逃资本金、虚假注资等违规行为，确保不发生系统性金融风险。要严厉打击非法金融活动。持续开展风险隐患专项排查整治，坚决查处高息揽储、非法集资、非法借贷等金融活动，严厉打击暴力讨债等行为，及时处置苗头性、倾向性问题，为经济社会发展创设良好的金融环境。要加快诚信体系建设。全面落实失信“黑名单”制度，对列入“黑名单”的企业和个人，相关部门要协同监管、联合惩戒，让失信者“一处失信，处处受限”。

3.积极创新加强社会治理。各乡镇、各部门要把社会治理作为重要职责，与经济工作同部署、同落实，切实抓紧抓好，真正抓出成效。要切实强化安全生产监管。严格落实安全生产“党政同责、一岗双责”，大力推行重大隐患治理“一单四制”动态化管理，切实加强道路交通、消防安全、建筑施工、食品药品等重点领域监管，坚决杜绝较大及以上事故发生。要深入开展矛盾纠纷排查调处。完善社会矛盾防范化解机制，畅通社情民意和信访诉求渠道，对合理诉求依法依规妥善解决，对不符合政策规定的耐心解释、答复清楚，对缠访闹访、寻衅滋事的强化稳控、依法处置，切实减少集体上访、越级上访。要全面加强社会综合治理。健全完善社会治安防控和应急救援体系，强化网络舆情监测管理，提升应急处置救援能力，深入推进扫黑除恶专项斗争，严厉打击“村霸”“行霸”“市霸”等黑恶势力，依法惩治“黄赌毒”“黑拐骗”等违法犯罪活动，全力维护社会和谐稳定。

4.切实强化廉政风险防控。各乡镇、各部门要严格落实党风廉政建设主体责任和“一岗双责”，全面贯彻中央、省市关于廉政建设的各项部署，加大监管力度，规范权力运行。要扎实开展廉政教育。认真学习贯彻中央、省市、县委关于廉政建设的有关精神，加强政策法规和廉洁从政教育，使各级干部知道什么事能做，什么事不能做，切实筑牢拒腐防变思想防线。要加大审计监督力度。加强扶贫资金、民生保障、政府采购等重点领域和关键环节监管，加大重大政策、重点项目、大额资金、国有资产审计力度，推进领导干部经济责任审计全覆盖，坚决杜绝违规违纪问题发生。要健全完善长效机制。严格实行权责清单制度，科学设置权力运行流程，坚持用制度管人、管事、管权，坚决防止和纠正损害群众利益的不正之风，严肃查处各类违纪违规问题，努力营造风清气正的干事创业环境。

三、靠实责任，强化措施，确保年度各项任务全面落实

今年全县经济社会发展的各项任务已经十分明确，关键在于全力抓落实。各级各部门要严格按照担当、创新、突破、提升的要求，主动作为，真抓实干，确保全面完成年度目标任务。

第一，要强化责任担当，充分履职尽责。各

乡镇、各部门要牢固树立有权必有责、有责必担当的意识，进一步强化执行力，提高落实力，全力推动各项工作落实见效。要着力解决动力不足“不想为”的问题。当前，个别干部把“宁可不干事、但愿不出事”作为“为官之道”，满足于“守好摊子、不出乱子”，工作不求有功、但求无过，遇事能躲则躲、能推则推，致使县委、县政府的一些决策部署难以落到实处。各乡镇各部门要高度重视，引导广大干部牢固树立“为官一任、造福一方”的思想，在其位谋其政，任其职尽其责，全身心把本职工作做好，把泾川人民的事情干好。要着力解决担当不足“不敢为”的问题。在严肃执纪问责的同时，要把先行先试的失误、探索性试验中的失误、推动发展的无意过失与明知故犯、我行我素、谋取私利的违纪违法行为区分开来，健全激励保障制度，完善容错纠错机制，最大限度调动干部干事创业激情，努力营造愿担当、敢担当、能担当的良好氛围。要着力解决能力不足“不会为”的问题。切实加强学习培训和调查研究，引导各级干部真正把中央、省市的大政方针、决策部署、政策措施学懂学透，把上级精神同泾川实际紧密结合，正确处理主与次、重与轻、急与缓、难与易等关系，创造性开展工作，努力提升谋划发展、推动落实的能力和水平。

第二，要积极适应形势，转变工作方式。面对新的发展形势和任务要求，各级各部门要加快转变思想观念，努力改进工作方式，以新的思维、实的举措推动工作落实。在工作导向上，要从抓点示范向点面结合转变。近年来，中央、省市反复强调，精准扶贫要到村到户，产业发展要全域推进，民生政策要均等普惠。对此，各乡镇、各部门要有一个清醒的认识，正确处理好点与面、质与量的关系，坚决摒弃垒大户、造盆景等错误做法，切实增强发展的协调性、平衡性和持续性。在职能发挥上，要从强化管理向优化服务转变。各乡镇、各部门要以机构改革为契机，进一步转变行政职能，改进工作方式，组织干部走出机关，深入基层，到项目一线、扶贫一线、产业一线开展指导服务，到田间地头、生产车间、农户家中解决具体问题，以实际行动推动各项政策落地生根，促进各项任务落实见效。在推进方式上，要从行政推动向市场引领转变。正确处理政府与市场之间的关系，善于运用企业化理念、市场化手段推动工作、促进发展，鼓励支持民营企业、社会组织、致富能人等市场主体参与产业开发、项目建设和公共服务，有效激发市场主体活力。

第三，要狠抓作风转变，提升行政效能。持续深化“转变作风改善发展环境建设年”活动，突出问题导向，坚决纠正“四风”，进一步提升行政效能，优化发展环境。要突出求真务实。各级干部要从县情、乡情、民情实际出发，以“实”为先，“干”字当头，既当指挥员，又当战斗员，不好高骛远，不急功近利，真正把心思和精力集中到谋发展、抓落实上，把功夫下到干实事、求实效上。要强化协作配合。各乡镇、各部门要牢固树立全县“一盘棋”思想，切实加强县乡之间的整体联动和条块之间的协调配合，特别是对脱贫攻坚、项目建设、环境保护等涉及面广、交叉点多的工作，牵头单位要切实负起主抓责任，相关单位要紧密配合，主动沟通，努力形成齐心协力谋发展、抓落实的工作合力。要力求快捷高效。对县委、县政府决定的事项、部署的工作，各乡镇、各部门必须快交快办、立说立行，雷厉风行、一抓到底，坚决反对有令不行、有禁不止、上热下冷等问题，严肃查处不作为、慢作为、乱作为等行为，确保各项工作不折不扣落实到位。要做到利企便民。各乡镇、各部门要切实改进服务方式，提升服务水平，着力解决中梗阻、推拖绕等问题，改变“门好进、脸好看、事难办”等现象，进一步减少对企业的评比检查，做到不叫不到、随叫随到、有求必应，为企业群众办事提供高效便捷优质服务。

第四，要优化工作机制，全力推动落实。各乡镇各部门要把制度机制创新作为推动落实的重要保障，靠实工作责任，严格督查考核，确保各项任务落到实处。要健全目标管理机制。对今年确定的重大项目、重点工作，继续推行领导包抓责任制和清单化管理，将责任靠实到承办部门、负责领导，将进度细化到具体项目、具体月份，分管领导和牵头部门要跟踪督促指导，现场解决问题，对重点项目、重点工程，相关部门和乡镇“一把手”要亲自负责，一抓到底，抓出成效。要完善督查考核机制。坚持平时督查与定期督查相结合，加大督查力度，增强督查实效。进一步优化完善考核评价体系，加大对脱贫攻坚、项目建设、实事办理等重点工作的考核权重，既重视点上工作，又衡量面上工作，既看结果，又看过程，既看当年发展水平，又考虑原有工作基础，以有效的督查、科学的考核形成鲜明导向，倒逼任务落实。要严格责任追究机制。坚持正面激励与惩处问责相结合，对工作成效显著的乡镇部门，大张旗鼓地进行表彰奖励，对工作滞后、未完成年度目标任务的，严格落实处罚措施，严肃进行责任追究。

同志们，加快推进全县经济社会高质量发展，任务艰巨，责任重大。让我们更加紧密地团结在以习近平同志为核心的党中央周围，坚持以习近平新时代中国特色社会主义思想为指导，坚决贯彻中央、省市各项决策部署，认真落实县委工作要求，进一步坚定信心，提振精神，实干攻坚，砥砺奋进，为建设绿色开放幸福美好新泾川而努力奋斗！

2019年政府工作报告

——在县十八届人民代表大会第五次会议上

王廷佐

2020年1月4日

各位代表：

现在，我代表县人民政府向大会作工作报告，请予审议，并请各位政协委员和列席人员提出意见和建议。

2019年政府工作回顾

2019年，是实施“十三五”规划的关键之年，也是全面建成小康社会的攻坚之年。一年来，在县委的坚强领导和县人大、县政协的监督支持下，我们坚持以习近平新时代中国特色社会主义思想为指导，深入学习党的十九大和十九届二中、三中、四中全会精神，全面贯彻习近平总书记视察甘肃重要讲话和指示精神，认真落实中央、省市、县委决策部署，积极应对市场形势多变、经济下行持续、自然灾害频发等诸多困难，全力推进稳增长、促改革、调结构、惠民生、防风险、保稳定各项工作，较好地完成了年初确定的目标任务。预计全年完成生产总值40.5亿元，增长7%；固定资产投资13.18亿元，增长7%；规模以上工业增加值0.45亿元，增长4%；社会消费品零售总额28亿元，增长8%；一般公共财政预算收入2.18亿元，同口径增长8%；城镇居民人均可支配收入27353元，增长8.5%；农村居民人均可支配收入10503元，增长9.5%。

一是脱贫攻坚在精准施策中成效显著。始终把脱贫攻坚作为头等大事和一号工程，在巩固提升整县脱贫摘帽成效的基础上，持之以恒抓产业、促增收，全力以赴强弱项、补短板，全县10个村838户2687人实现脱贫，贫困发生率下降到0.31%，为实施乡村振兴战略奠定了坚实基础。持续夯实增收基础。坚持“远抓苹果近抓牛、当年脱贫抓劳务”思路不动摇，加快推进富民产业全覆盖，投入产业扶贫资金9300万元，扶持贫困户新建果园941亩、养牛7172头、种菜8282亩，建办扶贫车间8个，输转贫困劳动力2.25万人；结合实施“三变”改革，多方建立新型农业经营主体与贫困户利益联结机制，采取“龙头企业+合作社+基地+贫困户”等模式，为3992户贫困户量化配股5700万元，户均分红920元，贫困群众增收基础进一步夯实。扎实推进冲刺清零。持续开展农村危房清零行动，全面完成“十三五”易地扶贫搬迁任务；精心实施饮水安全巩固提升工程，新建调蓄工程4处，改造供水管道152公里，农村供水稳定性进一步提升；严格落实教育扶贫政策和控辍保学措施，加大贫困学生资助力度，发放各类补助资金6752万元；加快推进健康扶贫，全面落实基本医保、大病保险等政策，建档立卡贫困人口基本医疗保险参保率达到100%；切实强化兜底保障，发放农村低保、特困供养等补助资金

8689万元。多方加强扶贫协作。抢抓东西部扶贫协作重大机遇，主动与天津市武清区对接，积极开展高层交流互访，互派党政挂职干部10名、教师医生等专业技术人员150名；衔接落实各类帮扶资金3405万元，谋划实施帮扶项目51个；大力推进东西部消费扶贫，通过培育市场主体、引进商贸公司、开展爱心认购等途径，销售特色农产品3358吨，实现收入5061万元。着力解决突出问题。集中开展“十查十看十补课”和“六大行动”，持续深化扶贫领域腐败和作风问题专项整治，全力抓好中央专项巡视、省级考核反馈和审计发现等问题整改，逐条建立台账，跟踪销号落实，扶贫项目实施、资金管理、合作社运行等方面的突出问题得到有效解决，脱贫攻坚质量进一步提升。

二是重点项目在争建并举中加快推进。坚持以项目拉动投资、促进发展，积极谋划争取，强化衔接洽谈，加快落地实施，为县域经济高质量发展提供了有力支撑。精心开展谋划论证。抢抓国家稳增长、稳投资等重大政策机遇，以十大绿色生态产业为统揽，深入研究谋划，扎实做好前期，全县论证储备循环农业、文化旅游、节能环保等重点项目48项，概算投资102亿元，争取中央、省市财政专项资金13.5亿元，落实债券资金2.1亿元。持续扩大招商引资。坚持大小齐抓、签履并重，积极参加沪浙绿色生态产业招商推介会、“兰洽会”等节会活动，切实加大招商引资力度，成功签约鸭王集团矿泉水生产线、富新公司果品营销网络建设等项目6个，招商引进省外资金11.26亿元。全力加快项目进度。全面推行重大项目“三个一”包抓和“三个清单”管理制度，切实强化土地供应、设施配套等要素保障，全县实施500万元以上项目62个，完成投资18.4亿元，南滨河景观大道、星鼎电商物流配送中心等项目建成投用，朱家涧水库建成蓄水，汽车客运站建设、泾河流域水环境综合治理等项目加快实施，有力拉动了固定资产投资增长。严格规范项目管理。全面推行并联审批、在线审批制度，优化审批流程，压缩审批时限，政府投资项目审批控制在120个工作日以内，企业投资项目实现了“零审批”；切实加强工程招标、投资评审、施工安全、竣工验收等重点环节监督管理，确保了项目建设程序合规、质量可靠、资金安全。

三是主导产业在转型发展中提质增效。坚持以深化供给侧结构性改革为主线，以促进产业转型升级为方向，千方百计调结构、延链条、创品牌，县域经济发展质量和效益明显提升。深度开发农村特色产业。积极引进新品种、推广新技术、探索新模式，全力推进果品产业转型发展，全县新栽果园1569亩，其中矮砧密植设施园1200亩，完成老果园高接换优2200亩、低劣园间伐改造1100亩，果品产量达到30万吨，实现产值13亿元。着眼打造“平凉红牛”品牌，制定出台牛产业中长期发展规划和扶持政策，新建、改扩建肉牛养殖场3个，引进“平凉红牛”基础母牛1752头、红安格斯基础母牛2005头，全面建成省农科院平凉红牛良种中心，先后承办全省牛产业发展助推脱贫攻坚现场推进会、第十四届中国牛业发展大会。坚持设施栽培与露地生产并重，着力优化蔬菜种植结构，新建日光温室114座、钢架大棚308座，种植露地蔬菜2.12万亩、大棚西瓜1.14万亩。深入推进农村“三变”改革，全力支持富原红果业、鼎康牛业、雄发果蔬等龙头企业发展，农村特色产业在区域化推进、标准化管理、产业化经营、市场化运作方面迈出了新步伐。持续扩张工业经济总量。紧盯工业脱困进位目标，全力实施重点工业项目，汇丰重油油泥工业无害化处理、50万吨建筑垃圾回收利用等项目加快推进，8000万块煤矸石烧结砖、中盛建材二期10万吨活性石灰生产线项目建成投产。持续深化国有企业改革，全力支持非公经济发展，清理拖欠民营企业中小企业账款6985万元，切实加大“个转企、小升规”力度，全县新增规上企业1户、私营企业216户、个体经营户946户。加快推进文旅融合发展。持续深化与省城乡投资集团合作，组建国有文化旅游企业，对重点景区实行统一经营管理，文化旅游产业市场化运营取得实质性突破。不断完善景点体系，着力提升景区质量，大景区旅游基础设施基本建成，吴焕先烈士纪念馆完成布展，百里石窟长廊保护、南石窟寺修缮二期等项目加快推进，王村完颜3A级景区创建通过验收，城关凤凰、汭丰郑家沟等乡村旅游示范村晋等升级步伐加快。切实强化宣传推介，积极参加四川、天津、深圳、西宁等旅游营销节会，成功举办第六届海峡两岸西王母故里民俗文化交流、“走进王母故里·品味诗韵泾川”文化旅游节等活动，“壮丽70年·奋斗新时代——记者再走长征路”等采访团走进泾川，中央广播电视总台等主流媒体进行了专题报道，泾川文化旅游的知名度和影响力进一步提升。大力发展商贸流通产业。扎实推进国家电子商务进农村示范县创建，全面建成县级电子商务公共服务中心、物流配送中心和农产品标准化生产加工中心，新建改建乡级电商公共服务站14个、村级服务点141个，培育电商企业54家，建办网店618家，全县线上交易额达到9900万元。积极扩大对外贸易，出口额达到1821万元，较去年增长43%。

四是城乡面貌在建管并重中明显改观。坚持以统筹城乡发展为统揽，以改善基础设施、提升服务功能为重点，加快开发建设，强化综合管理，城镇化建设水平持续提升。全力加快开发建设。世纪花园C区、天和人家、金江御苑等住宅小区建成主体，紫润东郡、新景嘉苑、星鼎庭院三期等住宅小区加快建设，历年棚户区改造尾欠任务基本清零，农林路、种子公司等9个片区61幢1622户老旧住宅楼改造全部竣工，泾州街、宫山桥、彩虹桥改造和重点区域亮化工程全面完成，汭河休闲步道、森林公园休闲步道建成投用，水泉路开工建设，荔堡、太平街道改造工程全面完工，县城及重点小城镇综合功能显著增强。持续推进生态建设。大力实施“三北”防护林建设、天然林保护、退化林分修复等工程，完成荒山造林3.04万亩，建成绿色通道146公里，实施土地整理复垦4909亩，生态治理水平进一步提升。扎实开展污染防治。以中央和省级环保督察反馈问题整改为抓手，持续加大建筑工地、道路扬尘、餐饮油烟、煤质管控、汽车尾气治理力度，大气质量明显改善；严格落实河（湖）长制，扎实推进河（湖）“清四乱”专项行动，全面建成城区污水处理中心提标扩容、污泥无害化处置及中水回用工程，敷设工业园区至县城排污管道2.2公里，建成餐厨垃圾处理站，城乡餐厨垃圾实现统一收集、无害化处理；加强农村面源污染治理，常态化推进全域无垃圾专项行动，大气、水、土壤污染防治取得明显成效。切实强化综合管理。全力加快“智慧城市”建设，积极推进“数字城管”应用，持续加大治违、治脏、治乱、治污、治堵力度，全面落实湿法清扫、喷雾抑尘等常态化保洁措施，一些影响市容市貌的突出问题得到有效解决。扎实开展农村人居环境整治，稳步推进农村“三大革命”“六大行动”，新建改建农村户用卫生厕所5609座、村级公厕150座，配套垃圾清运车辆33辆，建成清洁示范村55个、人居环境示范村6个。

五是民计民生在共建共享中持续改善。牢固树立以人民为中心的发展思想，多方加大资金投入，精心措办惠民实事，持续优化公共服务，民生保障水平不断提升。统筹发展社会事业。精心实施“全面改薄”工程，新建、改扩建校舍1.94万平方米，第四幼儿园全面建成，第五幼儿园实现招生，国家农村职业教育和成人教育示范县创建通过验收命名，全县高考本科上线率达到79.7%。努力提升卫生健康保障水平，全力加快县医院整体搬迁工程进度，扎实推进分级诊疗制度，不断扩大家庭医生签约服务，医疗卫生服务能力进一步增强。切实加大实用技术推广，支持鼓励科技创新，全县申报各项专利42件。不断完善公共文化服务体系，大云文化学术报告厅、县博物馆建成主体，成功举办中国甘肃全地形车赛、甘肃青少年足球锦标赛、第二届全民健身运动会围棋比赛等文化体育活动，较好地满足了人民群众日益增长的精神文化需求。不断完善保障体系。严格落实城乡低保、特困供养、残疾人“两补”、城镇困难职工脱困解困等政策，健全完善医疗救助、救灾救济等社会救助体系，特殊困难群体基本生活得到有效保障。全力保障妇女儿童合法权益，大力推进养老服务体系建设，加快发展社会福利事业，高平中心敬老院、县殡仪馆建成主体。切实加强退役军人服务保障，按照“一中心两站”模式，建立健全县乡村三级服务保障体系，顺利通过全省双拥模范县验收。切实加大农民工工资清欠力度，集中开展根治欠薪“百日攻坚”行动，依法保障了农民工工资足额支付。认真落实就业创业扶持政策，考录引进安置高校毕业生414名，新增城镇就业4662人。全面加强社会治理。深入开展扫黑除恶专项斗争，严密防范和依法打击黄赌毒、盗抢骗、非法集资等违法犯罪活动，摧毁恶势力团伙2个、“村霸”4个，破获刑事案件238起，全县社会治安形势明显好转。深入排查调处各类矛盾纠纷，认真解决群众合理诉求，信访形势持续稳定。健全完善应急管理体系，加强道路交通、建筑施工、食品药品等重点领域监管，年内未发生较大及以上安全事故，社会大局保持和谐稳定。

六是自身建设在优化服务中全面加强。着眼提升行政效能，持续推进简政放权，切实转变工作作风，为年度目标任务落实提供了有力保障。加快转变政府职能。全面完成政府机构改革，着力优化机构设置，严格规范编制管理，健全完善运行机制，进一步整合行政资源，理顺部门权责，工作运转更加顺畅，行政效能有效提升。深入推进“放管服”改革，着眼“只进一扇门，最多跑一次”，全面推行“一窗受理、集成服务”，严格落实减税降费政策，扎实开展“减证便民”行动，持续优化营商环境，企业和群众办事更加方便快捷。全面推进依法行政。坚决落实县委决策部署，自觉接受人大法律监督、政协民主监督和社会舆论监督，积极配合人大、政协开展视察调研，认真办理人大代表议案建议和政协委员提案，办结率分别达到94.2%和92.6%。严格执行政府工作规则和决策程序，全面实行公众参与、专家论证、风险评估、合法性审查、集体讨论决定等制度，政府决策科学化、民主化、规范化水平进一步提升。全面落实政府常务会议学法制度和规范性文件审查备案制度，严格按照法定权限和程序行使权力、履行职责，依法受理行政复议案件2件，办理行政诉讼案件3件。持续改进工作作风。认真落实中央“八项规定”及其实施细则精神，扎实开展“不忘初心、牢记使命”主题教育，深入推进“转变作风改善发展环境建设年”活动和“四察四治”专项行动，坚决反对形式主义、官僚主义，驰而不息纠正“四风”方面突出问题，政风行风持续好转。切实强化廉政建设。严格落实全面从严治党主体责任，持续深化廉政风险防控，扎实整改省委巡视、市委巡察反馈问题，切实加强重大项目建设、大额资金使用、公共资源交易等重点领域监管，严肃查处各类违纪违规行为，政府系统党风廉政建设全面加强。

同时，全力支持金融、电力、通信、气象等驻泾单位有效开展工作，民族宗教、统计调查、市场监管、粮食、供销等工作取得了较好成效。

各位代表，奋斗充满艰辛，收获来之不易。这些成绩的取得，是县委坚强领导、统揽全局、协调各方，四大班子齐心协力抓落实的结果，是全县各级组织和广大人民群众团结奋斗、共同努力的结果，饱含着各位人大代表、政协委员的智慧和心血，离不开社会各界、各民主党派及离退休老干部的大力支持和帮助。在此，我代表县人民政府，向关心支持政府工作、为全县经济社会发展作出贡献的各界人士，表示衷心的感谢和崇高的敬意！

在全面总结成绩的同时，我们也清醒地认识到，全县经济社会发展仍存在诸多困难和问题，政府工作与人民群众的期望还存在不小差距。主要表现在：受内外部环境影响，市场主体发展活力不强，投资动力不足，项目落地困难，个别指标未能实现年初确定的增长目标；部分脱贫人口收入不稳定，返贫风险较高，巩固脱贫成果任务依然艰巨；农村特色产业转型升级步伐缓慢，龙头企业建办、营销体系建设滞后，抵御市场风险和自然灾害风险的能力还比较弱；工业经济基础薄弱、短板明显，对县域经济的支撑作用不强；文化旅游产业融合度不高，发展要素不够完善，市场化运营机制不够健全，经济效益不够明显；财政收支矛盾突出，资金调度异常困难，保工资、保运转、保基本民生存在较大压力；基础设施建设相对滞后，公共服务、社会保障体系还不够完善；政府职能转变还不到位，统筹谋划、推动落实能力不足，担当意识不强，行政效能不高，思维理念和工作作风还不能完全适应新时代新形势新任务的要求，等等。对于这些问题，我们将在今后工作中高度重视，认真研究，采取得力措施，切实加以解决。

2020年政府工作主要任务

2020年，是全面建成小康社会和实施“十三五”规划的收官之年。客观审视发展形势，宏观经济面临的不确定、不稳定因素依然较多，外部环境更加复杂，区域竞争更加激烈，基础建设、产业发展、民生保障等领域的任务十分艰巨。同时，随着“一带一路”建设全面推进，乡村振兴、新一轮西部大开发、黄河流域生态保护和高质量发展等战略深入实施，深化供给侧结构性改革、承接东部产业梯度转移等稳增长政策陆续落地，“互联网+”等新科技、新经济、新业态加速孕育，全县经济社会发展也蕴含着诸多难得机遇。只要我们坚持既定发展思路不动摇，紧盯年度发展目标不松劲，科学研判形势，积极沉着应对，主动担当作为，奋力攻坚突破，就一定能够开创经济社会发展的新局面。

政府工作的总体要求是：以习近平新时代中国特色社会主义思想为指导，全面贯彻党的十九大和十九届二中、三中、四中全会精神，深入落实习近平总书记视察甘肃重要讲话和指示精神，增强“四个意识”、坚定“四个自信”、做到“两个维护”，统筹推进“五位一体”总体布局，协调推进“四个全面”战略布局，紧扣全面建成小康社会目标，坚持稳中求进总基调和高质量发展要求，以新发展理念为引领，以供给侧结构性改革为主线，牢牢把握“六稳”要求，千方百计稳增长，统筹兼顾促改革，坚定不移调结构，尽心竭力惠民生，多措并举防风险，全力以赴保稳定，全面完成“十三五”规划确定的目标任务，奋力推动全县经济社会高质量发展。

经济社会发展的预期目标是：生产总值增长6%，固定资产投资增长8%，规模以上工业增加值增长8%，社会消费品零售总额增长7.5%，一般公共财政预算收入增长8%，城镇居民人均可支配收入增长7.5%，农村居民人均可支配收入增长8.5%，城镇登记失业率控制在4%以内，单位生产总值能耗和主要污染物排放量完成省市下达的控制指标。

按照上述目标要求，全力抓好八个方面重点工作：

（一）以项目建设为支撑，内引外联抓招商、扩投资，加速聚集经济发展动能。以开展“项目质量提升年”行动为抓手，切实强化要素保障，持续扩张投资总量，严格规范实施管理，为经济高质量发展奠定坚实基础。抢抓机遇谋项目。积极抢抓国家实施新一轮西部大开发、“一带一路”建设、黄河流域生态保护和高质量发展等重大政策机遇，精心编制“十四五”发展规划；以十大绿色生态产业为重点，论证储备过亿元项目10项以上，概算投资16亿元以上。多措并举引项目。坚持向上争取与招商引资并重，积极捕捉项目信息，做精做细项目前期，主动加强衔接汇报，全年落实中央、省市财政专项资金14亿元以上。牢固树立“大招商、招大商”理念，依托“兰洽会”“西洽会”、东西部扶贫协作等平台，广泛开展团队招商、上门招商、以商招商，全年招商引进重点项目10项以上，引进省外资金12亿元以上。破解瓶颈建项目。坚持把精力向项目集中、要素向项目集聚，全力推进项目及时落地、顺利实施，全年实施500万元以上项目60项以上，完成投资16亿元以上。严格质量管项目。深入实施重大项目前期审批“百日攻坚”行动，全面落实“一项一码”管理，大力推行并联审批、网上办理制度，进一步提高项目审批效率。切实强化项目管理，突出过程监管，加强督查调度，着力提升项目建设质量和效益。

（二）以乡村振兴为统揽，全力以赴兴产业、优环境，努力提升“三农”工作水平。全面贯彻“产业兴旺、生态宜居、乡风文明、治理有效、生活富裕”要求，多方促进脱贫攻坚与乡村振兴有效衔接，全力推动农业升级、农村进步、农民发展。巩固提升脱贫成果。聚焦打赢打好脱贫攻坚战，紧盯“两不愁、三保障”目标，整合项目资金，聚集帮扶力量，落实落细“一户一策”，大力发展“五小”产业，切实强化兜底保障，确保下剩2个贫困村脱贫退出、335户999名贫困人口实现脱贫。坚持目标不变、靶心不散、频道不换、力度不减，严格按照“四个不摘”要求，切实加大已脱贫村和边缘户、监测户扶持力度，进一步完善基础设施，拓宽增收渠道，确保脱贫成效稳得住、能提升、不反弹。坚持巩固脱贫成果与提升发展水平并重，充分发挥“三变”改革、“互联网+”、东西部协作等平台作用，持续加大产业扶贫、消费扶贫、劳务协作力度，努力提升脱贫攻坚质量，确保实现全面小康目标。大力发展特色产业。以深化农业供给侧结构性改革为主线，以扩量、提质、延链、创牌、增效为重点，全力推动特色产业转型发展，全县新栽果园2000亩，完成老果园间伐改造2000亩；新建、改扩建标准化肉牛养殖场2个，引进“平凉红牛”基础母牛3000头；新建日光温室50座、钢架大棚500座，新增露地蔬菜2000亩，种植大棚西瓜2万亩。不断完善防灾减灾体系，持续扩大农业保险覆盖面，切实加大动物疫病防控，为特色产业发展提供有效保障。充分发挥龙头企业、专业合作组织、产业大户示范带动作用，大力发展包装贮存、精深加工、冷链物流等配套产业，不断延伸产业链条，多方促进产销对接，努力提升产业效益。高度重视粮食生产，依法加强基本农田保护，全力保障粮食安全。努力改善基础条件。切实加强道路交通建设，争取实施泾川至土谷堆、龙王村至张老寺等县乡道路改造工程，实施安全生命防护工程100公里，硬化村组道路50公里，修复水毁道路20公里。加快推进水利建设，实施朱家涧水库供水复线工程和北部农村饮水安全提升改造工程，埋设供水管道9.5公里，改扩建水处理设施1处，建成高标准农田2万亩。扎实整治乡村环境。持续推进农村“三大革命”“六大行动”，改造户用卫生厕所6300座，新建村级公厕65座；全面推行“户积存、村收集、片处理”的处置模式，全力推进农村垃圾处理减量化、资源化；切实加大废旧庄基复垦力度，拆除闲置废弃庄基，改善农村环境面貌。多方培树文明乡风。以社会主义核心价值观为引领，大力弘扬优秀传统文化，切实强化法治宣传教育，着力破除高价彩礼、婚丧嫁娶大操大办等陈规陋习；广泛开展“文明家庭”“道德模范”等评选表彰活动，引领培育文明乡风、淳朴民风和良好家风。

（三）以转型升级为目标，千方百计扩总量、提效益，不断壮大工业经济实力。大力实施工业强县战略，加快推进传统产业转型升级，多方培育新型市场主体，推动工业经济在总量扩张、结构优化、效益提升方面取得新突破。全力实施重点工业项目。加快天纤棉业二期20万锭棉纱生产线项目进度，力争完成10万锭设备安装调试，确保正大公司二期15万吨饲料生产线建成投产，中盛建材公司一期活性石灰生产线完成技术改造；扎实做好矿泉水生产线、石料加工等项目前期工作，力争年内开工建设。切实抓好企业生产经营。坚持因企施策、分类指导，突出问题导向，强化协调服务，着力破解土地、资金、用工等要素制约，全力支持天纤棉业、家园陶瓷、华润陶瓷、新裕建材等规上企业扩产促销、提升效益；多方加强衔接汇报，力争豹子沟煤矿恢复生产；积极与恒兴果汁、福润禽业等企业对接，想方设法盘活资源。加快发展非公有制经济。全面落实支持非公经济发展的政策措施，深入推进“多证合一”“先照后证”“电子证照”等商事制度改革，降低市场准入门槛，压缩企业开办时限，积极促进银企合作，持续改善营商环境，年内新增规模以上企业3户、私营企业200户以上、个体经营户1000户以上。

（四）以全域旅游为抓手，持之以恒挖内涵、创品牌，全力推动文旅融合发展。以争创省级全域旅游示范县为统揽，以全域景区化、产业融合化、全民共享化为方向，进一步整合资源，完善要素，丰富内涵，扩大宣传，全力打响泾川文化旅游品牌。切实加快景区开发建设。持续深化与省城乡投资集团合作，全力加快大景区旅游基础设施建设，开工建设温泉小镇、民俗文化展示体验馆，全面建成大云文化学术报告厅和县博物馆，进一步健全景区景点体系。持续激发乡村旅游活力。以彰显特色化、避免同质化为基本要求，挖掘景区内涵，提升建设品位，完善停车场、旅游厕所、游客中心等配套设施，大力发展生态观光、果蔬采摘、民俗体验、休闲度假等旅游新业态，年内新增乡村旅游示范村1个、星级农家乐2个。切实加大宣传推介力度。持续加强与周边旅游景区合作共融，串联包装旅游钻石线路，加大在央视等主流媒体宣传推介力度；大力推广“互联网+旅游”营销模式，充分运用手机APP等时兴传播平台，积极开展旅游资源线上推广；组团参加“文博会”“旅博会”等旅游节会，高质量办好乡村文化旅游节等活动，力争全年接待游客同比增长5%以上，有效带动特色农业、商贸流通、餐饮住宿等产业发展。

（五）以功能完善为重点，多措并举强基础、提品位，着力打造宜居宜业县城。坚持拓展空间与提升品位并举，完善功能与塑造特色并重，持续推进开发建设，切实加强综合管理，全力加快新型城镇化步伐。高起点完善规划体系。统筹考虑空间布局、功能定位、整体风貌、建筑风格等因素，启动编制国土空间总体规划，修订完善《县域乡村建设规划》，加快编制县城重点区域、小城镇修建性详规及重点乡村建设规划，充分发挥规划的指导引领作用。严格规划管理，加强执法检查，坚决制止城市规划区违法建设行为，实现违章建筑“消存量、零增长”。高标准推进开发建设。按照“旧城改造、新区拓展、完善功能、提升品位”的思路，加快紫润东郡、新景嘉苑等住宅小区建设，持续推进老旧住宅小区改造，开工建设城关杨柳、延风、茂林安置楼，全面建成水泉路，完成新城西路与文景路搭接，加快实施城区生活垃圾填埋场二期工程和城区供热管道改造提升工程，稳步推进重点小城镇建设，努力提升城镇综合承载能力。多举措强化综合管理。充分发挥“智慧城市”平台作用，落实落细网格化管理责任，及时处置路面破损、照明故障、管道不畅等问题，严查严控占道经营、乱停乱放、噪音扰民等行为，切实加强城区供热企业监管，完善住宅小区物业管理，着力提升城市精细化管理水平。

（六）以绿色发展为引领，坚持不懈抓源头、夯基础，深入推进生态文明建设。牢固树立“绿水青山就是金山银山”发展理念，围绕构建黄河流域生态安全屏障，实行最严格的生态保护制度，坚决打好污染防治攻坚战，让泾川的山更绿、水更清、天更蓝。精心实施生态工程。扎实开展国土绿化行动，加快推进退耕还林成果巩固、“三北”五期防护林建设、中幼林抚育、重点公益林补偿等工程，切实抓好南北面山、公园绿地、街路巷道等重点区域绿化，全县完成造林绿化2万亩，建成道路林网65公里，完成黄土高原塬面保护17平方公里，努力提升生态治理水平。切实加强污染防治。持续深化大气污染防治行动，全面落实“减煤、抑尘、控车、治源、禁燃、增绿”措施，稳步推进农村土炕改造工程，进一步提升大气环境质量；从严落实河（湖）长制，纵深推进河（湖）“清四乱”行动，全面完成泾河流域水环境综合治理工程，加强地下水、饮用水水源地保护和河道采砂管理，加快推进雨污分流改造，规范运行城乡污水处理设施，多方改善水环境质量；切实强化农业面源污染治理，扎实开展农药化肥减量行动，加大废旧地膜回收和尾菜处理利用力度，着力巩固土壤污染治理成效。健全完善长效机制。坚持环保底线和生态红线“双线思维”，严格落实环境保护“党政同责、一岗双责”和“属地监管”制度，从严执行生态文明绩效评价考核和责任追究规定。健全生态环境保护联合执法机制，加强常态化执法巡查，严厉打击破坏环境违法行为。创新宣传教育机制，积极倡导绿色生产生活方式，努力提升全民生态环保意识。

（七）以为民服务为宗旨，尽心竭力办实事、解难题，努力提升民生保障能力。着眼“幼有所育、学有所教、劳有所得、病有所医、老有所养、弱有所扶”，积极回应群众关切，着力补齐民生短板，不断增强群众幸福感和获得感。精心措办惠民实事。坚持政策向民生实事聚焦、资金向民生实事倾斜、服务向民生实事覆盖，突出效果导向，力求精准施策，有力有序推进村组道路建设、老旧住宅小区改造、市政基础设施配套等民生实事落实。统筹发展社会事业。持续推进义务教育学校改薄与能力提升工程，完成太平中学、东街小学等校舍新建、改扩建项目，切实加强师德师风建设，不断深化教育教学改革，努力提升教育教学质量，力争高考成绩全市排名上升。不断深化医药卫生体制改革，强化医疗人才队伍建设，建成县医院整体搬迁项目，着力增强医疗卫生公共服务能力。切实加大科技创新力度，积极推动科技成果转化，广泛开展实用技术培训，努力提高科技贡献率。繁荣发展文化体育事业，加快实施百里石窟长廊保护、南石窟寺修缮二期等项目，完成高峰寺电视广播发射台搬迁工程，健全完善基层公共文化服务体系，鼓励支持精品文艺创作，广泛开展各类群众性文化体育活动，进一步丰富群众精神文化生活。不断健全保障体系。统筹做好城乡低保、社会保险、救灾救济、特困供养、城镇困难职工解困脱困等工作，关心关爱农村留守儿童、妇女、残疾人、空巢老人等特殊困难群体，大力发展社会福利和慈善事业，积极推进医养结合，确保各项社会保障政策落到实处，努力提升社会保障水平。全面落实双拥优抚安置政策，扎实做好退役军人技能培训、就业创业、困难帮扶等服务保障工作。积极做好就业再就业工作，多方搭建就业创业平台，促进高校毕业生、农民工、下岗失业人员等重点群体就业创业。坚决执行《保障农民工工资支付条例》，严格落实工资保证金、欠薪应急周转金等“五项”制度，全力保障农民工合法权益。

（八）以共建共治为抓手，打防并举促和谐、保稳定，切实强化社会综合治理。着眼促进社会和谐稳定，进一步创新治理方式，完善治理体系，着力构建共建共治共享社会治理新格局。持续深化扫黑除恶专项斗争。聚焦问题突出的行业和领域，扎实开展大宣传、大排查、大整治活动，坚决打击“村霸”“行霸”“市霸”等黑恶势力，依法查处非法集资、金融诈骗、暴力催债等金融违法犯罪活动，深挖细查黑恶势力“保护伞”，彻底铲除黑恶势力滋生土壤，健全完善“行业监管、部门协同、群众参与”工作机制，取得扫黑除恶专项斗争压倒性胜利。不断提升应急管理水平。坚持“以防为主、防抗救结合”方针，进一步完善应急预案，健全应急机制，强化基础建设，努力提升事故处置、防灾减灾、疫病防控能力。严格落实安全生产责任制，深入开展道路交通、危险化学品、非煤矿山、建筑工地、消防、学校等行业领域隐患排查整治，坚决遏制重特大安全事故发生。健全产品质量和食品药品监管网络，加强日常监管和巡查检查，全力保障食品药品安全。深入排查化解矛盾纠纷。按照“属地管辖、分级负责、归口办理”要求，全面推行领导干部接访下访和包案督办制度，健全完善乡镇部门协作联动机制，着力解决信访突出问题。认真办理网站留言，准确把握社情民意，积极回应群众关切。

各位代表，新的一年，在全力加快经济社会发展的同时，我们将坚持以人民为中心的发展思想不动摇，从广大群众最关心、最直接、最现实的问题入手，精心办好12件惠民实事：(1) 持续改善城乡办学条件。加快实施太平中学、东街小学、荔堡镇原董小学、丰台镇焦家小学等校舍改扩建工程；县第四幼儿园春季招生，全面建成星鼎庭院、花样年住宅小区配建幼儿园，着力缓解城区幼儿“入园难”“大班额”问题。(2) 配套完善市政基础设施。实施城区生活垃圾填埋场二期工程，完成城区供热管道改造提升工程和城北朝阳路、新城路等重点街路路灯安装，开工建设西关正街，进一步提升市政基础设施建设水平。(3) 加快推进城区老旧住宅小区改造。对73幢2063户老旧住宅小区改造提升，配套实施道路、供排水、绿化亮化等基础设施。(4) 不断改善群众出行条件。全面建成泾川汽车客运站，硬化村组道路50公里，建设安全生命防护工程100公里。(5) 稳步推进农村“厕所革命”和“清洁村庄”行动。改建户用卫生厕所6300座、村级公厕65座，创建清洁示范村64个，进一步改善农村人居环境。(6) 健全完善农业保险体系。以增品、扩面、提标、降费为重点，全面落实中央、省市18项补贴险种，持续扩大承保范围，着力提升特色产业防灾减灾能力。(7) 切实强化城乡供水保障能力。实施朱家涧水库供水复线工程和北部农村饮水安全提升改造工程，埋设供水管道9.5公里，改扩建水处理设施1处，切实提高水处理能力。(8) 不断提升农村电网供电保障能力。改造10千伏线路20.89公里、0.4千伏线路151.78公里，新建配变138台，解决部分乡村供电不稳定问题。(9) 大力推广使用清洁能源。加大餐饮行业、商业门店煤改气力度，推广城乡居民天然气入户5000户，引导工业企业使用清洁能源。(10) 免费开展农村妇女“两癌”筛查。完成35～64岁农村妇女“两癌”筛查3000人，进一步提高妇女健康保障水平。(11) 强化城乡劳动力培训输转。统筹各类培训资源，完成实用技术和劳动技能培训7500人（次），输转劳动力7万人。(12) 积极扩大就业和再就业。年内新增城镇就业4000人，城镇登记失业率控制在4%以内。

全面加强政府自身建设

各位代表，新形势新任务对政府工作提出了新的更高要求，我们将以加快发展、造福人民为己任，按照“担当、创新、突破、提升”的要求，为民务实清廉，忠诚履职尽责，努力开创各项工作新局面。

一、提高政治站位，忠诚履职担当

坚持把政治建设作为首要任务，增强“四个意识”，坚定“四个自信”，坚决做到“两个维护”，始终在思想上政治上行动上同以习近平同志为核心的党中央保持高度一致，坚决贯彻执行中央各项决策部署，严格落实省市、县委工作要求，确保政令畅通、执行有力。深入学习贯彻习近平新时代中国特色社会主义思想和党的十九大及十九届二中、三中、四中全会精神，认真落实习近平总书记视察甘肃重要讲话和指示精神，持续推进“两学一做”学习教育常态化制度化，巩固深化“不忘初心、牢记使命”主题教育成果，着力增强改革创新、科学发展、服务群众、推动落实、驾驭风险的能力和水平。

二、树牢法治思维，规范行政行为

始终把依法行政贯穿于政府工作全过程，坚决维护县委集中统一领导，依法向县人大及其常委会报告工作，自觉接受县人大及其常委会法律监督、工作监督和县政协民主监督，主动接受群众监督和舆论监督，高质量办理人大代表意见建议和政协委员提案。严格落实领导干部学法用法制度，切实强化法治宣传教育，努力提升运用法治思维和法治方式解决问题、促进发展、维护稳定的能力。严格执行“三重一大”决策制度，全面落实重大事项公众参与、专家论证、风险评估、合法性审查、集体讨论决定等决策程序，努力提高科学决策水平。进一步厘清部门执法权限，规范行政执法程序，切实做到有法必依、执法必严、违法必究。

三、深化改革创新，激发发展活力

坚持向改革要动力、向创新要活力，深入推进“放管服”改革、国有企业改革和财税制度改革，巩固提升农村“三变”改革、农村集体产权制度改革成果。认真学习借鉴先进地区成功经验，积极探索创新融资平台、经营城市资源、整合项目资金、激活民间投资的新路子。健全完善鼓励激励、容错纠错机制，旗帜鲜明支持改革、激励创新，引导广大干部探索新思路、尝试新方法，不回避矛盾、不掩饰问题、不推卸责任，全力破解影响经济社会发展的瓶颈问题。

四、优化政务服务，改善营商环境

持续深化行政审批制度改革，严格规范审批权限，精简压缩审批流程，促进部门信息资源共建共享，最大程度方便企业群众办事。健全完善重点企业、重点项目协调服务制度，帮助协调解决项目落地和企业发展中的具体问题，着力构建“亲”“清”新型政商关系。加快建立“宽进严管、放管结合”的现代市场体系，严格执法监督管理，坚决打击市场垄断、欺行霸市等行为，保障各类主体平等参与经济活动和市场竞争，努力营造稳定、公平、透明、可预期的良好环境。

五、严守纪律规矩，加强廉政建设

坚持把纪律和规矩挺在前面，认真履行党风廉政建设主体责任和领导干部“一岗双责”，严格落实中央和省市县委廉洁从政各项规定，健全完善长效机制，持之以恒正风肃纪。坚决贯彻落实中央“八项规定”及其实施细则精神，严防隐形变异“四风”问题反弹回潮。切实强化风险防控，加大政府债务、政府采购、项目招投标、融资担保、扶贫资金分配、公共资源交易等重点领域、关键环节监管力度，坚决查处纠正各类违纪行为，以清正廉洁的形象取信于民，以风清气正的环境保障发展。

各位代表，全面建成小康社会是时代赋予我们的使命，创造幸福美好生活是人民寄予我们的重托。让我们更加紧密地团结在以习近平同志为核心的党中央周围，在县委的坚强领导下，不忘初心、牢记使命，攻坚克难、砥砺奋进，为加快建设绿色开放幸福美好新泾川而努力奋斗！

2019年脱贫攻坚工作概况

2019年，泾川县坚持以习近平新时代中国特色社会主义思想为指导，深入学习贯彻习近平总书记视察甘肃重要讲话和指示精神，认真落实中央、省市关于脱贫攻坚的一系列决策部署，聚焦“两不愁、三保障”，以落实“一户一策”为抓手，以巩固脱贫质量为主线，以“3+3”冲刺清零行动和“十查十看十补课”为载体，按照“四个不摘”要求，扎实开展脱贫攻坚行动，全力以赴抓产业、增后劲，抓短板、强弱项，抓整改、提质量，确保整县按计划高质量脱贫摘帽，脱贫攻坚取得显著成效。

一、主要成效

（一）贫困人口减贫计划超额完成。2019年全县计划减少贫困人口2200人，实际减少贫困人口2687人，贫困人口由3700人减少到999人，贫困发生率由1.15%降至0.31%。

（二）贫困村规范有序退出。2019年经逐级验收认定退出贫困村10个，占计划退出8个贫困村的125%，累计退出贫困村89个，占全县贫困村总数的97.8%。

（三）贫困群众收入持续稳定增长。始终把促进贫困群众持续稳定增收作为脱贫攻坚的核心任务，倾斜各类资源要素，因地制宜因户施策培育产业扩大就业，多方拓展增收渠道，预计2019年农村居民人均可支配收入10503元，增长9.5%。

二、主要做法

（一）坚决扛起政治责任，持续强化担当意识。坚持把脱贫攻坚作为最大的政治责任和第一民生工程，认真贯彻落实习近平总书记关于扶贫工作重要论述和省、市脱贫攻坚领导小组会议精神，统筹谋划部署，全力推动落实。一是提高政治站位。始终站在树牢“四个意识”、坚定“四个自信”、坚决做到“两个维护”的高度，年内召开县委常委会会议15次、县政府常务会议13次、县脱贫攻坚领导小组会议11次，坚持把《习近平扶贫论述摘编》作为必学内容，重点学习习近平总书记全国“两会”参加甘肃代表团审议时的重要讲话、视察甘肃重要讲话和指示精神，进一步把思想和行动统一到总书记“坚定信心不动摇、咬定目标不放松、整治问题不手软、落实责任不松劲、转变作风不懈怠”总体要求上来，扎扎实实推进各项工作任务落实落细。二是科学谋划部署。按照聚焦再聚焦，精准再精准的要求，围绕巩固提升脱贫成效，县上四大班子主要领导带队深入一线开展调研，研究制定《泾川县脱贫攻坚后续帮扶计划》《泾川县脱贫攻坚巩固提升计划》，确保扶贫政策不走样，帮扶措施不断档。着眼冲刺清零、补齐短板，制定了《“3+3”冲刺清零筛查方案》和《泾川县贫困人口“两不愁、三保障”冲刺清零工作实施方案》，明确主攻方向和着力重点，确保了各项任务有序推进。三是靠实各级责任。坚持摘帽不摘责任，健全县脱贫攻坚领导小组统筹协调、12个专责工作组牵头抓落实的工作推进机制，压实压紧县级干部包抓责任、扶贫部门牵头指导责任、行业部门协调落实责任和乡镇主体责任，完善县级干部包乡抓村帮户制度，在原包抓责任不变的基础上，确定35名县级领导联系包抓33个贫困村和2个非贫困村，由12名县委常委联系帮扶剩余12个未脱贫村；扎实开展“五级书记遍访贫困对象”活动，县乡村三级书记遍访所有贫困村、贫困户，县委、县政府主要领导、分管领导常态化下乡进村，动态掌握扶贫政策和帮扶措施落实情况，现场协调解决困难问题，有效发挥了示范带头作用。

（二）坚持摘帽不摘政策，扎实推进冲刺清零。紧盯重点区域和特殊群体，持续保持攻坚态势，在全面摸清底数的基础上，彻底筛查整改“3+3”方面的突出问题，强化各类政策措施落实，全面提升脱贫攻坚质量。义务教育方面，全面推行控辍保学双线责任制，组织全县各级中小学教师集中开展“大走访大劝学”，逐户落实义务教育控辍保学措施，动员27名义务教育阶段疑似辍学学生返校就读，送特教学校就读残疾儿童25名，严格落实一对一帮扶机制，累计发放各类教育资助资金4000多万元，全县无一名学生因贫失学。基本医疗方面，围绕参保全覆盖、资助全落实、待遇全享受，对县、乡、村医疗机构和所有建档立卡贫困人口进行全面筛查，新建、改扩建15个行政村卫生室，聘用乡村医生11名。严格落实基本医保、大病保险、建档立卡贫困人口“先看病后付费”等惠民措施，截至11月底，全县建档立卡贫困人口住院特惠政策受益1.8万人（次），住院总费用7721.67万元，政策范围内费用6807.2万元，基本医保报销4080.56万元，提高5个百分点报销472.15万元，大病保险报销3569人（次），补偿金额1233.52万元，医疗救助政策受益13502人（次），兑付救助资金956.13万元，切实减轻了贫困群众就医负担。安全住房方面，对全县所有农户用房进行“过筛子”排查，对排查出的危房及时制定方案，新建8户，加固维修8户，集中安置3户，搬迁入住其他安全住房10户。对1320户“四有人员”尚未居住的危房、长期闲置危房、废弃院落进行拆除，对无法拆除的4350户全部进行喷绘标识。饮水安全方面，加大资金投入，更换改造农村供水管道210公里，新打深井2眼，新建、维修蓄水池7座，修建检查井164座，有效解决了2.2万农户的饮水安全和供水不稳定问题。易地搬迁方面，全力抓好易地扶贫搬迁项目建设和后续脱贫产业培育，全面完成“十三五”易地扶贫搬迁任务，搬迁贫困群众1635户6563人，搬迁入住率达到100%。兜底保障方面，严格落实动态管理制度，及时将符合条件的困难群众纳入保障范围，全年共退出低保对象7655人，新纳入低保对象2508人，累计发放农村低保金3661.4万元，做到应扶尽扶、应保尽保。聚焦残疾人、孤儿等特困群体，落实残疾人"两项补贴"政策838.27万元，临时救助843.52万元，全面编密织牢兜底网。

（三）聚焦东西扶贫协作，借智借力助推脱贫。持续深化东西部扶贫协作，围绕推进"组织领导、人才交流、资金使用、产业合作、劳务协作、携手奔小康"六大任务，最大限度抓好用好天津市武清区人力、物力等各类资源。一是深化互动交流。县委、县政府主要领导先后3次带队赴武清区开展考察交流，衔接落实帮扶项目，积极开展招商引资，就扶贫协作框架协议和年度工作计划进行了深入对接。大力实施干部交流计划，在衔接落实武清区党政干部、科技人才来泾支援的同时，选派13名党政干部、144名教育卫生系统业务骨干到武清区锻炼培训、跟岗进修，促进两地协作从公共服务领域向产业培育、企业帮扶等更宽领域延伸，进一步提升能力素质、强化造血功能，为推动脱贫攻坚奠定了人才基础。二是强化产业对接。衔接落实各类帮扶资金3405万元，新建日光温室30座、钢架大棚229座，扶持贫困户种植瓜菜1万亩，扶持贫困户购买红安格斯良种基础母牛120头，建成扶贫车间3处，完成农村实用技术培训6208人（次）。积极组织参加天津市消费扶贫展销会和武清区对口帮扶"大礼包"订购会，销售特色农产品3358吨，实现销售收入5061.8万元，消费扶贫成效初步显现。三是加强劳务协作。挂牌成立东西部劳务合作基地、泾川县驻天津市劳务工作站和武清区劳务工作站，及时发布劳务信息，精准对接用工需求。举办东西扶贫协作专场招聘会4场（次），积极与天津新伟祥、北京美莱网等10多家京津知名企业洽谈对接，开展劳动力技能培训1043人（次），输转贫困劳动力2266人。四是开展结对帮扶。持续深化扶贫协作结对帮扶，武清区有关单位先后与我县6个乡镇、6所学校、3家医院建立结对关系，开展项目扶持、学术交流、技术服务等工作。武清区32家企业、47名领导干部与我县47个深度贫困村、51个贫困家庭结对认亲，促进帮扶工作向纵深推进，形成了多层次、广覆盖的帮扶格局。

（四）牢固树立问题导向，全面整改突出问题。坚持把问题整改贯穿脱贫攻坚全过程，紧盯中央脱贫攻坚专项巡视、2018年度省级脱贫攻坚成效考核、省委巡视和各级暗访督查反馈问题，对脱贫攻坚全过程、各领域、各环节进行大起底、大排查，全力推进整改落实。一是压实整改责任。按照"一个反馈问题、一名包抓领导、一个牵头部门、一张整改清单"的思路，逐项分解细化，明确目标任务、整改措施、整改责任和时限要求，精心研究制定整改方案，建立县委、县政府主要领导负总责，分管领导抓调度，乡镇部门抓落实的工作机制，形成了上下联动、齐心协力抓整改的工作合力。二是强化督查调度。由县上四大班子分管领导带队，采取现场查看、听取汇报、查阅资料等方式，定期对整改情况进行督促检查，先后5次召开整改工作调度会，听取整改进展情况汇报，研究解决具体问题，倒逼整改任务落实。目前，中央脱贫攻坚专项巡视反馈28条问题和自查自纠3条问题、2018年省级脱贫攻坚成效考核反馈16条问题和自查自纠6条问题、省整改办暗访抽查反馈9条问题全部整改到位。三是注重建章立制。坚持把整改个性问题与解决共性问题相结合、立行立改与加强制度建设相结合，着力推动解决脱贫计划不够精准、产业扶贫效益不够明显等具体问题，同时部署开展整改工作"回头看"，着力在健全长效机制上下功夫，建立整改工作定期报告和督查制度，以问题整改促进作风转变，提升脱贫质量。

（五）持续增强资金保障，强化政策扶持力度。精准安排使用中、省资金，多措并举筹集县级财政扶贫资金，持续加强扶贫资金管理使用，确保资金规范安全高效使用，最大限度地发挥扶贫资金效益和作用。一是加大投入支撑。集中资源、集中精力、集中资金，全面加大脱贫攻坚资金投入力度，为全县脱贫攻坚提供强有力的资金支撑。2019年我县一般公共预算收入预算数21830万元，较2018年一般公共预算收入决算数21596万元增加234万元，按照片区县县本级财政收入增量的20%增列财政专项扶贫资金支出的要求，我县2019年应增列财政专项扶贫资金46.8万元，实际财政预算安排专项扶贫资金2350万元，较2018年实际落实资金2253.84万元，增加96.16万元，增列财政专项扶贫资金占收入增量的41.09%。二是强化统筹整合。严格按照省市关于统筹整合使用财政涉农资金有关规定和要求，优化投入机制，聚集合力，加大对中央、省、市、县级涉农资金的统筹整合力度，紧紧围绕“两不愁、三保障”，集中用于脱贫攻坚项目资金需求。按照“渠道不变、充分授权”原则，2019年全县统筹整合9个部门财政涉农资金25394.05万元，其中中央资金14634.65万元，占57.63%；省级资金6179万元，占24.33%；市级资金245万元，0.96%；县级资金（含天津帮扶资金）4335.4万元，占17.08%。实现“因需而整”“应整尽整”。三是突出精准投用。紧扣贫困户稳定脱贫目标，聚焦“一户一策”梳理出的项目计划、“两不愁、三保障”的突出问题和短板弱项，2019年度统筹整合使用财政涉农资金主要用于农村基础设施建设和农业生产发展两个方面，具体安排农业生产发展项目160个，共整合资金16382.511万元，占整合资金总规模的64.51%；安排农村基础设施建设项目33个，共整合资金9011.539万元，占整合涉农资金总规模的35.49%，将资金重点用于到户到人扶持项目，优先保障贫困人口直接受益的产业增收项目。四是加强监督管理。严格落实摘帽不摘监管，将扶贫资金管理使用情况纳入县级巡察和年度重点工作督查计划，定期组织审计、财政等部门对上年度扶贫资金使用管理和项目效益等情况进行全面审计，确保扶贫资金监督管理全覆盖。县委、县政府主要领导、分管领导定期不定期深入乡村农户、项目工地，检查项目建设进度，调度资金支出情况，对年内资金分配方案及项目计划均在县门户网站进行了公示，项目乡村成立扶贫项目实施领导小组，全程参与项目建设和资金监管，对每个项目的投资规模、建设地点、施工单位、受益情况等内容，在村务政务公开栏、群众聚居点，定期向群众公示，广泛接受社会各界监督，确保各类扶贫项目阳光运行。

（六）强化各类“减负”措施，激励干部担当作为。一是提高会议效率。认真落实“基层减负年”的各项要求，印发《关于解决形式主义突出问题为基层减负的若干措施》，对照文件、会议减少30%，督查检查事项减少50%的目标要求，把求真务实贯穿于办文办会、督查检查工作全过程，让基层干部有更多的时间抓学习、抓落实、抓整改，把更多的精力用于服务群众、推动发展。二是精简台账资料。根据全县脱贫攻坚形式需要，按照“精简、统一、高效”的原则，制定《关于进一步规范脱贫攻坚档案资料的实施意见》，对乡、村及户内资料填写、收集整理、分类装订及规范管理进行明确，削减不必要资料，规范工作台账。从严控制发文、会议数量和督查检查频次，规范报表制度，对不必要的数据统计及时清理，严格控制报表频率，逐步纠正“过度留痕”问题。三是倡导务实作风。注重以实绩为导向，要求乡村协调统筹各类工作，留足落实时间，加强业务指导，要求行业单位强化协调配合，加强数据资源共享，坚决杜绝工作重复安排、数据重复采集、报表重复上报的现象。要求项目实施单位在确保项目资金使用安全规范基础上，严格审批程序，简化流程，保证项目按期完工、资金及时拨付。

（七）围绕脱贫成果巩固，防范化解各类风险。一是强化产业培育防范大面积返贫风险。始终把产业扶贫放在首位，年内投入产业扶持资金9300万元，按照“人均5000元、每户最多不超过3万元”的扶持标准，因地制宜，因户施策，着力夯实脱贫增收基础，阻绝返贫风险。扶持贫困户新建果园941亩、补植8300亩、间作套种9530亩，引导贫困户养殖红安格斯良种基础母牛2005头、“平凉红牛”基础母牛1752头。扶持贫困户新建日光温室114座、钢架大棚308座，发展大棚西瓜1.13万亩，种植露地蔬菜2.93万亩。持续推行农村“三变”改革，为3992户贫困户量化配股5700万元，户均分红920元。着眼增强扶贫对象“造血功能”，组织培训建档立卡贫困劳动力6098人（次），输转贫困劳动力2.25万人，建办扶贫车间8个，带动贫困户就近就业1723人。培育电商企业54家，开设各类店铺618家，实现线上交易9900万元，其中贫困村259.36万元。建成旅游扶贫示范村10个，新建农家乐30户，带动周边500多户贫困群众通过发展乡村旅游实现增收。坚持把生态建设与助农增收相结合，精心实施流域治理、生态修复、河道整治、人居环境整治等项目，发放新一轮退耕还林补助资金7824户1233万元、生态效益补偿资金788.44万元。安排有劳动能力的建档立卡贫困人口从事森林管护，选聘生态护林员752名，每人每年落实管护报酬8000元；草管员215名，其中贫困户140名，每人每年补助管护报酬2000元。二是聚焦内源扶贫防范内生动力不足的风险。更加注重“扶贫先扶志、扶志必扶智”，多管齐下、多措并举推进志智双扶工作。结合“不忘初心、牢记使命”主题教育，县乡同步开展“千村党组织引领·万名党员承诺·共树文明新风”活动，推动移风易俗；邀请脱贫致富典型代表开展“创业史”“致富经”宣讲135场（次），邀请专业技术人员和“种植大户”“务菜能手”“养殖能人”开展技术培训32期4200人（次），开展“陇原巧手”技能培训9期，有效激发贫困群众脱贫志气。深入排查调处各类矛盾纠纷，妥善解决群众合理诉求。制定出台《党员干部操办婚丧喜庆事宜暂行规定》，全面推行红白喜事承诺制度，整饬高价彩礼，推进移风易俗。依托新时代文明实践中心（所、站），广泛宣传致富带头人、帮扶干部等先进典型，为打赢脱贫攻坚战凝聚强大精神力量。三是抓实驻村帮扶防范脱贫质量不高的风险。紧紧围绕“一超过”“两不愁、三保障”和“摘帽不摘帮扶”要求，结合中央脱贫攻坚专项巡视、国家审计、省市考核、主题教育检视问题、省整改办检查、各级领导明察暗访等发现问题整改，建立健全帮扶责任体系，举办全县驻村帮扶工作培训班2期，培训驻村帮扶干部360多人（次），调整选派第一书记91名、驻村帮扶工作队队员287人。在此基础上，组织各级帮扶干部扎实开展“3+3”冲刺清零行动和“十查十看十补课”和脱贫人口“回头看”，逐村逐户过筛排查，累计对6.2万户建档立卡贫困户开展入户对接核查，对其中1165户贫困户“一户一策”帮扶计划进行调整更新，对非建档立卡农户704户确定为边缘户，对已脱贫的建档立卡贫困户365户确定为监测户，帮助实施基础设施建设、增收产业培育等到户项目500多项，宣传政策600多场（次），化解矛盾纠纷900多起，有效提升了贫困群众的政策知晓率和帮扶满意度，确保脱贫质量稳步提升。

（八）聚焦各类瓶颈制约，创新机制增强活力。把健全工作机制作为破解发展难题、巩固脱贫成果的有效举措，积极创新扶贫方式，注重用好各类资源，着力破解资金、市场等瓶颈制约。一是突出项目带动。按照“产业扶贫精准化、项目编制精细化、帮扶措施精确化”思路，不断规范和完善县级脱贫攻坚项目库建设，坚持把项目向贫困村、贫困户聚集，优先保障“两不愁、三保障”中的短板弱项，突出增收产业培育，兼顾基础设施建设和公共服务提升，组织实施产业发展项目160个、基础设施建设项目33个、东西部扶贫协作项目51个，为打赢打好脱贫攻坚战提供了有力支撑。二是坚持市场运作。坚持用市场化理念推进产业扶贫，鼓励扶持种养、销售大户发展专业合作组织，签订产销协议，发展订单生产，带动贫困户发展产业。大力培育龙头企业，新申报省级龙头企业1家，全县省市级龙头企业达到18家。精心实施农民专业合作社规范提升工程，清理注销吊销“空壳社”324家、规范提升228家，带动全县91个贫困村实现村级集体经济收入175.2万元。三是扩大农业保险。着眼保障贫困户稳定增收，围绕牛、果、菜等特色产业发展，宣传推广中央、省市14项补贴险种，落实签单保费1040.95万元，完成玉米等农作物投保6万亩、果菜投保2.27万亩，承保“一县一品”能繁母牛2208头，涉及农户18139户，有效规避降低了农业生产风险，为群众持续增收提供了有力保障。

（九）稳步构建常态效应，持续强化作风建设。坚持把抓党建促脱贫摆在更加突出的位置，深入推进党支部建设标准化和产业扶贫“四链”模式，努力把党的组织优势转化为发展优势，全力助推脱贫攻坚。一是夯实基层基础。把建强村级组织班子作为抓党建促脱贫攻坚的有力抓手，完成91个贫困村党支部星级评定和挂牌授星，确定“十星级”党支部19个，“九星级”党支部26个。全面开展软弱涣散党组织排查整顿，严格落实“一支部一方案、一问题一措施”要求，整顿提升软弱涣散基层党组织26个，村级班子带领脱贫攻坚的战斗力、凝聚力进一步增强。二是配强工作力量。优化调整驻村帮扶工作干部22名，选派驻村帮扶工作队员287人。对全县1761名村“两委”成员开展任职资格联审，调整村干部285人，其中村支书128人。全面推行村干部专职化试点，从未就业高校毕业生中公开考聘村文书50人。坚持在脱贫攻坚一线培养锻炼干部，提拔使用扶贫一线干部85人，加强干部教育培训和监督管理，引导广大党员干部在脱贫攻坚“主战场”建功立业。三是持续转变作风。深入开展“作风建设年”和“基层减负年”活动，大力精简会议文件，努力改进文风会风，力戒形式主义、官僚主义。持续深化扶贫领域腐败和作风问题专项治理，严格扶贫项目资金监管，部署开展“四察四治”专项行动，查处扶贫领域腐败和作风问题19件，给予党纪政务处分18人，组织处理35人。通报曝光扶贫领域腐败和作风问题4批8起15人，有效发挥了震慑警示作用。

（县扶贫办供稿）

生态环境保护工作情况

2019年，全县生态环境工作坚持以习近平新时代中国特色社会主义思想为指导，认真贯彻习近平生态文明思想和各级生态环境工作会议精神，以服务经济社会发展大局为统揽，以改善环境质量为核心，以打好污染防治攻坚战为重点，扎实推进生态环境重大决策部署落地见效，着力整改各级反馈的生态环境突出问题，落实最严格的环境保护制度，抓好环境风险防控，把牢生态保护红线，守住环境安全底线，抓细抓深抓实污染减排和环境质量改善“双控”目标，各项工作取得了阶段性成效。

一、全县1—10月份环境质量情况

（一）空气环境质量

1—10月份，全县空气质量有效监测天数270天，优良天数236天，优良率为87.4%，其中PM_{10}平均浓度为70微克/立方米，$PM_{2.5}$平均浓度为38微克/立方米。

（二）水环境质量

1.地表水考核断面水质达标状况。1—10月份，市环境监测站监测数据反映，泾河泾川段王母宫断面（总氮除外）、拦洪坝（总氮除外）、长庆桥断面（总氮除外），实测水质综合评价为Ⅲ类，达标率100%。

2.城市集中式饮用水水源地水质达标状况。1—10月份，城区集中式饮用水水源水质经监测为Ⅲ类，达到目标水质要求，达标率100%。

3.地下水考核点位水质达标状况。1—10月份，市环境监测站监测数据反映，王村镇地下水位考核点水质为Ⅲ类，达到目标水质要求，达标率100%。

（三）土壤环境质量

辖区内土壤环境安全可控，未发生重金属、石油等新的土壤污染问题。

二、重点工作完成情况

一是扎实推进第一、二轮中央生态环境保护督察反馈问题整改。第一轮中央环境保护督察组反馈我县19个突出生态环境问题中，3个系统类问题已立行立改并长期坚持，14个辖区类问题已基本完成整改任务，下剩2个辖区类问题已完成年度整改任务，正在有序推进。第二轮中央生态环境保护督察组交办我县信访案件6件，其中情况属实的4批4件、不属实的2批2件（为重复信访问题，均带“*”）；涉及噪声污染方面2批2件、水污染方面2批2件、大气污染方面2批2件。截至目前，已按时限要求全面办结4批4件，剩余“泾川县王村镇向明村G22高速公路距离居民区仅10米，未安装隔音设施，过往车辆噪声扰民，此现象已持续6～7年”问题（因重复信访，按统计口径为2批2件），正协调整改。

二是坚决打赢蓝天保卫战。制定《泾川县打

赢蓝天保卫战2019年度实施方案》《泾川县大气污染防治网格化监督管理工作实施方案》《泾川县2019年扬尘治理专项行动方案》《泾川县冬春季大气污染专项治理实施方案》等文件，紧扣打赢蓝天保卫战，围绕大气管理“六张清单”，坚持问题导向，争取联合执法，专项巡察等方式，突出重点领域，紧扣时间节点，全面落实建筑扬尘、道路扬尘、餐厨油烟管控、烟花爆竹管控、工业废气、机动车、生活面源污染治理措施。加大扬尘治理力度。严格落实“一冲五扫五洒”保洁制度，增加道路湿法清扫频次，确保湿法清扫率达到85%以上。认真落实省政府“六个百分之百”和市政府“三个必须”要求，督促建设单位、施工企业严格落实湿法作业、场地苫盖、轮胎清洗、物料封闭或苫盖运输、封闭降尘、绿化等措施，采取联合执法、分行监管的方法，坚决杜绝建筑工地扬尘污染。扎实开展餐饮油烟污染治理。督促城区318户和乡镇392户餐饮经营企业全部安装油烟净化装置、完成清洁能源改造，对已安装油烟净化装置和使用清洁能源的餐饮企业开展定期检查治理，确保设施正常运转。强化禁燃区管控。建立秸秆禁烧、垃圾禁烧管理责任制，对涉气工业企业开展环境执法检查，督促加盖取土场抑尘网，落实防风抑尘措施，有效制止和查处各类焚烧行为。严格烟花爆竹燃放管理。制定《泾川县烟花爆竹燃放管理规定》，按照“归口负责、属地管理”原则，进一步明确限制或者禁止燃放烟花爆竹时间、区域、种类以及各相关部门的监管责任，严查违法燃放行为，切实减少环境污染。狠抓机动车尾气污染治理。加大对老旧车和机动车排气不达标车辆查处力度，对违规车辆实行上限处罚，在重点路段、时段设岗检查和流动巡逻，对不按规定路线行驶、不进行车厢冲洗和苫盖不严实的违法行为实时拍摄取证、现场处罚。规范散煤污染治理。不断规范煤炭专营市场运行，完善管理制度，靠实监管责任，加大煤质抽检频次和力度，确保一级市场购进一批检测一批、二级市场每季度至少抽检一次。严格落实散煤管控措施，充分发挥乡镇、城市社区煤炭检查点的作用，落实卡口检查制度，严厉打击流动销售劣质煤、二级网点外非法经营行为。开展燃煤锅炉综合治理。完成7台20蒸吨以上燃煤锅炉脱硫脱硝改造，对10蒸吨以下的22台锅炉严格按照省、市下达的目标要求，按照“宜电则电、宜气则气、宜洁净煤则洁净煤”的原则，倒排工期，强化措施，精准推进综合整治工作，确保按规定时间节点完成任务。加大烟气企业监管力度。严格按照《污染源自动监控设施现场监督检查办法》，加大对工业企业巡察监管力度，督促企业全面落实环境保护主体责任，进一步加强除尘脱硫设施、污染源在线监控设施的运行管理，确保规范稳定运行。

三是扎实开展清水行动。制定《泾川县2019年水污染防治工作方案》，狠抓年度重点工作任务的落实。一是扎实开展水源地突出环境问题整改。着力解决朱家涧水库水源地二级保护区内存在生活面源污染隐患问题，对35户185名居民进行集中搬迁，对保护区内旧庄基全部拆除复垦；完成朱家涧水库水源地保护区及上游油井关闭和C146朱家涧至章村公路穿越一、二级保护区，以及G22青兰高速公路穿越王村水源地二级保护区等水源地突出生态环境问题整改。二是加快实施泾川县泾河流域水环境综合整治项目。初设概算总投资3643.3万元，主要建设内容为：氧化塘人工湿地一处，包括垂直流湿地和表面流人工湿地，其中氧化塘占地面积为52亩，处理规模为1.2万立方米/天；水质监测断面2处，设置电磁流量2处，管理用房1处，停车场1处，人工湿地标识牌1处。该项目于2019年1月完成了工程招投标，于3月28日开工，目前，已预付1200万元。三是规范乡镇污水处理站管理。制定了《泾川县乡（镇）生活污水处理站运行管理办法（试行）》，进一步规范乡镇污水处理站运行管理，委托第三方机构完成王村镇、党原镇、高平镇3个重点乡镇和罗汉洞乡、泾明乡2个乡镇污水处理站竣工环境保护验收并移交给乡镇管理。

四是全面开展净土行动。制定了《泾川县2019年土壤污染防治工作方案》《泾川县农村生活污水治理行动方案》《泾川县农业面源污染治理方案》，明确了全县土壤污染防治工作目标任务和责任单位。实施王村镇章村村实施的村庄环境整治项目，总投资30万元，主要建设内容为配套勾臂式垃圾车、电瓶保洁小型三轮车等环保基础设施，已实施完毕并通过县级验收。泾明乡长务城村、荔堡镇农村环境综合整治项目已完成招投标，目前正在建设之中，预计12月10日前全部完成，并通过验收。

五是持续推进生态文明示范县建设。国家生态文明示范县建设涉及的37项指标中，已有32项全面完成，5项即将完成；委托省环科院编制《泾川县生态环境保护红线划定方案》，组织国土、林业、水务、农牧等部门和有关乡镇召开了征求意见会，进一步修改完善方案内容，初步完成了划定区域对接，确定了红线划定范围，按照省市要求，该工作已移交到县自然资源局。

六是环评管理和环境信息公开工作情况。按照深化“放管服”改革要求，1—10月份，共依法审批各类项目423个，其中报告表审批13个，备案登记494个。全面公开环境信息，按要求在县政府门户网站等信息平台公布空气、水等环境质量监测结果和重点污染源监测状况，依法依规公开违法案件查处等情况，接受群众监督。

七是严格环境监管执法。按照“属地管理、分级负责、无缝对接、全面覆盖、责任到人”的原则，坚持全覆盖、零容忍，始终保持环境执法高压态势，依法严肃查处各类环境违法行为。2019年1—10月份，累计开展执法检查480余次，检查各类企业210户（次），查处各类环境违法案件5起（查封扣押1起），罚款36.7万元；向县执法局移交建筑施工噪声污染案件4起，向各行业主管部门下发环境监察建议书29份；调处各类信访投诉案件45件，目前已办结45件，其中12369环保举报联网管理平台10件、平凉市综合便民服务热线5件、政府网站15件、12369环保举报热线15件。

八是全力化解环境风险隐患。建立健全环境应急体系，全面启动区域环境风险评估，修订完善应急预案，开展环境应急物资库建设，持续强化应急保障，加强应急专业队伍培训力度和应急响应能力建设，全面提升突发环境事件应急处置能力。截至目前，督促10户风险源企业持续开展环境风险隐患排查，正在对原突发环境事件应急预案进行修订完善。不断加强固体废物与化学品环境管理，对1家危废经营企业、9家危废产生企业，开展了企业固体（危险）废物申报登记和危废管理计划工作，20家医废产生企业、4家一般固废产生企业开展了企业固体（危险）废物申报登记，共转移危险废物93.26吨。全面强化医疗废物管理，对全县20家医疗卫生机构医疗废物规范化管理情况开展检查督导，各卫生医疗机构对排查出的7个方面14条问题进行了全面整改。认真做好核与辐射安全监管，加强对核技术利用单位执法监督，对原有的18家持有辐射安全许可证单位中13家12个辐射证进行了上报注销，正常运行6家单位，持证率100%。输变电与广电通信类设施监督检查率达到100%，整改完成率100%。按时完成全国核技术利用申报系统的填报。

九是深入推进党建和脱贫攻坚工作。坚持党建统领，深入学习习近平新时代中国特色社会主义思想和习近平生态文明思想，扎实推进“两学一做”学习教育常态化、制度化，扎实开展“不忘初心、牢记使命”主题教育，深入实施党建统领“一强三创”行动，全面规范党内政治生活，坚持“三会一课”“主题党日”等制度，不断树牢“四个意识”，坚定“四个自信”，做到“两个维

护”，按照规范程序和严格标准的原则，今年完成党支部书记及各委员改选工作，正在筹备支委会换届工作，共接收预备党员2名。严格按照“摘帽不摘责任、摘帽不摘政策、摘帽不摘帮扶、摘帽不摘监管”的指示要求，进一步充实驻村帮扶工作队员，扎实开展“六大行动”、“3+3”冲刺清零、“十查十看十补课”等行动，聚焦“两不愁、三保障”，紧盯短板弱项，细化实化政策措施，使各项扶贫政策和帮扶措施真正落地见效。

（市生态环境局泾川分局供稿）

“不忘初心、牢记使命”主题教育开展情况

第二批“不忘初心、牢记使命”主题教育开展以来，按照中央和省委、市委统一部署，泾川县牢牢把握学习贯彻习近平新时代中国特色社会主义思想这条主线，紧扣“守初心、担使命、找差距、抓落实”的总要求，坚持“四项措施”贯穿始终，以自我革命精神、从严从实要求和求真务实作风，高标准推进，高质量落实，推动各项重点工作任务落地生根、取得实效。

一、主要做法和成效

全县各级党组织按照“四个到位”的要求，强化组织领导，创新工作载体，丰富活动内容，抓实督导指导，提升落实效果。

（一）精心谋划部署，在组织推动上严格标准、务求实效。县委把主题教育作为全县最大的政治任务来抓，坚持从谋划部署、组织领导、分类指导、宣传发动四个方面入手，高标准严要求组织实施。一是超前谋划启动。县委常委会坚持先学一步，多次召开专题会议，深入学习习近平总书记视察甘肃重要讲话、指示精神和《习近平关于“不忘初心、牢记使命”论述摘编》《习近平新时代中国特色社会主义思想学习纲要》，学习《中共中央关于在全党开展“不忘初心、牢记使命”主题教育的意见》和省市委《关于在全党开展“不忘初心、牢记使命”主题教育的实施方案》，研究制定了我县实施方案。8月初，县委组成3个调研组，深入乡镇、城市社区、县直部门开展调研，广泛征求各领域、各层面对开展主题教育的意见建议112条；全市主题教育动员部署会议召开后，县委于当天下午召开动员部署会议，第一时间派出6个巡回指导组跟进指导，推动全县各级党组织于9月12日全面启动主题教育。二是强化组织保障。成立由县委书记任组长的县委主题教育领导小组，从县直部门和乡镇抽调33名精干力量组成领导小组办公室、5个工作组和四大家主题教育服务组，成立临时党支部和党小组，定期开展党组织生活；落实主题教育办公用房10间，配齐办公桌椅、电脑、打印机等办公设备。各级党组织在县委召开动员部署会议之后，按照一体推进的要求，相应成立了组织机构，靠实工作责任，明确目标要求，推动全县主题教育有序开展。三是坚持分类指导。针对全县开展主题教育涉及单位和人员范围广、类型多、数量大的实际，县委明确了不同领域、不同单位开展主题教育的重点，派出6个巡回指导组，采取分类指导、分级负责的方式开展指导工作，实现督促指导全覆盖。县委5次组织召开指导工作会和业务培训会，印发了巡回指导工作方案、召开民主生活会通知等文件，严格审核把关85个单位的实施方案、调研方案、专项整治方案、民主生活会材料和总结报告，切实做到了指导精准、操作规范、推进有力。四

是营造浓厚氛围。充分运用电视网络、微信平台和泾水先锋公众号等媒介，及时刊播中央、省委、市委、县委部署要求和政策文件，宣传报道主题教育工作成效。组织开展了走访慰问、歌咏比赛、演讲比赛、文艺会演、成果展览等庆祝中华人民共和国成立70周年系列活动。编发简报55期，共产党员网、学习强国、甘肃党建平台等国家和省市级媒体转载159篇（次），中央13台和省电视台专题进行了报道，营造了干部倾心投入、群众普遍参与的浓厚氛围。

（二）强化精神补给，在学习教育上求深求实、真学真信。把学懂弄通做实习近平新时代中国特色社会主义思想作为开展主题教育的关键，推动广大党员干部读原著、学原文、悟原理。一是领导示范带动学。县委常委会以上率下，带头举办主题教育读书班，举行专题辅导，深化讨论交流，开展红色教育，力求学深悟透、融会贯通。全县各级党组织及时跟进，着眼“五个教育”，落实“五个一”要求，创新“五学”方式，集中开展内容丰富、形式多样的学习教育活动。二是集中研讨交流学。县委常委会集中一周时间举办读书班，逐篇逐章认真研读领悟。35名县级干部在深入开展自学的基础上，开展5次研讨交流，结合各自思想和工作实际撰写学习心得和研讨发言材料500多份，带动其他党员领导干部原原本本学、全面系统学。三是邀请专家辅导学。邀请省委党校教授陈永胜、兰州大学教授郭爱君分别围绕贯彻落实习近平新时代中国特色社会主义思想、宏观经济形势等内容进行专题辅导，帮助党员干部学深悟透习近平新时代中国特色社会主义思想的理论精髓和深刻要义。四是先进典型和警示教育对照学。扎实开展“正反”对照学，县委召开先进典型教育学习会，邀请全市先进典型人物史秀萍、卜鹏洲以自己亲身的经历讲感受、讲体会，引导党员干部与身边的先进典型对标对表，自觉向先进看齐。组织召开全县党员干部警示教育大会，引导教育党员干部筑牢思想防线，坚守初心使命。五是革命传统教育感染学。县委常委会班子成员集体赴吴焕先烈士纪念馆开展主题党日活动，重温入党誓词，参观档案文献展和中华人民共和国成立70周年主题成就展。全县各级党组织依托全市红色资源和爱国主义教育基地开展革命传统教育、主题党日等活动600多场（次），开设党建公众号和抖音号200多个、微信群500多个，轮训基层党组织书记666名，达到了思想受洗礼、灵魂受触动的目的。

（三）坚持一线访查，在调查研究上求真务实、直奔问题。坚持把调查研究贯穿主题教育全过程，把着眼点放在基层一线，把切入点放在问题集中的地方，带着“五个好”标准和“三个弄清楚”的要求，开展“解剖麻雀”式调研，确保调研成果带露珠、接地气。一是聚焦重点选课题。县委紧紧围绕贯彻落实党中央决策部署、习近平总书记视察甘肃重要讲话和指示精神，立足全县改革发展稳定大局，突出党的建设、脱贫攻坚、乡村振兴、产业发展等重点领域，确定调研课题33个。各乡镇、各部门聚焦制约经济发展、服务群众“最后一公里”不到位等重点难点堵点问题，完成调研课题712个，涵盖全县经济社会发展的各个方面。二是深入一线访实情。采取“不发通知、不打招呼、不听汇报、不用陪同接待、直奔基层、直插现场”的“四不两直”方式，深入贫困村、贫困户、学校、企业，走进田间地头、农户家中、生产一线和群众“坐凳子”拉家常，“面对面”听意见，县级领导累计开展调研33人（次），乡镇、县直部门开展调研712人（次），发现突出问题678条。三是围绕主题讲党课。围绕“不忘初心、牢记使命”这一主题，县上四大家领导班子成员制订专题党课计划28份，利用县委党校秋季主体培训班开展专题辅导3场（次），深入联系乡镇、包抓软弱涣散村级党组织、帮扶贫困村讲专题党课65场（次）。乡镇班子成员、部门党组织负责人讲专题党课712场（次），专题党课辅导实现全覆盖。四是转化成果解难题。县委常委会及时召开调研成果交流会，撰写高质量调研报告33篇，提出有针对性的对策建议54条，现场调研协调解决制约发展难题28件。各乡镇、各单位累计召开调研成果交流会67场次，集中解决党的建设、脱贫攻坚、产业发展等领域突出问题546条，纳入整改清单132条。

（四）坚持对标对表，在检视问题上深查细照、深刻到位。全县各级党组织和党员干部坚持把检视问题贯穿始终，突出目标导向、问题导向、结果导向，以刀刃向内的勇气和自我革命的精神，边学习边检视问题，边调研边对照检查。一是广泛听取意见。坚持开门搞教育，通过实地走访、召开座谈会、谈心谈话、发放意见征求表、设置征求意见箱、新媒体留言等方式，广泛征求服务对象、基层群众的意见建议。领导班子成员之间、领导班子成员同分管部门负责同志之间通过谈心谈话，相互征求意见建议。县级层面累计收集意见建议112条，科级及以下收集意见建议1217条。二是认真对照检查。全县各级领导班子围绕“六个对照”，坚持把自己摆进去，把职责摆进去，把工作摆进去，严格对照“18个是否”深查细照，全部列出了问题清单，明确努力方向和整改措施。各党支部结合“三会一课”“主题党日”制度，组织党员干部认真检视，党员干部思想政治受到了新拷问、新洗礼。三是深刻剖析根源。按照“四个查一查”的要求，结合征求到的意见建议和对照检查情况，领导班子和党员领导干部从思想、政治、作风、能力、廉政方面，特别是从主观上、思想上深刻剖析问题根源，全县梳理形成意见建议清单1126条，纳入问题清单918条。

（五）坚持问题导向，在整改落实上聚焦重点、立行立改。县委始终把解决问题、推动事业发展作为衡量主题教育实际成效的根本标尺，加大力度推动整改落实。一是聚焦巡视巡察反馈问题抓整改。整改中央脱贫攻坚专项巡视、省级第三方评估验收反馈问题和自查发现问题20条；整改中央、省市环保督察、“绿盾”专项行动、省市复查复核反馈3个系统类问题、15个辖区类问题；查处侵害群众利益的不正之风和腐败问题线索176件；整改清零扫黑除恶反馈问题17条、线索问题24条；累计整改“一卡通”专项治理问题4334条、处置线索19件；查处形式主义、官僚主义问题3件。二是聚焦专项整治抓整改。严格对标中央、省市委专项整治要求，深入推进7个专项整治。对排查出的36个软弱涣散党组织，采取县级领导包村督导、“三评一定”、第三方评估等措施大力整顿提升。深入推进扫黑除恶专项斗争，办理判决恶霸案件4起、涉赌案件65起，打击处理199人。三是聚焦作风问题抓整改。紧盯时间节点，督查反馈服务窗口脱岗溜号、精神不振、漠视群众利益等问题3个方面27条；瞄准重点任务，督查通报乡镇部门主题教育和专项整治存在问题7个方面86条；聚焦责任落实，暗访反馈驻村帮扶工作队人员未按时到岗、履职不到位等问题55人（次）。四是聚焦民计民生抓整改。研究制定“苹果销路不畅”“城区居民冬季供暖”“农村婚嫁彩礼过高”“县城行车难、停车难”“贫困户脱贫内生动力不足”等5个方面突出问题整治方案，靠实工作责任，集中进行整改。在参加平凉苹果走进深圳暨第六届平凉苹果博览会的同时，在深圳海吉星设立直销窗口，与新荣盛农产品公司签订5000万元销售合同，依托富原红等龙头企业，优先收购本地苹果，进一步拓宽果品营销渠道；结合老旧楼改造对供暖设施进行检修维护；县政府主要领导、分管领导带队，对城区供热企业运行情况进行督查，现场协调解决供暖不及时、温度不达标、收缴过热费有关问题；举行“千村党组织引领·万名党员承诺·共树文明新风”党员干部抵制高价彩礼、推动移风易俗集体承诺活动，发动群众签订抵制高价彩礼承诺书，并将其纳入

“道德模范”“文明家庭”等创评内容，引导群众树立正确婚嫁观；实施交通标志线改造工程，在城区主路段安装U形桩、防护栏等隔离设施，新增慢车道泊车位500个；坚持扶智与扶志并重，整合各类扶贫资源，深入开展致富技能培训和精神扶贫宣讲，增设公益性就业岗位，引导帮扶单位广泛开展讲政策、送信息、传技术活动，增强贫困群众“造血”功能。

二、主要经验和启示

扎实深入开展“不忘初心、牢记使命”主题教育，为全县各级党组织打赢脱贫攻坚战、改善生态环境、推动经济高质量发展、创造和谐稳定社会环境、推动全面从严治党等重点工作积累了经验、达成了共识。

（一）领导带头示范是关键因素，必须强化主体责任。各级领导班子和领导干部带头示范、以上率下是主题教育取得实效的关键。县委常委会和乡镇、部门党委（党组）班子以强烈的政治担当履行主体责任，一方面履行受教育的主体责任，把自己主动摆进去，带头学习教育，带头调查研究，带头检视问题，带头整改落实，发挥了示范带头作用；另一方面履行抓工作的主体责任，在抓好本级本单位活动的同时，悉心指导下一级党组织主题教育高标准高质量开展，为全县广大党员干部树立了标杆、作出了表率。因此，深入学习贯彻习近平新时代中国特色社会主义思想，锤炼忠诚干净担当政治品格，必须从领导机关、领导班子、领导干部抓起，一级带着一级干，一级做给一级看，为党员干部做出样子，让人民群众增强信心。

（二）加强学习教育是重要基础，必须常抓不懈。用习近平新时代中国特色社会主义思想武装头脑、指导实践、推动工作，是确保主题教育取得实效的重要基础。理论学习基础在学、关键在思、目的在用。守好“初心”这一精神航标，关键是要做到“学思用贯通”。只有在学懂弄通做实上下功夫，才能深刻把握其重大意义、科学体系、丰富内涵、精神实质、实践要求。通过深入扎实地开展自学和研讨交流，读原著、学原文，谈感受、谈体会，正反面对比，横纵向比较，使党员领导干部真正看到了差距，找回了初心，增强了政治定力。围绕更好地学习贯彻习近平总书记系列重要讲话精神，紧密结合泾川改革发展实际，开展专题辅导和讨论交流，进一步加深了对讲话精神的理解，把握了要义，统一了思想，坚定了讲政治、懂规矩、守纪律的政治自觉。

（三）加强作风建设是永恒课题，必须持续用力。好作风既是搞好主题教育的重要保证，也是开展主题教育的重要内容。县委认真落实主题教育“12字”总要求，聚焦理论学习有收获、思想政治受洗礼、干事创业敢担当、为民服务解难题、清正廉洁作表率的教育目标，将力戒形式主义、官僚主义作为主题教育的重要内容，教育引导党员干部牢记党的宗旨，坚持实事求是、真抓实干、转变作风。在做好主题教育活动的组织者、推动者的同时，发挥好“头雁效应”，带头学习教育、调查研究、检视问题、整改落实，坚持刀刃向内、自我革命，大力弘扬求真务实、密切联系群众、艰苦奋斗和清正廉洁的作风，做好作风建设的领导者、示范者，以优良作风保证主题教育深入开展，以扎实有效的主题教育效果推动作风转变，努力实现主题教育和作风建设齐头并进。因此，加强作风建设，就必须标本兼治，持续用力，才能积小胜为大胜，推动干部作风根本好转。

（四）严肃党内生活是政治常态，必须一以贯之。充分运用批评与自我批评这一有力武器，对照初心和使命，深刻剖析了存在问题的根源，开好主题教育专题民主生活会和组织生活会，实现了党内政治生活的规范化、严肃化。通过深入的谈心交心、对照检查和相互批评，党员干部特别是党员领导干部普遍经受一次严肃的党内生活锻炼，领导班子党性原则基础上的团结就能够得到进一步增强。因此，全县各级党组织只有认真落实民主生活会、“三会一课”、民主评议党员、谈心交心等党内制度，才能不断增强党内生活的政治性、原则性、战斗性，不断增强党组织的创造力、凝聚力、战斗力。

（五）推进整改落实是最终目的，必须驰而不息。找准突出问题、明确努力方向，这只是良好开端，把找出的问题整改好、把提出的措施落实好，这才是最终目的。县委常委会和各乡镇、各部门党委（党组）坚持真刀真枪地解决问题，把检视问题整改、7个专项整治同巡视巡察、环保督察反馈问题整改统筹谋划，制定方案，细化措施，同步推进，做到了思想问题与工作问题、新问题与老问题一起改。同时，坚持把整改落实的“靶心”指向群众最急最忧最盼的事，做到对阵下药、靶向治疗，以整改的扎实效果取得群众的一致认可。全县各级党组织和党员干部把守初心、担使命落实在一丝不苟抓落实、锲而不舍搞整改上，立起学的标杆、当好改的表率，做到问题不解决不松劲、解决不彻底不放手、群众不认可不罢休，把“改”字贯穿始终，以不断整改的实际成果践行共产党员的初心和使命。

三、今后工作打算

从总体上看，我县主题教育圆满完成了各项工作任务，取得了明显成效，达到了预期目标，但与中央和省市要求及群众的期盼相比，还存在一些差距，主要是个别党员干部存在消极应付和过关交差的思想，理论学习、专项整治等工作还不够深入到位等等。下一步，我们将把“不忘初心、牢记使命”作为永恒课题，以更高标准、更严要求，着力提高思想境界、政治觉悟和实干本领，勇于担当负责，积极主动作为，不断推动主题教育成效转化成果运用，努力创造实实在在的业绩。

（一）持续深化学习，在增强思想和行动自觉上再发力。把“不忘初心、牢记使命”作为加强党的建设的永恒课题和全体党员、干部的终身课题，紧密结合实际，聚焦关键重点，积极探索总结，形成长效机制。采取理论中心组学习、举办研讨班、报告会和集中宣讲活动等形式，继续深入学习《习近平关于“不忘初心、牢记使命”重要论述选编》《习近平新时代中国特色社会主义思想学习纲要》，跟进学习习近平总书记最新重要讲话，学好用好主题教育编印学习资料、党史和新中国史、典型案例，学习《中国共产党宣传工作条例》，全面系统掌握习近平新时代中国特色社会主义思想的核心要义、精神实质、丰富内涵和实践要求。班子和成员要带头学习、带头践行，以自己的深入学习带动党员干部的学习，切实发挥领导干部带头学习、带头实践的表率作用。积极探索检验评估学习效果的有效措施。持续推进基层党组织结合“三会一课”、主题党日开展党员学习教育，优化组织生活方式，丰富党内政治生活，提高学习教育的质量和实效。把主题教育成效体现在增强“四个意识”、坚定“四个自信”、做到“两个维护”上，体现在带头落实县委决策部署上，达到学习有收获，思想受洗礼。

（二）持续强化整改，在提升整改成效上再发力。发扬斗争精神，抓重点、破难点、攻堵点，深入整改中央部署和省委市委要求的突出问题，细化实化问题整改清单，将新发现问题纳入整治清单，确保问题查得准，措施订得实，整治见实效。结合对县委主题教育的评估检验，认真落实好整改任务。对县委及县委班子整改方案和各级党员干部的整改措施落实情况进行盘点分析，真实掌握整改落实的进展、效果和存在问题，有针对性地拿出对策。定期公开后续整改进展情况，群众认可一件、销号一件，确保不出现整改工作“烂尾工程”。深入推进7个专项整治，聚焦制约全县经济社会高质量发展的瓶颈问题，聚焦基层和群众反映强烈的问题，确定整改的重点项目，进一步把责任明确到位、措施落实到位、问题解决到位，及时公开后续整改进展情况，自觉接受群众监督，确保上下联动、推进落实，巩固整改成效。认真做好主题教育专项整改措施落实情况“回头看”，基本完成的继续抓好巩固提高，尚未完成的明确责任、跟踪推进，整改效果不理想、群众不满意的“回炉补课”，限期整改，确保问题一条一条整改到位。

（三）持续围绕中心，在推动成果转化上再发力。巩固主题教育成效，持续深入学习党的十九届四中全会精神，把推动主题教育成果转化与学习贯彻习近平新时代中国特色社会主义思想结合起来，与贯彻中央决策部署结合起来，与落实省委市委的决议决定结合起来，与全县经济社会高质量发展结合起来，不断增强领导班子和干部发现解决自身问题的能力。结合县情实际，认真谋划好2020年重点工作任务和“十四五”规划工作，真正把主题教育成效体现在推动全县改革发展稳定及党的建设各项事业上，以重大部署落实、重点工作推动、重要事项办理的成效检验主题教育的成效，促进全县经济社会高质量发展。

（县委组织部供稿）

第六届海峡两岸西王母民俗文化交流活动概况

2019年8月18日，第六届海峡两岸谒礼华夏母亲（西王母）仪式在泾川王母宫举行，海峡两岸携手谒礼华夏母亲西王母，虔诚祈福中华繁荣昌盛。省委常委、统战部部长马廷礼，省政协副主席、市委书记郭承录，中国国民党中央评议委员会主席团主席张荣恭，国台办交流局副局长王振宇，全国妇联联络部副部长赵红菊，中国儿童中心对外交流中心主任余冬云，省委统战部副部长、省政府侨办主任姬安岳，省台办主任孙志中，省妇联副主席李娟，省城乡发展集团有限公司党委书记、董事长王明寿；台湾中国文化大学国际企业管理研究所教授、台湾经济研究院董事邱毅，台湾高雄两岸世纪发展协会参访团、花莲县中小学青年教师牵手陇原行参访团、高雄道德院参访团及台北松山慈惠堂等台湾文学艺术界、教育界、企业界、宗教界、基层社团150多名两岸嘉宾代表应邀参加活动；市上领导李雪峰、王奋彦、马琦、张乔英、何瑞莲、禹文长，县上领导吕鹏举、贾仁全、王廷佐、张寅虎及全体县级领导，各乡镇、县直各部门主要负责人，泾川各界人士和群众参加了谒礼仪式。市政协主席王大睿主持谒礼仪式。中央广播电视总台、甘肃电视台、甘肃日报等10多家主流媒体和人民网、新华网、凤凰网等40多家网络媒体参与宣传报道，受到了两岸同胞的共同关注和高度评价。

活动期间，举办了第六届海峡两岸共祭华夏母亲（西王母）大典、“两岸一家亲・共圆中国梦”陇台书画联谊展启动仪式、陇台文化旅游推介会及旅行社团签约仪式，南石窟寺、凤凰民俗文化景区参访，西王母民俗文化展演、泾川精品文物展、“两岸一家亲・共圆中国梦”音乐会等系列活动。随着两岸同胞携手谒礼西王母，举办交流研讨会，扩大宣传报道，泾川西王母文化已成为靓丽的文化名片和全省对台交流的品牌之一，在海峡两岸民众中产生了广泛而深刻的影响。

（县委统战部供稿）

公元二零一九年（己亥）谒礼华夏母亲西王母文

维公元二零一九年八月十八日，岁次己亥七月十八日，适值华夏母亲西王母圣诞之际，古泾州云天焕彩，山川呈祥，甘肃省人民政府台湾事务办公室、甘肃省妇女联合会、中共平凉市委、平凉市人民政府、中国人民政治协商会议平凉市委员会会同海内外各界华裔代表及西王母信众，于“海峡两岸交流基地”泾川回山王母宫大殿前，敬备鲜花时果，雅乐妙舞，恭谒华夏母亲西王母曰：

猗欤王母，降生斯乡；初创文明，泽被遐荒。
驯化鸟兽，燮理阴阳；芟夷榛莽，教民农桑。
助力轩辕，安靖四方；玉帛睦邻，青史垂芳。
母仪天下，兆民乐康；勋业盖世，日月同光。
遗千秋之圣德，历万世而永昌。
猗欤王母，惠德修长；华夏儿女，无限敬仰。
躬逢盛世，雨顺风畅；民德归厚，手足情长。
人无远近，同心所向；海峡难阻，云度天翔。
精诚团结，正气堂堂；寻根问祖，共表衷肠。
念亲情之血脉，喜汇聚于一堂。
猗欤王母，万古流芳；时值圣诞，敬献心香。
凡我华胄，情重故乡；木本水源，地久天长。
爱国爱民，永志不忘；光前裕后，和合万邦。
一国两制，共臻吉祥；一带一路，再创辉煌。
俾中华之伟业，益恢弘而发扬。
谒礼告成，伏惟尚飨。

（县委统战部供稿）

1月

2—4日 政协泾川县第九届委员会第三次会议在泾州宾馆召开。

2—5日 泾川县第十八届人民代表大会第三次会议在泾州宾馆召开。

5日 市委书记郭承录来泾川天纤棉业公司开展慰问活动。

8日 市检察院代理检察长李郁军一行来泾川县督导扫黑除恶专项斗争工作开展情况。

10—14日 市人大常委会副主任张乔英带领贫困县退出市级初验抽查验收组来泾川县开展工作。

11日 市人大常委会主任李雪峰、市政府副市长宋全科来泾川县慰问。

12日 省证监局局长牛雪峰一行赴罗汉洞乡中村、吕家拉村开展春节慰问。

14日 县委书记吕鹏举、县人大常委会副主任赵晓春走访慰问高平镇困难群众。

15日 全国人大常委、监察和司法委员会副主任委员、台盟中央常务副主席李钺锋一行来泾川县开展脱贫攻坚民主监督调研。

▲ 县委副书记、县长王廷佐，县政协副主席王建平，带领政府办、组织部、宣传部等部门负责人，深入王村镇走访慰问生活困难老党员。

16日 省公共资源交易局副局长张正一行赴高平镇任家寺村、草滩村、代家村开展春节慰问。

17—18日 团省委副巡视员杨晓蓉带领督查组一行，对泾川县开展治理高价彩礼、推动移风易俗工作进行专项督查。

▲ 县人大常委会主任贾仁全、副主任裴琰，县政府副县长李强带领县人社局、工信局、供销联社等部门负责人，走访慰问城区下岗职工和失业人员困难户。

▲ 县政协主席张寅虎，县委常委、县政府副县长赵小军，县人大常委会副主任康君带领县政协办、县残联、城市社区管委会负责同志，走访

慰问了城区残困户。

21日 中共泾川县第十七届委员会第六次全体会议召开。

▲ 泾川县“助力脱贫攻坚·推进乡村振兴”2019年文化科技卫生“三下乡”活动启动仪式在荔堡镇问城村举行。

22日 县安委会2019年第一次全体（扩大）会议召开。

23日 市委副书记马琨带领市农业、住建、环保、卫计委等部门负责人，对泾川县农村人居环境整治及农村改厕工作进行专题调研。

▲ 市委宣传部常务副部长黄雪山赴荔堡镇袁口、庙李、问城村开展春节慰问活动。

▲ 县上撤销温泉经济开发区，开发区所辖3个村的社会管理、经济发展职责和管委会机关人员、财务、资产、档案整体移交给城关镇。

25日 “陇上泾川”首届电商年货节开幕式在县城回中广场举行。

27日 平凉市生态环境局泾川分局、县农业农村局、县医疗保障局、县卫生健康局、县文体广电局、县旅游局、县市场监督管理局、县科学技术局、县市场监督管理局挂牌成立。

28日 中共泾川县委直属机关工作委员会、县住房和城乡建设局、县商务局挂牌成立。

29日 县扶贫开发办公室、县应急管理局、县自然资源局、县融媒体中心挂牌成立。

30日 县委书记吕鹏举，县委副书记、县长王廷佐带队开展春节慰问。

▲ 县公共资源交易中心挂牌成立。

2月

13日 十七届县委第七次全体会议暨县委经济工作会议召开。

▲ 全县扶贫领域腐败和作风问题警示教育大会召开。

20—21日 省委副书记、省长唐仁健来泾川调研。

22日 县脱贫攻坚领导小组召开2019年第1次会议。

▲ 中国共产党泾川县第十七届纪律检查委员会第四次全体会议召开，市纪委常委、市监委委员宋红妍莅临指导会议。

25日 2018年度全县党（工）委书记抓基层党建工作述职评议大会召开。

3月

1日 中国民主同盟泾川县委员会成立暨第一次盟员大会召开。市政协副主席、民盟平凉市委员会主委朱建国、副主委陈文出席指导会议。

5日 县委农村工作会议暨实施乡村振兴战略推进农村人居环境整治和县脱贫攻坚领导小组第2次会议召开。

6日 省公共资源交易局局长赵喜泉、副局长张正来泾川对接2019年度脱贫攻坚帮扶工作。

6—7日 市扫黑除恶专项斗争第一督导组对泾川县扫黑除恶专项斗争开展情况进行督导。

6—8日 天津市武清区合作交流办主任杜学民一行到泾川对接调研扶贫协作工作。

7日 全县宣传组织统战工作会议召开。

▲ 全县城乡建设暨棚户区改造攻坚会议召开。

11日 市委常委、组织部部长符红斌调研泾川党建工作。

12日 县委副书记、县长王廷佐主持召开全县经济运行分析调度会，传达全市经济运行分析调度会精神，安排当前经济工作。

▲ 省广电网络公司董事长谢鹏、纪委书记王新亮来泾川对接帮扶工作。

14日 市人大常委会副主任张乔英带队集中对泾川县生态环境突出问题整改落实工作进行现

场督导。

15—20日 贫困县退出省级第三方评估检查组来泾评估检查。

18日 省委第二巡视组巡视泾川县工作动员会召开。

▲ 市委副书记马琨对我县春季农业农村工作启动情况进行督查调研，并主持召开牛产业发展座谈会。

18—22日 天津市武清区镇街代表团来泾协商对接对口帮扶工作。

20日 市工业和信息化局局长张晓刚带队对泾川县第一季度工业经济运行情况进行督查调研。

21日 县上召开脱贫攻坚领导小组2019年第3次会议。

22日 县上举行烈属、军属和退役军人等家庭光荣牌悬挂启动仪式。

▲ 县委、县政府召开东西部扶贫协作工作推进会议。

▲ 县委召开统一战线（民族宗教）工作领导小组（扩大）会议。

26日 市政府副市长、市公安局局长吴建忠带队检查验收泾川县双拥模范县创建工作。

27日 县委副书记、县长王廷佐督查城区重点项目建设。

28日 县上举行泾河流域水环境综合整治EPC工程（一期）项目开工仪式，市委副书记、市长王奋彦宣布项目开工，中国交建西北区域总部副总经理李建军出席开工仪式。

▲ 市委副书记、市长王奋彦督查调研泾川县一季度经济运行和重大项目建设、重点工作推进情况。

▲ 天津市武清区城投公司总经理王树民一行深入高平镇茜家沟村对接扶贫协作工作。

29日 泾川县文学艺术界联合会第三次代表大会召开。

31日 市委书记郭承录深入泾川县调研基层党建工作。

4月

1日 县委副书记、县长王廷佐深入飞云、泾明、荔堡检查春季果园管理及农村人居环境整治、小城镇建设、护林防火等工作。

3日 县上召开安委会2019年第二次全体（扩大）会议。

4日 县上举行吴焕先烈士陵园祭扫活动。

10日 市委常委、政法委书记杨军，政法委常务副书记张君才一行来泾川督查市委政法工作会议精神贯彻落实情况。

11日 省地方史志办公室副主任徐大武、市县志指导处副处长孔令奇来泾川调研县志、年鉴编纂工作。

15日 县委书记吕鹏举深入高平镇三十里铺村、上湾村和飞云镇元朝村调研扶贫领域腐败和作风问题专项治理工作。

▲ 市政协副主席闫虎明带领调研组来泾川县开展“加强新时代人民政协党的建设”调研活动。

15—19日 省发改委机关党委副书记李生辉带领第十督导组来泾川对中央脱贫攻坚巡视组反馈易地扶贫搬迁问题整改工作进行督导。

16日 省委常委、统战部部长马廷礼一行对泾川县非公有制经济、宗教等工作情况进行调研。

▲ 民建市委会副主委陈东相一行，对泾川县农村生态宜居乡村风貌建设工作进行调研。

▲ 省委常委、组织部部长李元平一行调研泾川县基层党建工作。

▲ 省纪委副书记张云生一行调研泾川县扶贫领域腐败和作风问题专项治理、脱贫攻坚专项巡视反馈意见整改、扫黑除恶专项斗争中“破网打伞”、惠民惠农财政补贴资金“一卡通”管理问题专项治理等方面工作。

18日 省人大常委会环资工委主任马平带领

检查组来泾川县开展水污染防治法执法检查。

20日　市委副书记马琨，市政协副主席、市河长办公室主任李旺军一行深入城关镇蒋家村河段开展泾河“清四乱”专项巡查。

▲ 县上举行泾川体育场揭牌暨2019年全县全民运动会开幕式。

▲ 泾川县第十八届人民代表大会第四次会议预备会议在泾州宾馆会议中心召开。

▲ 政协泾川县第九届委员会第四次会议在泾州宾馆会议中心召开。

▲ 甘肃卫视《扶贫第1线》栏目在飞云镇闫崖头村果园进行现场录制。

24日　天津市武清区残联来泾川对接残疾人帮扶项目。

▲ 2019年平凉市“展示职业教育风采·献礼祖国70华诞”职业教育宣传月活动启动仪式在县城回中广场举行。

25—26日　省退役军人事务厅副厅长周密带领省双拥模范城（县）验收组对泾川县“双拥模范县”创建工作进行验收。

26日　省政协常委、省政协农业农村工作委员会副主任、省农科院原院长吴建平教授，中国畜牧兽医学会养羊学分会理事、甘肃省牛羊产业预警省级分析师郎侠博士一行考察泾川县牛产业发展情况。

28日　省政府批准泾川县退出贫困县。

29日　泾川县“山水白家”踏青旅游季暨泾明乡第三届农民趣味运动会举行。

▲ 泾川县纪念五四运动100周年暨第四届“向上向善”好青年表彰大会召开。

30日　泾川县2019年全民运动会圆满闭幕。

5月

8—9日　天津市武清区卫健委党委书记张仲超、副主任李宝明，武清区政协副主席、区人民医院副院长王若鹃带领相关专家一行21人来泾川县开展医疗帮扶活动。

9日　天津市武清区合作交流办主任杜学民一行来泾川县对接东西部扶贫协作工作。

10日　县政府残工委会议暨全县残联工作会议召开。

▲ 第16个民族团结进步宣传月活动启动仪式举行。

▲ 县扫黑除恶专项斗争领导小组第五次（扩大）会议暨全县维护国家政治安全和安全稳定工作会议召开。

▲ 县脱贫攻坚领导小组召开2019年第4次会议、脱贫攻坚重点领域固强补弱推进会暨中央脱贫攻坚专项巡视反馈问题整改会议。

▲ 县委审计委员会召开第一次会议，审议通过《县委审计委员会工作规则》和《县委审计委员会办公室工作细则》。

▲ 县委议军会议召开。

13日　市上考核泾川县2018年度党委工作责任目标完成情况。

▲ 市人大常委会主任李雪峰带队深入红河乡调研脱贫攻坚工作。

13—15日　省公共资源交易局副巡视员王兴来泾川调研脱贫攻坚帮扶工作。

▲ 县上召开《泾川县乡村振兴战略实施规划（2018—2022年）》编制调研座谈会，兰州大学县域经济研究院（乡村振兴战略研究院）副院长、教授陈兴鹏，兰州大学资源环境学院副教授庞家幸等专家组成员应邀出席。

14日　县委副书记、县长王廷佐深入党原、王村检查夏季果园管理、蔬菜产业发展等工作。

15日　平凉市庆祝第26个国际家庭日暨家风家教主题宣传周启动仪式在泾川回中广场举行。

▲ 中国农科院原党组书记陈萌山一行调研泾川县牛产业发展情况。

17日　省委副书记孙伟一行来泾川调研脱贫

攻坚等工作。

▲ 省电信公司总经理秦学寿一行来泾川调研智慧城市建设工作。

▲ 第29个“全国助残日”活动启动暨东西部扶贫协作具发放仪式在回中广场举行。

21日 市交通运输局局长汝登国带队督查泾川县交通运输领域生态环保问题整改落实情况。

▲ 省政协副主席郝远带领调研组，深入泾明白家乡村旅游示范村、城关镇锦绣凤凰景区及大云寺·王母宫大景区，围绕“旅游消费热及发展趋势”开展专题调研。

▲ 省商务厅电商处处长赵涛一行调研泾川电商扶贫工作。

22日 市委政法委副书记李晓彤带队督查泾川县扫黑除恶专项斗争开展情况。

23日 市发改委主任刘万民一行来泾川对接市人大代表建议和市政协委员提案办理情况。

24日 天津市武清区大碱厂镇党委书记袁士强一行，到高平镇调研对接东西部扶贫协作工作。

▲ 市政府副市长杨维周带队，对泾川县生态环境突出问题整改工作开展现场督导。

▲ 市政府副市长何瑞莲一行来泾川县督查调研大云寺·王母宫大景区工作。

25日 市人大常委会副主任张乔英带队督查泾川县生态环境问题整改工作。

28日 县委人大政府政协领导召开联席会议，研究大云寺·王母宫大景区、温泉小镇开发建设项目合作协议和丝路温泉小镇建设方案相关事宜。

▲ 县委副书记、县政府县长王廷佐主持召开县政府党组（扩大）会议暨政府系统廉政建设集体谈话会议。

29日 中国畜牧业协会牛业分会会长许尚忠一行深入泾川县鼎康肉牛育肥场调研。

▲ 省林业和草原局副巡视员谢忙义带队调研泾川县林草工作。

▲ 市检察院检察长李郁军带领市扫黑除恶专项斗争第四督导组督导泾川县扫黑除恶专项斗争开展情况。

30日 省政协副秘书长、民盟甘肃省委会专职副主委杨枝良一行来泾川县开展“黄土高原生态治理绩效分析与对策研究”专题调研。

▲ 天津市武清区政协副主席、工商联主席时锦霞一行来泾川县调研对接“万企帮万村”精准扶贫行动。

6月

5—6日 县委书记吕鹏举，县人大常委会主任贾仁全，县委副书记、县长王廷佐，县政协主席张寅虎，县委副书记王德全，县委常委、县政府常务副县长崔飞，县委常委、县政府副县长袁志兴，县政府副县长吕忠武带领县委办、政府办、发改局、住建局、扶贫办、农业农村局、自然资源局主要负责人开展上半年重点工作集中督查。

11日 县政府与甘肃城乡发展集团建设开发有限公司、泾川大云寺文化产业园有限责任公司正式签约大云寺·王母宫大景区、泾川温泉小镇开发建设运营合作协议。

▲ 市委副书记、市长王奋彦带领市政府研究室、市农业农村局、市金融办主要负责同志，调研泾川县农业产业发展及农业保险工作。

▲ 市委常委、统战部部长马琦赴荔堡镇袁口村、问城村调研脱贫攻坚帮扶工作。

13日 全县深入开展作风建设年活动集中整治形式主义官僚主义领导小组（扩大）会议召开。

▲ 县脱贫攻坚领导小组召开2019年第5次会议暨中央脱贫攻坚专项巡视反馈问题整改和驻村帮扶工作会议。

13—15日 天津市武清区合作交流办主任杜学民、发改委主任陈建江一行来泾川县调研对接产业合作消费扶贫工作。

14日 临夏州工信局局长王晓林带领政企考

察团来泾川县考察工业经济和项目建设情况。

17日 省委第二巡视组召开县委工作汇报会，省委第二巡视组组长陈荣，副组长刘忠仕、王永平，工作人员张新明出席会议，县委班子成员参加会议，县人大、县政协主要负责人列席会议，县委书记吕鹏举汇报县委工作。

▲ 省委第二巡视组召开意识形态工作汇报会，省委第二巡视组副组长刘忠仕、王永平出席会议，县委书记吕鹏举汇报意识形态工作。

20日 市委宣传部常务副部长黄雪山一行来泾川调研新时代文明实践中心和县融媒体中心建设工作。

▲ 省科学院党委书记杨继军、院长高世铭带领全院党员干部130多人，深入太平镇崖窑、七千关、荒场、焦村4村慰问帮扶村老党员。

21—22日 天津市武清区委副书记、区长戴东强，副区长刘东海带领党政代表团一行17人，来泾川开展结对帮扶和扶贫协作工作，市委副书记、市长王奋彦等省地级领导陪同。

22日 汭丰镇第三届乡村旅游季开幕。

▲ 2019年甘肃平凉第七届登山挑战赛泾川分会场暨第三届“体彩杯”徒步越野挑战赛在汭丰镇郑家沟村举行。

24日 中国国民党前副主席陈镇湘率团来泾川参访。

25日 县委书记吕鹏举深入天纤棉业二期20万锭棉纱生产线续建、世纪花园C区等项目施工现场进行督查调度。

▲ 省农业农村厅副厅长妥建福来泾川县检查产业扶贫和农村人居环境整治工作。

▲ 市政府副市长宋全科检查泾川县夏粮抢收和设施西瓜基地建设。

26日 市委政研室副主任柳树勋一行，对泾川县上半年重点工作进展和全面深化改革情况进行督查调研。

27日 县委书记吕鹏举深入高平镇寨子村、三十里铺村走访慰问部分老党员和生活困难党员。

▲ 县委副书记、县长王廷佐深入王村镇雷李村、刘家沟村、章村村走访慰问生活困难老党员。

▲ 县上举行纪录片《“泾川人”寻踪》和微电影《仰望星空》首映仪式。

7月

1日 县委召开党的建设工作领导小组会议。

2日 省文明办二处处长孙丽一行对泾川县省级文明单位创建工作进行调研。

3日 甘肃日报社社长王光庆一行6人，专题调研泾川县融媒体中心建设工作。

▲ 市人大常委会副主任张乔英带领市人大办、市生态环境局等部门负责人深入泾川县督导生态环境突出问题整改工作。

▲ 十七届县委脱贫攻坚专项巡察工作动员部署会议召开。

4日 山西省怀仁市党政考察团来泾川县考察。

4—5日 市人大常委会副主任樊文浩带领在平部分省十三届人大代表来泾川县开展“实施乡村振兴战略，打赢脱贫攻坚战”专题调研。

5日 市政府副市长、黑河市级河长宋全科带领市河长办、市水务局等单位负责同志，来泾川县开展巡河检查。

8日 中央广播电视总台大型纪录片《中国影像方志·甘肃泾川篇》开机仪式在大云寺前区广场举行。

9日 泾川5G发布暨智慧城市建设签约仪式举行。中国电信甘肃公司业务部主任张晶，平凉电信分公司总经理王小成出席并见证合作签约。

▲ 泾川县智慧城市运营管理中心及大数据中心揭牌仪式举行。中国电信甘肃公司业务部主任张晶，平凉电信公司总经理王小成出席仪式并揭牌。

▲ 市委常委、市纪委书记、市监委代主任何东调研泾川县纪检监察工作。

10日 甘肃省农科院平凉红牛良种中心建设项目开工仪式在泾川鼎康肉牛育肥场举行。省科技厅厅长史百战宣布项目开工。省政协常委、农业和农村工作委员会副主任、省农科院原院长吴建平，省畜牧兽医局总畜牧师豆卫，市委副书记马琨分别讲话。

▲ 省台办主任孙志中调研泾川县对台工作。

▲ 省人防办主任周应军带领调研组督查调研泾川县人防工作。

11—12日 县委副书记、县政府县长王廷佐带队赴天津市武清区开展东西部扶贫协作对接交流，武清区委副书记、区长戴东强，区委副书记冯嘉强，区委常委、组织部部长闫浩等参加座谈会议。

15日 全县领导干部会议召开，市人大常委会主任李雪峰传达了省委副书记、省长唐仁健来平凉调研时的指示精神和市委常委会会议暨市脱贫攻坚领导小组2019年第五次会议精神，对泾川县当前脱贫攻坚突出问题整改提出要求。

16日 李雪峰深入红河乡姚哈村调研脱贫攻坚任务落实情况。

▲ 省人大社会建设工作委员会副主任王兰带领调研组来泾川县开展养老服务立法调研。

17日 县委常委会会议暨县脱贫攻坚领导小组2019年第6次会议召开。

17—18日 省委原常委、省政协原副主席、省关工委主任刘立军带领调研组来泾川调研关心下一代工作。

19日 县委书记吕鹏举深入高平镇三十里铺村、代家村检查督导“十查十看十补课”和“六大行动”工作开展情况。

▲ 县委副书记、县政府县长王廷佐深入联系帮扶的太平镇阴坡村检查指导脱贫攻坚工作。

20日 全国名中医陈宝贵传承工作室揭牌暨拜师仪式在县中医医院举行，天津武清区卫健委主任赵海松、卫健委副调研员徐立坤，全国名中医、武清区中医医院名誉院长陈宝贵，副院长雒云祥出席。

23日 县委书记吕鹏举带领县委办、扶贫办、农业农村局、财政局、水务局、交通局、住建局、环保局主要负责同志，调研指导高平镇代家村、党原镇吊沟村脱贫攻坚工作。

▲ 县委副书记、县长王廷佐带领政府办、教育局负责同志，对县第四、第五幼儿园建设进度和工程质量等情况进行现场检查。

24—25日 市人大常委会副秘书长、办公室主任李森一行，督查市直及中、省在平帮扶泾川县各相关单位及驻村工作队工作。

26日 省政协农业农村委员会主任杜尊贤带领调研组来泾川县开展产业扶贫专题调研。

▲ 武威市建设局副调研员强锋带领省上考核组对泾川县2019年住房保障工作进行交叉考核。

28日 “走进王母故里·品味诗韵泾川”文化旅游节开幕。

▲ 甘肃省青少年足球U15锦标赛开幕式在泾川体育中心举行。

30日 省政协港澳台侨和外事委员会副主任张明带领调研组来泾川调研文化旅游产业。

30日至8月1日 省公共资源交易局副巡视员王兴调研联系泾川县省直和中央在甘单位驻村工作队工作情况。

31日 县上领导贾仁全、王廷佐、张寅虎等深入县人武部、武警中队开展“八一”建军节慰问活动。

▲ 中国畜牧兽医总站站长王宗礼、中国农科院北京畜牧兽医研究所秦玉昌一行考察肉牛养殖情况。

8月

2日 市政府新闻办举行第六届华夏母亲节暨海峡两岸西王母故里民俗文化交流活动新闻发布会。

5日 省委第二巡视组向泾川县委反馈巡视情况。省委巡视办副厅级巡视专员强明侠出席会议并讲话，省委第二巡视组组长陈荣向泾川县委领导班子反馈了巡视情况，平凉市委常委、市纪委书记、市监委代理主任何东出席会议。

6日 市人大常委会主任李雪峰带领全市重大项目观摩组来泾川县观摩督查。市上领导陈铎、符红斌、何东、宋全科、邢建军，市直相关部门、各县（区）党委或政府主要负责人参加观摩督查。

7日 省政协九届副主席崔正华带领省政协机关离退休老干部来泾川考察乡村振兴和产业扶贫开展情况。

▲ “畅游锦绣凤凰·共享魅力城关”旅游季暨第三届锦绣凤凰民俗文化旅游节开幕，市文旅局副局长王宏出席开幕式。

10日 华亭市委副书记、市政府市长王宏林带领党政考察团来泾川县考察经济社会发展情况。

▲ 平凉市2019年文雅高考中考奖学金泾川县、灵台县、崇信县发放仪式在泾川四中礼堂举行。团省委书记蒋小丽，深圳市文和至雅公益基金会发起人移冰、秘书长蒋能三，天水文雅爱心基金会秘书长郭宏伟出席。

11日 2019年全民健身日系列活动暨“诗韵泾川·锦绣凤凰”第二届“体彩杯”山地自行车越野赛在城关镇凤凰村举行。

12日 县脱贫攻坚领导小组召开2019年第7次会议暨中央脱贫攻坚专项巡视反馈问题整改会议。

12—13日 市文化广电和旅游局调研员杨志军、副调研员王欣奇一行检查泾川旅游市场秩序和服务质量工作。

13日 中国共产党泾川县第十七届委员会第八次全体会议召开。会议审议通过《中共泾川县委关于深入贯彻落实习近平总书记重要讲话精神决战脱贫攻坚推动高质量发展加快建设绿色开放幸福美好新泾川的决定》和《中国共产党泾川县第十七届委员会第八次全体会议决议》。

13—16日 省公共资源交易局副局长董枫和二级巡视员贾永安带领省公共资源交易局帮扶干部，深入高平镇草滩、代家、任家寺村开展帮扶工作。

14日 市政府副市长宋全科带领市直有关部门负责人督查泾川鼎康肉牛育肥场及沿途环境整治情况。

▲ 县委书记吕鹏举，县委副书记、县长王廷佐带领县委办、政府办、住建局负责同志，深入南滨河路景观大道、高平镇代家村、太平镇里口村调研指导项目建设和脱贫攻坚工作。

15日 市委网信办主任雷勇一行来泾川县检查互联网和移动端信息内容发布和网络安全防护工作。

17日 省妇联副主席李娟一行调研泾川县妇联工作。

18日 第六届海峡两岸谒礼华夏母亲（西王母）仪式在泾川王母宫举行。省委常委、统战部部长马廷礼，中国国民党中央评议会主席团主席张荣恭，省政协副主席、市委书记郭承录出席。

▲ “两岸一家亲·共圆中国梦”音乐晚会在泾川县举行。

▲ 陇台文化旅游推介会暨旅行社团签约仪式在泾州宾馆举行。

19日 中国电信甘肃公司党委书记、总经理秦学寿带领公司党委班子成员、各部门主任，各地市州分公司党委书记及总经理50多人，对泾川县智慧城市建设工作进行现场观摩。

19—21日 天津市武清区委常委、统战部部长房靖彪，副区长曲海富一行33人来泾川县开展结对认亲工作。

21—22日 西藏自治区日喀则扎什伦布寺寺产公司冈坚文化公司总经理韩国辉、北京伯憬文化公司董事长李东珅一行来泾川县考察大云寺景区开发建设情况。

21—23日 天津市卫健委副主任韩晓芬一行12人，来泾川开展结对认亲工作。

27日 县委理论学习中心组举行（扩大）学习会议，组织学习习近平总书记视察甘肃重要讲话和指示以及全省领导干部大会、市委理论学习中心组（扩大）学习会议精神，安排部署全县学习宣传贯彻工作。

28日 天津市武清团区委书记张鹏带领格威特（天津）集团公司总经理李宗军及爱心企业家代表来泾川县开展东西部扶贫协作暨天津格威特希望小学揭牌捐赠活动。

28—31日 天津市武清区委常委、宣传部部长薛梅一行18人，来泾川县开展调研采访暨结对认亲工作。

29日 县委书记吕鹏举带领县委办、农业农村局、自然资源局负责同志，调研当前农业农村重点工作。

9月

4日 全县巡察工作会议暨省市委巡视巡察反馈问题整改推进和十七届县委第五轮巡察动员部署会议召开。

▲ 全县领导干部警示教育大会召开。

4—5日 天津市合作交流办、天津援甘前方指挥部同省扶贫办组成联合督导调研组，督导调研泾川县东西部扶贫协作工作。

5日 副省长常正国、省政府副秘书长郭春旺一行，调研泾川农村“三变”改革和牛产业发展情况。

▲ 省农业农村厅厅长李旺泽带领全省牛产业发展助推脱贫攻坚现场推进会观摩团来泾川现场观摩。市委副书记、市长王奋彦陪同。

6日 第十四届（2019）中国牛业发展大会暨首届平凉红牛节在平凉开幕。

8日 定西市安定区委书记赵众炜、庆阳市华池县委书记辛少波等分别考察泾川牛产业发展情况。

9日 全县教育大会暨庆祝第35个教师节表彰大会召开。

▲ 县委常委、县政府副县长袁志兴，县政府副县长吕忠武带领县政府办、农业农村局、商务局、扶贫办等部门及丰农公司、旭康公司、富原红公司等重点企业负责人赴天津市参加2019中国武清优质农产品展示交易会暨对口帮扶地区特色农产品展销和“大礼包”订购会。

10日 县委常委会召开省委巡视整改专题民主生活会。市纪委常委宋红妍应邀出席会议。

11日 华池县委副书记曹娶带领党政考察团来泾川县考察产业发展情况。

▲ 泾川县“不忘初心、牢记使命”主题教育动员部署会议召开。市委第三巡回指导组组长、市人大常委会代表人事工作委员会主任位志贤出席会议并讲话。

16日 县委常委会“不忘初心、牢记使命”主题教育读书班开班式暨县委理论中心组学习会议在国土七楼会议中心举行。

▲ 县委常委会“不忘初心、牢记使命”主题教育读书班举办专题辅导报告会，省委党校政治学教研部主任、教授陈永胜作了题为“深刻理解习近平新时代中国特色社会主义思想”的辅导报告。

▲ 县政协举办的庆祝中华人民共和国暨人民政协成立70周年书画摄影展开展。

17日 县政协召开庆祝人民政协成立70周年座谈会。

▲ 县委常委会召开“不忘初心、牢记使命”主题教育读书班先进典型教育学习会，“全国十大禁毒先锋”“全国特级优秀人民警察”、平凉市公安局一级警督史秀萍同志，“甘肃省脱贫攻坚帮扶先进个人”、中国石油西北销售公司工会副主席、扶贫办主任、罗汉洞乡南河村驻村工作队队长兼第一书记卜鹏洲同志分别作宣讲报告。

18日 县委常委会全体班子成员赴吴焕先烈士纪念馆、县档案馆开展“不忘初心、牢记使命”主题党日活动。

▲ 泾川县举行朱家涧水库通水仪式，市水务局局长徐俊红出席并讲话。

19日 省委政法委巡视员樊秀鹤一行来泾川督导中华人民共和国成立70周年大庆维稳安保工作。

▲ 天津市武清区委常委、区纪委书记、区监委主任马珊珊一行来泾川县调研扶贫协作联合监督工作。

▲ 县委常委会召开“不忘初心、牢记使命”主题教育读书班形势政策教育学习会，邀请兰州大学经济学院院长、教授、博士研究生导师郭爱君作辅导报告。

20日 泾川县举行庆祝中华人民共和国成立70周年维稳安保誓师大会。

▲ 县委常委会“不忘初心、牢记使命”主题教育读书班举行结业仪式。

▲ 《泾川县人大志》首发仪式举行。

25日 县委书记吕鹏举深入南滨河景观大道和中山林公园施工现场督查项目进展情况。

▲ 泾川县“辉煌七十年　筑梦新时代”庆祝中华人民共和国成立70周年歌咏比赛拉开帷幕。

26日 县委书记吕鹏举赴太平镇走访慰问部分中华人民共和国成立前老党员。

▲ 县委书记吕鹏举带领县委办、农业农村局、扶贫办负责同志，深入高平镇代家村、飞云镇坡头村和南峪村督查产业扶贫及农村重点工作。

27日 泾川县庆祝中华人民共和国成立70周年“砥砺奋进铸辉煌·不忘初心再出发”主题成就展在县体育场开展。

▲ 县委副书记、县长王廷佐带领政府办、退役军人事务局负责同志深入城关镇甘家沟村、阳坡村走访慰问伤残军人和烈士遗属。

▲ 全县各民主党派、无党派人士“不忘合作初心、继续携手前进”主题教育动员部署会议召开。

29日 市文旅局副调研员王欣奇带队检查泾川县文化旅游行业安全生产和服务质量工作。

30日 全体在家县级领导参观庆祝中华人民共和国成立70周年“砥砺奋进铸辉煌·不忘初心再出发”主题成就展。

10月

1日 县上举行国庆节升国旗仪式。

▲ 县委召开理论中心组学习会议，集体收看习近平总书记在庆祝中华人民共和国成立70周年大会上的重要讲话、阅兵式和群众游行盛况。

8日 县脱贫攻坚领导小组召开2019年第八次会议暨县委经济运行分析调度会议。

9日 省公共资源交易局局长赵喜泉带领局班子成员和帮扶干部，深入高平镇草滩、代家、任家寺村调研指导脱贫攻坚工作，慰问困难群众和驻村帮扶干部。

10日 全县脱贫攻坚帮扶工作推进会议召开，省公共资源交易局局长赵喜泉，副局长张正，市人大副秘书长、办公室主任李森出席会议。

11日 县上举办习近平总书记视察甘肃重要讲话精神宣讲报告会，市委讲师团调研员梁步喜作专题辅导。

▲ 甘肃省第二届全民健身运动会围棋项目比赛在泾川县开赛，省围棋协会副会长牛元泓、秘书长蒋立峰、市体育局局长殷宏义出席开幕式。

12日 县上举行“不忘初心、牢记使命”主题教育领导干部上讲台讲党课活动，县委书记吕鹏举作题为“深入实施乡村振兴战略奋力推动全县经济社会高质量发展”的辅导报告，市委主题教育第三巡回指导组组长位志贤出席。

▲ 县委大讲堂第三讲在县职教中心学术报告厅举办，特邀市委组织部副部长、市非公经济组织和社会组织党工委书记李春茂同志就“认真贯彻习近平总书记关于学习国史党史和历史文化的重要论述，深入推进绿色开放幸福美好新平凉建设——平凉历史文化十大问题”进行解读。

14—16日 县委书记吕鹏举深入高平镇寨子村、许家坡村及飞云镇宝成彩虹家庭农场开展专题调研。

16日 县上在回中广场举行庆祝第二届“中国农民丰收节”暨赛园赛果活动颁奖仪式。

17日 县委常委会召开“不忘初心、牢记使命”主题教育调研成果交流会议。

▲ 县境内出现短时强降雨天气，党原、高平、飞云、王村等乡镇遭受冰雹袭击。

▲ 市政协副主席闫虎明、郭宏带领70多名市政协委员来泾川县观摩重大项目建设。

19日 民乐县政协主席韩延琪带领考察团一行9人，考察泾川智慧城市建设。

21日 县脱贫攻坚领导小组召开2019年第九次会议。

▲ 县委副书记、县长王廷佐，县委常委、常务副县长崔飞带领县政府办、住建局主要负责人督查城区供暖和棚户区老旧楼改造工作。

22日 省农业农村厅副厅长妥建福一行来泾川调研督导产业扶贫工作。

30日 市委政法委副书记史录平带领市第三督查组督导泾川县扫黑除恶专项斗争进展情况。

11月

1日 县委、人大、政府、政协联席会议召开，审议煤业集团和所属企业转换经营机制等相关事宜。

5日 市退役军人事务局局长于灵才带领全市退役军人事务重点工作观摩团来泾川观摩指导。

5—9日 县委书记吕鹏举带领商务局、相关企业负责同志赴上海参加第二届中国国际进口博览会。

10日 甘肃平凉苹果走进深圳暨第六届平凉苹果博览会在深圳中亚硅谷国际会展中心广场举行，县委书记吕鹏举带领泾川代表团参展并参加签约仪式。

25日 县委书记吕鹏举深入高平镇代家村和城区重点项目施工现场，督查脱贫攻坚和项目建设进展情况。

26日 省农业农村厅巡视员阎奋民带领省第六督导组，督查泾川县招商引资和构建开放型经济新体制情况。

▲ 市委副书记、泾河市级河长马琨带领相关部门负责人来泾川开展泾河巡河检查。

▲ 市政府副市长、黑河市级河长宋全科带领市政府办公室、市水务局、市交通局等单位负责同志，来泾川开展黑河巡河检查。

28日至12月1日 省委巡视整改第一专项督查组对泾川县巡视整改工作进行督查，并开展巡视后评估。

12月

2日 市残联副理事长黄建平考核泾川县残疾人工作。

3日 市招商局副局长慕卫东带队考核泾川县招商引资工作。

4日 县上在宪法主题公园举行宣誓活动。

6日 县委常委会召开“不忘初心、牢记使命”专题民主生活会。省委第七巡回指导组成员、省法院机关党委副书记赵骥鸿，市委副书记马琨，市委第三巡回指导组组长、市人大代表人事工委主任位志贤等出席会议。

▲ 县脱贫攻坚领导小组召开2019年第十次会议暨中央脱贫攻坚专项巡视反馈问题整改会议。

7日 县委书记吕鹏举出席指导高平镇“不忘初心、牢记使命”主题教育领导班子专题民主生活会。

9日 县委书记吕鹏举带领党政代表团赴天津市武清区对接2020年扶贫协作工作，武清区委书记戴东强，区委副书记、区长倪斌，副区长刘东海出席对接会。

10日 县委书记吕鹏举带领考察组，赴北京雄特牧业有限公司、北京顺鑫农业鹏程食品有限公司、北京物美投资集团有限公司开展招商考察活动。

12日 “阅泾川”客户端上线启动仪式举行。

13日 市委书记郭承录来泾川开展巡河检查。

▲ 中国共产主义青年团泾川县第十五次代表大会开幕，团市委副书记巩华出席。

16日 泾川县国有企业党工委举行揭牌仪式。

18日 市政府副市长、洪河市级河长何瑞莲来泾开展洪河巡河检查。

19日 县脱贫攻坚领导小组召开2019年第十一次会议暨中央脱贫攻坚专项巡视反馈意见整改会议。

20日 市委常委、统战部部长马琦带领市教育局负责同志，调研泾川县教育工作。

23日 市人大常委会副主任冯宁平带领部分在平省十三届人大代表，来泾川围绕巩固脱贫攻坚成果进行集中视察。

31日 泾川县2020年“庆元旦·迎新春”第六届“体彩杯”越野赛在县体育场开跑。

中国共产党泾川县委员会

重要决策部署

4月11日，县委印发《关于加强和改进党的新闻舆论工作的实施意见》。该实施意见以习近平新时代中国特色社会主义思想为指导，围绕统筹推进“五位一体”总体布局和协调推进“四个全面”战略布局，坚持稳中求进工作总基调，认真履行“高举旗帜、引领导向，围绕中心、服务大局，团结人民、鼓舞士气，成风化人、凝心聚力，澄清谬误、明辨是非，联接中外、沟通世界”的职责使命，牢牢坚持正确政治方向、坚持党管媒体、坚持党性原则、坚持正确舆论导向、坚持正面宣传为主、坚持社会效益第一、坚持改革创新，巩固马克思主义在意识形态领域的指导地位，巩固全县人民团结奋斗的共同思想基础，唱响主旋律，壮大正能量，做大做强主流思想舆论，鼓舞振奋全县人民士气，为打赢打好脱贫攻坚战、建设绿色开放幸福美好新泾川提供有力舆论支持。

4月29日，县委、县政府印发《关于坚持农业农村优先发展做好全县“三农”工作的实施意见》。该实施意见以习近平新时代中国特色社会主义思想为指导，认真学习贯彻党的十九大和十九届二中、三中全会精神，全面落实中央1号文件精神和省、市、县委农村工作会议各项决策部署，坚持农业农村优先发展总方针，以推进农业供给侧结构性改革为主线，以农业增效和农民增收为目标，以实施乡村振兴战略为总抓手，按照“二十字”总体要求和“五个振兴”核心内涵，全力巩固脱贫攻坚成果，全面推进农村人居环境整治，深度开发特色优势富民产业，加快补齐农村公共服务短板，充分发挥农村基层党组织战斗堡垒作用，力争乡村振兴取得显著成效，农业综合生产能力得到有效提升，农业供给体系质量明显提高，城乡居民生活水平差距进一步缩小，农村人居环境明显改善，贫困户实现稳定脱贫，城乡一体融合发展体制机制初步建立，乡村治理体系逐步完善，为实现全面小康奠定坚实基础。

5月28日，县委、县人民政府印发《关于全面加强生态环境保护坚决打好污染防治攻坚战的实施意见》。该实施意见以习近平新时代中国特色社会主义思想为指导，全面贯彻党的十九大和十九届二中、三中全会精神，深入贯彻习近平视察甘肃重要讲话和指示精神，坚持生态兴则文明兴、人与自然和谐共生、绿水青山就是金山银山等重要生态思想，坚持良好生态环境是最普惠的民生福祉，把生态环境保护工作作为基础性底线性任务，举全县之力，下决心补齐生态环境短板，解决好人民群众对美好环境的需求与当下全县生态环境保护不充分、不平衡现状之间的矛盾，推动全县经济社会绿色发展。下更大决心解决中央、省、市反馈的生态环境突出问题，以更加坚定的信心、更加有力的举措，坚决打好污染防治攻坚战，让良好生态环境成为人民群众幸福生活的增长点、成为经济社会持续健康发展的支撑点、成为展现美丽泾川良好形象的发力点。

8月5日，县委、县人民政府印发了《关于进一步加强诚信泾川建设的意见》。该意见以习近平新时代中国特色社会主义思想为指导，以社会信用体系建设为基础，以政务诚信、商务诚信、社会诚信、司法公信等四大领域诚信建设为主要内容，以信用信息归集共享为抓手，大力推进诚信建设制度化，完善守信激励和失信惩戒机制，培育开发信用市场，提高全社会诚信意识和信用水平，逐步形成“政务诚信、个人守信、奖惩有力、便利惠民”的诚信泾川建设模式，为营造良好的营商环境提供有力支撑。

11月18日，县委、县人民政府印发了《关于推动高质量发展的实施方案》。该实施方案以习近平新时代中国特色社会主义思想为指导，全面贯彻党的十九大和十九届二中、三中、四中全会精神，紧紧围绕统筹推进“五位一体”总体布局和协调推进“四个全面”战略布局，深入落实习近平总书记视察甘肃重要讲话和“八个着力”重要指示精神，坚持新发展理念，坚持发展是第一要务、人才是第一资源、创新是第一动力，坚持质量第一、效益优先，以供给侧结构性改革为主线，按照县委十七届三次全体会议确定的“党建统领，四化统筹，交通先行，产业支撑，城镇带动，工业突破，决战脱贫，决胜小康，建设绿色开放幸福美好新泾川”总体发展思路，聚焦绿色发展崛起，把牢脱贫攻坚和生态保护基础性底线性任务，抢抓“一带一路”建设最大机遇，深挖绿色、创新、开放红利，突出抓好十大生态产业，着力构建现代化经济发展体系，推动经济发展质量变革、效率变革、动力变革，实现更高质量、更有效率、更加公平、更可持续的发展。

11月26日，县委、县人民政府印发了《《泾川县乡村振兴战略实施规划（2018—2022年）》。该规划按照“产业兴旺、生态宜居、乡风文明、治理有效、生活富裕”的总要求，结合泾川实际，对全县实施乡村振兴战略作出总体设计和阶段谋划，明确到2020年坚决打赢精准脱贫攻坚战和2022年党的二十大召开时的目标任务，细化实化工作重点、政策措施、推进机制，部署重大工程、重大计划、重大行动，是泾川县有序推进乡村振兴战略的重要依据。该规划是指导全县有序推动乡村振兴工作的重要依据，推动全县产业振兴、人才振兴、文化振兴、生态振兴、组织振兴，为全面打赢打好脱贫攻坚战，推动经济社会高质量发展提供重要保障和强劲动力。

重要会议

【县委全委会议】1月21日，中共泾川县第十七届委员会第六次全体会议召开。会上，县委常委、组织部部长慕晓云对《泾川县机构改革方案》和《关于贯彻落实〈泾川县机构改革方案〉的实施意见》作了说明，审议通过了《关于贯彻落实〈泾川县机构改革方案〉的实施意见》和《中国共产党泾川县第十七届委员会第六次全体会议决议》。县委书记吕鹏举主持会议。吕鹏举要求，全县各级各部门要紧扣机构改革“时间表”和“路线图”，主动对标对表，严肃工作纪律，自觉服从大局，保证改革顺利推进，着力构建系统完备、科学规范、运行高效的机构职能体系，为全面打赢脱贫攻坚战，聚力推动高质量发展，加快建设绿色开放幸福美好新泾川提供有力的体制机制保障。

2月13日，中共泾川县第十七届委员会第七次全体会议暨县委经济工作会议召开。会议书面传达中共平凉市第四届委员会第七次全体会议暨市委经济工作会议精神，通报了2018年度全县受市级以上表彰奖励情况，兑现2018年度乡镇、县直部门、驻泾单位工作绩效考核结果，表彰奖励2018年度在全县经济社会发展中涌现出的先进单位、先进个人和脱贫攻坚帮扶工作先进个人。县委书记吕鹏举对贯彻落实中央和省、市经济工作会议精神，做好2019年全县各项工作作出全面部署，提出明确要求。县委副书记、县长王廷佐对2019年经济工作作出具体安排。县委副书记王德全主持会议。

8月13日，中共泾川县第十七届委员会第八次全体会议召开。会议书面传达学习省委十三届九次全会和市委四届八次全会精神，县委书记吕鹏举受县委常委会委托报告工作，县委副书记、县长王廷佐通报2019年全县前七个月经济运行情况，安排部署后五个月工作。县委副书记王德全就有关文件作说明。审议通过了《中共泾川县委关于深入贯彻落实习近平总书记重要讲话精神决战脱贫攻坚推动高质量发展加快建设绿色开放幸福美好新泾川的决定》和《中国共产党泾川县第十七届委员会第八次全体会议决议》。

领导班子成员名录

书　记	吕鹏举
副书记	王廷佐
	王德全
	许尔全（挂职）
常　委	李卫东
	崔　飞
	李永成
	赵小军
	王琴叶（女，1月止）
	张小平
	慕晓云
	袁志兴
	杜　鹏（1月任）
	杨军红（1月任）

（供稿：赵兴旺）

办公室工作

【概况】县级机构改革后，组建县委全面深化改革委员会、县委国家安全委员会和县委财经委员会，作为县委议事协调机构，具体工作均由县委办公室承担；划入原县督查考核局承担的党委督查工作职责，县委办公室对外加挂泾川县档案局、县机要和保密局、县国家保密局和县国家密码管理局牌子，核定行政编制18名，工勤编制12名。

【政务服务】全年办理上级来文520份、制发文件180多份。起草各类讲话、会议纪要、汇报文稿290多篇，完成省市各类调研汇报材料180多篇。先后在《甘肃工作》《调研与发展》《平凉日报》等报纸杂志刊发理论文章6篇，上报省市委工作信息225条，其中60多篇被省市采用。

【综合协调】认真落实县委决策部署，超前谋划，主动介入，按周列出县委重大活动和县委常委重点工作计划，确保县委日常工作高效运行。精心做好会议服务准备工作，先后筹办县委全委扩大会、脱贫攻坚推进会、县委常委会、中心组学习会、四大家联席会等会议45场（次），协调组织第六届华夏母亲节活动。进一步健全完善四大办公室沟通联系机制，对全县重大活动和重点工作及时沟通衔接，确保县委、县政府各项决策部署落地生根。

【督查考核】 研究制定《2019年全县督查考核工作计划》，建立健全督查考核审批报备制度，梳理重点督查考核事项76项，强化目标责任，建立任务台账，实行清单管理，切实提升督查实效。大胆探索，采取“四不两直”督查方式，聚焦脱贫攻坚、产业开发、项目建设等重点工作，先后组织督查11次。

【事务管理】 建成县委机关食堂并投入使用，完成东二楼公寓改造项目，定期对机关水、电、网络等设施维修维护。严格执行财务管理制度，严肃财经纪律，规范财务审批，严控经费开支，着力提高资金的使用效益。及时转办群众来信来访和领导批示，积极参与重点信访案件的调度和解决，加大跟踪督办力度，主动回应群众关切。

【队伍建设】 规范工作运行机制，激发班子成员潜能，增强班子活力。坚持办公室重大事项由班子成员集体讨论、民主决策。年内提拔班子成员3人、优秀年轻干部6人。坚持每周一学习例会制度，重点围绕中央、省市领导讲话及典型经验材料等学习内容，组织集中学习36次，调阅党员学习笔记9次。完善“主任+科长+秘书”层级帮带机制，不断培养提升文秘人员的综合素质。

领导班子成员名录

办公室主任	郭建辉（4月止）
	吕孝忠（4月任）
副主任	蒋明福（4月止）
	徐　桥
副主任、县接待办主任	梁军勤

（供稿：赵兴旺）

组织工作

【概况】 2019年1月，全县机构改革后，县委组织部统一管理县委机构编制委员会办公室，将公务员管理和老干部工作职责调整划入组织部。核定编制37名（行政编制12名，事业编制25名）。

2019年，全县组织工作以习近平新时代中国特色社会主义思想和党的十九大精神为指导，深入贯彻新时代党的组织路线和全国、全省、全市组织工作会议及组织部长会议精神，以政治建设为统领，坚持服务中心，突出目标导向和问题导向，组织实施“不忘初心、牢记使命”主题教育，加强党的组织体系建设，统筹推进干部队伍、人才队伍和党员队伍建设，积极担当作为、狠抓任务落实，为决战脱贫攻坚、决胜全面小康、建设绿色开放幸福美好新泾川提供了坚强组织保证。

【基层党建】 持续深入推进党支部建设标准化和党建统领“一强三创”行动，以“十星级”党支部建设为载体，对全县农村、机关、社区、教育、卫健、国企、非公经济和社会组织8个领域党支部评星定级标准进行细化，按照“支部自查自评、党员群众测评、基层党（工）委定星挂牌”的程序，对全县666个党支部重新评星定级，共评选“十星级”党支部67个。全面推行党员领导干部抓党建月提醒制度，县委常委和党员县级领导干部深入党建联系点进行督查指导。全面推行“党建+”“四链”模式，探索推广“党支部+专业合作社+农户”“党支部+公司+合作社+贫困户”等发展模式，全县建立产业型党组织38个，领办产业园区164个。认真落实“三会一课”“主题党日”等活动，年内各级党组织开展“主题党日”活动2400多场（次），培训入党积极分子498名，发展党员297名。全面推行党费收缴平台e缴费。发放流动党员活动证1200本。大力推广应用甘肃党建APP，全县党员甘肃党建APP安装应用率达到

100%，各党支部每月组织生活数据提交率均达到95%以上。

【党建宣传】在街路、超市等人群密集场所采取设置固定党建版面、悬挂横幅等方式，大张旗鼓宣传党的政策；在县电视台开设《抓党建促脱贫攻坚》栏目，集中宣传“三个带头人”事迹；打造村级党建文化广场、党建宣传长廊，大力营造党建工作氛围。通过“一委一号”“一支一群”“泾水先锋”抖音号、“泾水先锋”网报、“掌中宝”等新型媒介带动全县各级党组织和党员注册开通、拍摄发布党建类正能量小视频760多部。结合纪念建党98周年、中华人民共和国成立70周年，组织全县1.8万名党员参加“不忘初心、牢记使命”纪念建党98周年知识竞赛、党员志愿服务活动及抵制高价彩礼推动移风易俗集体承诺活动，营造了大抓党建、弘扬正气的浓厚氛围。

【党建助推脱贫】年内，调整驻村帮扶队员107人、第一书记39人，驻村帮扶队员和第一书记分别达到287人、91人，举办农村党组织书记、第一书记暨驻村帮扶干部、农村“三变”改革助理员示范培训班5期，培训扶贫干部390多人（次），选派23名镇村干部参加省市调训、考察学习。

【基层组织建设】结合县级机构改革，对30个县直部门党组（党委）设置进行了调整；成立卫健系统、教育系统和国有企业党（工）委，设立县大云寺文化产业园有限责任公司、县人民医院、县非公经济组织、社会组织党委，进一步加强党的领导。及时指导超大党支部、空壳党支部、软弱涣散基层党组织优化设置，年内升格党总支4个，新建、联建党总支16个，优化提升党支部58个。稳妥推进村干部专职化，确定村干部专职化试点村50个，公开招考大学生村文书50名，公开招考大学生村党组织书记23名，调整村干部285人，其中村党支部书记128人，培养村级后备干部995人。实行村党组织书记、村委会主任“一肩挑”123个，完成行政村的60.7%。全县年初摸排软弱涣散基层党组织26个（农村党组织16个），主题教育期间确定23个（其中农村19个），对确定的软弱涣散党组织建立县级领导包抓、党（工）委书记主抓、党建办主任和包村领导直抓的“四位一体”工作机制，按照整顿时限全面完成整顿提升任务。

党（工）委书记抓基层党建工作述职评议

【干部工作】举办优秀年轻干部培训班2期75人。选派68名优秀年轻干部和“三方面”干部担任贫困村驻村帮扶第一书记或工作队员，22名优秀年轻干部和“选调生”到信访维稳、征地拆迁、项目建设等部门轮训，择优选派6名挂职干部和120名专技人才到天津市武清区挂职锻炼和跟班轮训。年内，共调整干部6批次，提拔干部154人。全面推进公务员职务与职级并行，完成463名同志职级套转。开展干部离任审计54人（次），任中审计4人（次）。深入开展档案专项审核认定和假履历假档案专项整治，对1009名科级干部档案进行“回头看”，对县人社局划转的417名公务员档案进行审核。制定印发《泾川县干部借调、抽调工作规定》，全面清退了违规借调、抽调超期的干部108名。

【人才工作】研究制定《泾川县急需紧缺人才引进管理办法》《深化人才体制机制改革的实施意见》等文件，培训各类人才2.8万人（次）。多渠道安置高校毕业生3480人，成功推介920名毕业生到县内外企业就业。建立全国知名老中医陈宝贵传承工作室、飞云镇宝成彩虹家庭农场等人才培养基地13处，领办产业园区182个，建立科研基地3处，开发城关凤凰、泾明白家、汭丰郑家沟等乡村旅游服务项目53个，建办电商物流网点105个，带动贫困户就业1500人。

【老干部工作】 国庆节前夕，为22名离休干部代颁中共中央、国务院、中央军委颁发的庆祝中华人民共和国成立70周年纪念章，并进行走访慰问。举办“庆祝建国70周年”等老干部书法、绘画展，编印《夕阳翰墨香》老干部画册，组织开展“奋进新时代、共筑中国梦”等主题征文活动。

领导班子成员名录

县委常委、部长	慕晓云
常务副部长	樊志辉（4月任）
副部长、县人社局局长	吕晓文
副部长	王鸿垠（1月任）
	秦树隆

（供稿：王文汉）

宣传工作

【概况】 2019年1月，县级机构改革后，在县委宣传部设立县委网信办，加挂县政府新闻办公室、县新闻出版局、县文明办牌子，下设对外宣传办公室、国防教育办公室，核定编制13名，年底有干部职工11人。

2019年，全县宣传思想工作以习近平总书记关于宣传思想工作的重要论述为指导，认真贯彻落实全国和省、市宣传部长会议及县委十七届七次、八次全体会议精神，以学习宣传习近平新时代中国特色社会主义思想为首要任务，以庆祝中华人民共和国成立70周年为主线，以宣传思想文化战线“四力”教育实践活动为抓手，全面落实举旗帜、聚民心、育新人、兴文化、展形象的任务，坚持守正创新、稳中求进，为全县经济社会发展提供了思想保证和精神动力。

【意识形态和理论武装】 深入推进党委（党组）“四个责任”落实，召开联席会议2次，与乡镇、部门签订党委（党组）意识形态工作责任书，举办意识形态工作研讨班1期，集中开展意识形态专项督查2次。完善《泾川县网络舆情处置办法》，全年处理虚假有害信息20多条，约谈自媒体负责人16人（次），办理网络留言2000余条。修订完善《中共泾川县委贯彻落实〈中国共产党党委（党组）理论学习中心组学习规则〉实施细则》，组织全县各级党委（党组）理论学习中心组开展集中学习研讨12次以上，举办县委大讲堂2期。大力推进“学习强国”APP平台使用，建立学习管理组650个，党员干部参学7865名。开展理论宣讲130多场（次），受教育干部群众1万多人。组织社科战线人员撰写论文23篇，公开发表17篇，申报省市级社科课题6个，结项4个，出版专著1本。

【宣传工作】 围绕庆祝中华人民共和国成立70周年、脱贫攻坚、“不忘初心、牢记使命”主题教育、扫黑除恶等活动开展集中宣传，策划拍摄“我和我的祖国”大型快闪活动24场（次），制作、张贴、播出宣传标语和公益广告2.4万多幅（次），邀请《人民日报》对泾川脱贫攻坚工作进行采访报道，《甘肃日报》刊登70年发展成就综述专版2期，甘肃卫视《扶贫第一线》专题报道泾川脱贫工作成效经验。全年在市级以上媒体播出广播电视新闻599条，报纸新闻50多篇。

【精神文明建设】 制定《泾川县新时代文明实践中心建设方案》，完成4个试点乡（镇）、28个试点村（社区）实践所（站）建设。组织开展关爱空巢老人、农民工、残疾人、留守儿童志愿服务活动200多场（次），广泛开展“泾川好人”“最美人物”等评选，年内累计评选各类先进240多人，向市委宣传部、市文明办推荐各类先进典型7

人，1人入选第十期“平凉好人榜”，3人入选第十一期“平凉好人榜”。申报省级文明单位3个，创建市级文明单位（社区、家庭、学校）21个（户），县级文明单位（村、学校）192个。深入推进移风易俗，治理高价彩礼，成功举办泾川县第三届公益相亲大会。

【新闻出版和电影管理】接收新闻出版和电影管理等业务，行政审批初步实现网上受理。组织开展文化市场整治，清理下架无刊号、多刊号书籍35本，收缴非法出版物200余册。向全县212个农家书屋和104所农村幼儿园小书架配送图书1.5万多册。组织开展全民阅读月、“书信大赛”征文、“爱我中华、爱我国防”征文暨朗诵比赛等活动。表彰优秀影视作品21部，年度创作完成新作品6部，《当你老了》《凤凰变奏曲》《山桃红》《新居》《万里回乡路》荣获省委宣传部表彰；《仰望星空》荣获第四届美丽乡村国际微电影艺术节最佳故事片奖；《何兴果的春天》等11部微影视作品荣获平凉市第四届微影视创作征集展评活动表彰，《好“柿”多磨》荣获最佳音乐奖。完成中央广播电视总台《中国影像方志·甘肃泾川篇》拍摄。完成农村电影公益放映2568场（次），推荐电影拍摄基地3处。

【文化文艺】融媒体中心建设、移风易俗改革、新时代文明实践中心建设试点、文联换届、大景区体制机制改革等12项改革事项顺利完成。协调推进重大文化项目建设，大景区旅游基础设施建设、吴焕先烈士纪念馆布展、大云文化学术报告厅建设、博物馆建设等有序推进。协调推荐吴焕先烈士纪念馆申报长征国家文化公园项目，完颜民俗文化景区顺利通过3A级旅游景区评审，凤凰村被命名为省级乡村旅游示范村。成功举办第六届海峡两岸西王母故里民俗文化交流、“走进王母故里·品味诗韵泾川”文化旅游节等节会，以及国家、省级钓鱼比赛和全省全地形车嘉年华、青少年足球锦标赛、围棋赛等文体赛事活动。

领导班子成员名录

县委常委、部长	赵小军
常务副部长、县委网信办主任	任新红
副部长	赵建杰
	袁怀民

（供稿：徐　青）

统一战线工作

【概况】全县机构改革后，县委统战部统一领导民族宗教和侨务工作，统战部与民族宗教事务局合署办公，内设台湾事务办公室；将县政府外事侨务办公室的职责划入，加挂县政府侨务办公室牌子。8月，成立泾川县海峡两岸交流服务中心，副科级全额拨款事业单位。年底，有工作人员10人。

【党委主体责任落实】县委常委会5次、县委理论中心组2次、县政府常务会2次学习传达统一战线相关精神。县委调整充实统一战线工作领导小组，召开领导小组（扩大）会议4次，讨论制定了《泾川县关于依法治理民族事务促进民族团结的实施意见》和《宗教突出问题整改方案》等重要文件。先后5次对相关单位、各乡镇统战工作进行检查督导。

【民主政治建设】制定《关于加强新时代人民政协党的建设工作的实施意见》《中共泾川县委2019年政党协商计划》等文件，健全完善与党外人士联谊交友制度，组织开展“不忘合作初心、继续携手前进”主题教育，举办了庆祝中华人民共和国成立70周年诗歌朗诵会等系列活动。指导民盟泾川县委员会完成了换届工作，协调解决了民主党派办公用房。

【非公经济发展】搭建了非公企业网络交流、金融支持、法律服务、教育培训、信息共享五大平台，建立了非公经济发展联席会议制度，深入非公企业开展调查研究4次，协调解决融资、用工等实际困难20多条。联络衔接南北集团公司、兰州锦宝丽商贸公司等5家非公企业向贫困村捐资30多万元；引导鼎康肉牛育肥场、富原红果品贸易公司等企业采取财政配股、异地入股等多种方式，吸纳1000多户贫困户入股分红，并提供就业岗位800多个；接受天津市46家企业及社会组织帮扶资金280多万元，建成扶贫车间4个，实施扶贫项目8个，发放慰问金、助学金等60余万元。

【党外知识分子工作】举办党外知识分子和新的社会阶层人士培训班3期，培训50多人（次）。推荐2名党外知识分子、5名新的社会阶层人士参加市知联会、新联会。组织各级人大代表、政协委员中党外知识分子和新的社会阶层人士开展调研活动2次，辅导撰写各类议案、提案2条。组织法律服务进社区活动10余次，依法维权50多项。

【台侨工作】筹办了第六届海峡两岸西王母故里民俗文化交流活动，邀请中国国民党人士及海峡两岸1200多人共同举行了谒礼华夏母亲（西王母）大典，积极参加第八届海峡两岸西王母文化论坛，接待台湾高雄两岸世纪发展协会参访团、花莲县中小学青年教师牵手陇原行参访团、台北松山慈惠堂及高雄道德院参访团等企业、社会组织、宗教团体50批次946人（次）。

领导班子成员名录

县委常委、部长　张小平

常务副部长　席宏发（1月止）

　　　　　　段全福（4月任）

副部长、民宗局局长、工商联党组书记、台办主任　马志锋（回）

（供稿：李斌刚）

政法工作

【概况】县委政法委是县委领导和管理政法工作的职能部门，核定人员编制20名（行政编制8名，工勤编制1名，事业编制11名），年底实有人员13人。

2019年，全县政法工作全面贯彻落实中央和省、市委政法工作会议精神，以“保平安、迎大庆”为主线，以防控化解各类风险为抓手，以扫黑除恶专项斗争、创新基层社会治理、深化各类平安创建、推进政法领域改革、加强政法队伍建设、“六抓六树”典型培育为重点，强基础补短板，攻难点促提升，全力维护社会大局和谐稳定，为全县经济社会发展营造了良好环境。

【维护稳定】精心组织开展了防范化解社会风险专项行动，圆满完成全国“两会”、中华人民共和国成立70周年大庆等重大节会维稳安保工作。坚持预防为主，健全重大项目、重大活动、重大决策社会稳定风险评估机制，年内完成评估40项（其中评估重大项目32项，重大活动8次）。积极推进第三方评估制度落实，促进稳评工作规范化，从源头上防范和减少了涉稳矛盾。建立健全人民调解、行政调解、司法调解三调联动机制，多渠道化解矛盾纠纷格局基本形成，矛盾纠纷调处成功率达93%。不断加大信访督办力度，努力减少信访存量，控制增量，积极推进网上信访，将群众来信、来访、网上投诉等反映的信访事项，全部纳入信访信息系统流转，信访形势不断向好。积极推进无邪教创建活动，全县2个乡镇13个村被表彰为全国、全省“无邪教创建”示范乡镇和示范村。

【扫黑除恶斗争】强力推进扫黑除恶专项斗争，广泛发动群众，积极收集深挖线索，狠打违法犯罪，专项斗争开展以来，打掉恶势力犯罪团伙2个，抓获犯罪嫌疑人19人，破获刑事案件11起；打掉“村霸”4个，抓获涉恶涉霸犯罪嫌疑人5人，破获刑事案件41起。持续开展各类治安整治专项行动，集中整治治安隐患，健全完善社区警务和“一村一警”运行机制，加大基础信息采集维护，将治安隐患发现在基层、化解在萌芽阶段。

县扫黑除恶专项斗争领导小组工作会议

【治安防控体系建设】全面推进常住人口“网格化”管理，建立了覆盖城区实有人口的动态管理服务体系。扎实推进基层综治业务信息化，综治信息系统覆盖到全县所有镇、村和社区。建立健全信息动态采集机制，全面完成系统模块业务平台的基础信息数据接入、上报，实现基础性、常态性工作网上办公。“雪亮工程”建成投用，安装入网摄像机904路，人脸识别摄像头48个，全景摄像机3台，WIFI探针60台，使公共防控网络的覆盖面、科技化水平有了跨越式提升。

【社会治安综合治理】持续加强党政机关、水、电、气、通信、学校、金融等重点单位和要害部位安全防范，重点场所监控系统、安保制度实现全覆盖。加强旅馆业、废旧金属收购业等特种行业治安管理，建立特种行业违法行为警示记录和行业场所治安管理档案，实施积分制管理。加大对物流寄递业安全管理执法检查力度，规范邮政、快递企业执行收寄验视制度，实现了接收、实名、安检“三个100%”。

【法治泾川建设】坚持部门联动，多措并举推进执行难“百日会战”，法院生效判决执行结案率达到85.3%。围绕人员分类管理、内设机构优化、司法责任落实等重点改革任务，扎实推进司法体制改革，大力拓展公共法律服务覆盖面，县级设立公共法律服务中心1处，乡镇、村、社区建立法律援助工作站19个，建立法律援助联系点218个，确定援助信息员1680名，基本形成以县、乡两级法律援助机构为主导，社会法律援助组织和村、社区法律援助联络员为补充，覆盖全县的法律援助服务网络。组织人员深入乡镇、学校、街道、村、社区开展“法律八进”活动，累计开展活动159场（次），组织法治宣传173场（次），发放宣传材料9.64万余份，营造了良好的法治氛围。

【政法队伍建设】始终加强和改进对政法干部的教育培养，教育引导政法干部自觉在政治立场、政治方向、政治原则、政治道路上同以习近平同志为核心的党中央保持高度一致，政法各部门分层分类别组织多种形式的技能培训和实战演练，深化岗位技能提升，集训干部660人（次）。

领导班子成员名录

县委常委、书记	李永成
常务副书记	袁晓宁
副书记	刘俊琪
	代小龙

（供稿： 许浩强）

机构编制

【概况】按照《泾川县机构改革方案》，将县机构编制委员会改为县委机构编制委员会，作为县委议事协调机构。县委机构编制委员会办公室为县委机构编制委员会的办事机构，承担编委日常工作，归口县委组织部管理。下设事业单位电子政务中心，年底有干部职工13名。

2019年，全县机构编制工作紧紧围绕持续完善县级机构职能体系这一目标，认真实施县级党政机构改革，持续推进行政审批制度改革，全力深化事业单位改革，统筹推进综合行政执法改革，不断优化机构编制资源配置，较好地服务于全县经济社会发展大局。

【机构改革】按照省委批复的机构改革方案及限额，全面完成了机构和职能调整优化。机构改革后，县上设置党政机构35个，其中，县委机构

10个、政府工作部门25个，党委政府工作机关加挂25个牌子，均与省上相关机构对应。通过改革，全县涉改部门内设股室由211个核减为188个，精简11%；部门领导职数严格按照规定核定，除常委部门外，其余政府工作部门均按一正两副设置，部门领导职数由改革前的1133名核减为906个，精简20%，实现领导职数只减不增的改革要求。

【行政审批】结合改革后各部门的机构调整和职责划转情况，对部门行政审批事项进行梳理并认领省级各业务对口部门新增行政审批事项2360项，其他行政权力259项，对全县所有行政审批事项进行了统一编码。

【机构编制】全年共成立行政机构11个，撤销行政机构9个，上划行政机构1个；成立事业机构18个，撤销事业机构20个，上划事业机构2个。办理出编手续38人。调整机构1个，运转人员1757人，其中清理自然减员282人，新增人员352人，人员调动50人，干部调整795人。健全《实名制管理台账》等四类日常管理台账，定期更新实时数据，随时掌握机构编制和实有人员变化情况。

【事业单位管理】完成383家事业单位法人年度报告，新注册8家、变更15家、注销9家。深入28家事业单位，对法人登记、法人证书登载、业务开展、奖惩及投诉、接受捐赠等方面事项进行核查，对发现的问题，督促限期整改。

领导班子成员名录

主　任　　脱得勃

副主任　　刘小勇

审改办主任　贾宏权

（供稿：高　敏）

信访工作

2019年，县信访局认真贯彻落实全国和省、市、县信访工作会议精神，坚持以人民为中心，深入推进信访工作制度改革，积极解决信访突出问题，全力维护群众合法权益和社会和谐稳定，全县信访形势保持了平稳可控的态势。

全年信访总量，与去年同期相比，下降40.9%。

【信访交办】县信访联席会议办公室全面落实绩效问责“五项制度”和“三项建议权”，强化综合协调和督查督办措施，年内开展信访工作督查4次，召开信访形势分析通报会3次，召开省委第二巡视组交办信访件工作安排会议8次，下发通报7份。

【矛盾排查】全年县信访联席办下发通知2次，对排查梳理的14件重点信访事项和55名重点信访人员，由县级领导包案督办化解，按期结案率100%。

领导班子成员名录

局　长　郭贵明

副局长　吴仁全（12月止）

　　　　陈荣伟

（供稿：刘　芸）

党史工作

2019年，党史工作充分发挥“存史、资政、育人”的职能作用，坚持“党史姓党”的根本原则和以史鉴今、资政育人的根本任务，按照党史工作“一突出，两跟进”的要求，较好地完成了年度各项工作任务。

【资料征集】采取查阅档案资料和到相关单位征集党史资料两种方式，全年征集文字资料70多万字，图片资料500多幅，图书资料15本（册）。

【编撰与出版】编撰完成《对毛泽东〈在延安文艺座谈会上的讲话〉的思考》《浅析习近平生态文明思想的当代实践》《新时代纪念馆利用红色资源发挥社会教育功能探析——以平凉市泾川县吴焕先烈士纪念馆为例》《对陇山（泾川）文化旅游

资源有效开发利用的思考——以平凉市泾川县为例》《聚焦破解瓶颈制约 扎实做好泾川党史二卷编撰工作——关于泾川党史二卷编撰工作的调研与思考》等5篇党史专题。编辑完成《中国共产党泾川县大事记（2019年）》，11余万字；编辑出版《中国共产党泾川县大事记（1932—2010）》，30余万字。编撰《中国共产党泾川历史（1978—2012）》（第二卷）初稿，整理文字资料70余万字。

【宣传教育】开展党史“七进”活动，向机关、学校、社区、企业送阅党史宣传资料800多本（册），为入党积极分子和建党对象举办泾川地方党史培训2期。参与了中央广播电视总台和甘肃广播电视台“重走长征路”相关活动的采访工作。在平凉党史网、泾川门户网等媒体刊发信息20篇。

领导班子成员名录

主　任　闫鹏军

副主任　脱向峰

（供稿：信海亮）

党校工作

【概况】县委党校是县委直属的事业单位，核定编制18名，年底有干部职工15名。

2019年，县委党校以习近平新时代中国特色社会主义思想为指导，认真学习贯彻党的十九大和十九届二中、三中、四中全会精神以及县委各项决策部署，坚持从严治校、创新发展，不断深化教学改革、忠诚守卫意识形态，较好地完成了年度培训、宣讲、科研、管理工作，有效服务于全县经济社会发展。

【干部培训】全年举办习近平新时代中国特色社会主义思想读书班、政协委员履职能力提升、农村党组织书记脱贫攻坚能力提升、新提拔科级干部、农村“三变”改革助理员、驻村帮扶工作队等主体培训班13期，培训党员干部1331人（次），其中举办为期1个月的优秀年轻干部示范培训班、为期2个月的党政文秘人员能力提升班各2期。结合有关班次开展学习贯彻习近平总书记视察甘肃重要讲话精神集中轮训、公务员职级并行制度集中轮训近2000人。

干部培训

【理论宣讲】结合开展“不忘初心、牢记使命”主题教育，组织理论教员深入县直部门、乡（镇）、村开展理论宣讲171场、听众11559人（次）。其中，开展习近平新时代中国特色社会主义思想、《习近平新时代中国特色社会主义思想学习纲要》宣讲57场（次），习近平视察甘肃重要讲话精神宣讲32场（次），学习贯彻党的十九届四中全会精神宣讲33场（次），其他受邀宣讲9场次。

【科研活动】围绕脱贫攻坚、农村“三变”改革、新型城镇化建设、富民产业培育、民生保障等专题，共撰写理论文章40多篇、发表20篇，其中国家级2篇、省级10篇、市级8篇；参加论坛、征文、研讨获市级以上奖励10篇；形成资政报告4篇；出版专著1部，5项课题有4项结项；遴选6篇论文、1篇资政报告送县委、县政府参阅，有1篇资政报告在市委党校《领导参阅件》刊登。

【学历教育】继续教育在读学员285人，其中陇东学院224人、甘农大61人。当年停止招生。

领导班子成员名录

校　长　　王德全（兼）

常务副校长　　袁居银

副校长　　林　浩（12月任）

行政学校副校长　张国华

胡海东

（供稿：崔春丽）

档案工作

2019年，全县档案工作紧紧围绕县级机构改革，全力做好涉改单位的档案整理移交，持续做好馆藏档案的挖掘利用；认真开展二轮《泾川县志》的修改完善和编审印刷工作，较好地完成了年度工作任务。

【档案接收】结合县级机构改革实施，制定了《涉改单位档案资料整理移交方案》，推行“科级干部包片、业务干部包单位”的机制，上门督促指导涉改单位及时整理移交相关档案资料。年内接收县委原农工办、督查考核局、老龄办、老干局等16个撤并单位文书档案192卷16939件。接收大云寺景区管委会、王母宫管理局2个单位会计档案318卷。

【查阅服务】全年接待查档人员1426人（次），在全县党史编纂、干部职工退休、教师职称晋升、养老保险等方面提供了有效证明，调出档案2462卷（册、件），出具有效证明1714份3321页。

【档案利用】在“不忘初心、牢记使命”主题教育中，馆内创办的实物档案展室作为全县党员干部教育的观摩学习点之一，县直和乡镇有39个单位738人参观学习，较好地发挥了档案以史育人的作用。中央广播电视总台来泾川拍摄《中国影像方志·甘肃泾川篇》时，档案馆全力配合支持，提供了馆藏珍贵志书、馆藏奖牌和奖杯等。

【县志编纂】按照《泾川县志》评审会议反馈的意见，对志书文稿进行了修改完善。5月，联系北京团结出版社审核，并承担出版发行事宜。11月，《泾川县志1989—2010》定稿，全志共8篇59章281节76万字。

【年鉴编印】年内，组织编辑《泾川年鉴2019》，对14个乡镇、温泉开发区、城市社区管委会和135个县直和驻泾单位2018年的工作进行了详细记载，全鉴共23.3万字，采用照片97张。11月，由兰州大学出版社编审并公开出版发行。

领导班子成员名录

馆　长　高隆华

副馆长　荆忠林（12月任）

何来锁（12月任）

（供稿：吴永红）

县直机关党的建设

【概况】中共泾川县委直属机关工作委员会核定编制6人，现有工作人员6名。管理县直部门党组织62个，其中机关党委4个、党总支11个、党支部47个，党员1978名。

2019年，县直机关党建工作紧紧围绕新时代党的建设总要求，全面落实标准化建设、制度化督查、项目化推进新要求，持续推进党建统领“一强三创”行动，扎实开展“不忘初心、牢记使命”主题教育，精心培育党建特色，全力打造党建品牌，不断开创机关党建工作新局面。

【党员教育】强化党员学习教育管理，重点学习习近平新时代中国特色社会主义思想和党的十九大精神、党章党规、《习近平谈治国理政》一卷和二卷、《习近平新时代中国特色社会主义思想三十讲》、中央省市县重大会议等精神，各级党组织共配发学习资料1000多套（本），开展集中学习520场（次）、专题研讨180场（次），党员干部人均记写学习笔记1.5万字以上，撰写心得体会4篇以上，党员干部队伍“四个意识”“四个自信”明显增强。

【班子队伍建设】印发《2019年机关党建工作要点》，与直属各总支、支部签订了《党建目标责任书》，建立“工委+总支+支部+党员”的“四位一体”党建工作责任体系，积极推行“三项清单”

和“三考排位”，压紧压实党组织书记“第一责任”和班子成员“一岗双责”。推动党建统领“一强三创”行动和“十星级”党支部建设标准化工作融合发展，培养入党积极分子44名，发展党员24名，按期转正预备党员32名，整顿提升软弱涣散党组织2个。结合机构改革，成立党组织13个（机关党委4个），撤销25个，调整隶属关系7个，完成121个党组织换届选举，做到了设置规范、调整及时、体制明晰。

【示范创建】着力开展“八个一”活动，即组织召开一次专题学习研讨会、党员领导干部讲一次党课、党员每季度撰写一篇心得体会、每月开展一次“主题党日”活动、组织一次十九大精神知识测试、举办一次《党章》知识竞赛、组织一次党员优秀学习笔记展、机关工委编发一本党建工作手册。年内，参观革命纪念圣地、举办知识竞赛和演讲比赛、专题党课、重温入党誓词和新党员宣誓等主题活动90多场（次）；组建50人的党员志愿者服务队，认真开展在职党员进社区报到服务工作和“党员志愿者服务”活动；举办“深化两学一做、牢记初心使命”电视知识竞赛一次；开展了以“争创思想道德先锋、争创优质服务先锋、争创为民服务先锋、争创改革创业先锋、争创清廉实干先锋”为主要内容的“五争创”及“全域无垃圾，支部要率先”“我是党员我先行”等活动。落实了党员承诺制、责任区、示范岗、无职党员设岗定责等制度，引导广大党员在推动跨越发展中作表率、争先锋。

领导班子成员名录

书　记　　李爱贵

副书记　　董卫平

纪工委书记　尚登科

（供稿：李茹茹）

网络安全和信息化工作

【概况】按照《泾川县机构改革方案》精神，2019年4月，县网络安全和信息化工作办公室更名为县网络安全和信息化中心，隶属于县委宣传部管理。年底，有工作人员7名。

2019年，全县网络信息工作坚持以习近平新时代中国特色社会主义思想和党的十九大精神为指导，深入贯彻落实中央和省、市网信工作决策部署，按照县委十七届七次全体会议暨县委经济工作会议、全县宣传思想暨网信工作会议总体要求，紧紧围绕全县工作大局，以网络意识形态工作为统领，切实履行网络安全和舆情监测管理职责，强化网络传播阵地和内容建设，加快电子政务和智慧城市发展，各项工作取得了一定成效。

【网络意识形态管理】严格落实《泾川县党委（党组）网络意识形态工作责任制实施细则》，指导乡镇及相关部门完成《网络舆情应对处置工作预案》，强化网络阵地管控和舆情监测，坚持舆情报告和态势分析，对热点敏感事件及苗头性事件全程监看，督促相关部门做好信息核实和回应工作。选聘县级骨干网评员270人，针对民生热点、敏感问题和突发事件组织跟帖评论180余条，办结网络留言2000余条。

【网络宣传】对门户网站主站和人大、政协子站重新进行设计开发，新建公共资源交易、大数据子站和旅游投资子页，8月初完成网站改版升级并上线运行。利用“泾川发布”对县内重大节会、文化旅游、美丽乡村等进行短视频拍摄传播，年内发布短视频作品50余件，单条播放量达到70多万次；利用现场云直播平台开展春节系列文化活动、乡村旅游季、第六届海峡两岸西王母故里民俗文化交流、庆祝中华人民共和国成立70周年系列活动等网络直播16场（次），累计阅读量60多万次；围绕全国牛产业大会征集短视频作品44件；

策划拍摄专题纪录片《"泾川人"寻踪》。牵头组织"我和我的祖国"大型快闪和汭丰郑家沟、泾明白家、城关凤凰等旅游节会快闪拍摄活动4场（次）。

【网络管理】加强政务新媒体和网络自媒体备案管理，严格落实网络信息发布"三审"制度，指导县内网站、微信公众号、微博等网络平台开展信息发布自查自纠和清理整顿，严格落实非新闻单位不得自行采编新闻规定。开展网络安全检查3次，对各单位工作QQ、微信群，干部职工个人开设的论坛、贴吧、微博、微信公众号、直播、短视频等平台活跃账号进行了摸底统计，做到网络阵地管理全覆盖、无死角。

【电子政务】加快全县政务服务事项一网通办行动，实现90%以上的政务服务事项在线办理，组织29个县直部门开展政务服务一体化平台应用培训5场（次），年内完成办件量5000余件。持续做好机关无纸化办公应用，应用单位达到180多个。

【网络留言】县门户网站全年受理留言2133条，人民网地方领导留言板收到反映泾川有关问题留言162条。认真开展网络留言交办和回复工作，基本做到了"事事有回音、件件有着落"。

【智慧城市建设】完成投资2650万元，建成集管理、指挥、调度于一体的智慧城市运营管理中心，新建视频监控800多路，整合监控340多路，将全县相关部门和行业有关视频资源整合，实现整体联动、数据互通，初步实现城市立体可视化管理。7月9日，运营管理中心揭牌。

泾川县智慧城市建设签约

【大数据中心】7月9日，泾川县智慧城市运营管理中心及大数据中心揭牌仪式举行。中国电信甘肃公司创新业务部主任张晶，中国电信平凉公司党委副书记、总经理王小成，县委常委、县政府常务副县长崔飞，县委常委、宣传部部长赵小军出席仪式并为县智慧城市运营管理中心和大数据中心揭牌。中国电信平凉分公司副总经理陈琳、尚励，各乡镇、县直及驻泾各单位主要负责同志参加仪式。

领导班子成员名录

主　任　李光荣
副主任　邹永红
　　　　脱　鑫

（供稿：贾云云）

中共泾川县纪委　泾川县监委

【概况】 2019年12月，县纪委、监委内设11个科室，有干部职工35人。

2019年，全县各级纪检监察机关坚持以习近平新时代中国特色社会主义思想为指导，深入学习贯彻党的十九大和十九届二中、三中、四中全会精神，紧紧围绕中央纪委和省市县纪委全会部署，立足监督执纪问责和监督调查处置职能，坚持稳中求进基本方针，对标高质量发展总要求，全力抓好党风廉政建设和反腐败各项任务落实，全县党风廉政建设和反腐败工作取得新进展新成效。

【政治建设】 围绕习近平总书记重要指示批示精神、党的方针政策和中央、省市县委重大决策部署贯彻落实情况开展监督检查9次，先后4次对全县政治生态建设和意识形态责任制落实情况进行督查调研；以作风建设年活动和“四察四治”专项行动为抓手，紧盯“七个突出问题”查摆整改形式主义官僚主义问题628条，查处问题线索4件，给予党纪处分1人，组织处理6人；协助县委召开全县领导干部集体谈话会、警示教育大会、党员领导干部集体约谈会和新提拔干部任前廉政谈话会5次，约谈党员领导干部600多人（次）；筛选违反中央八项规定精神和扶贫领域腐败及作风问题典型案例，编发《警示教育读本》2册，建成了廉政警示教育中心，受教育党员干部4000多人（次）。

【体制改革】 制定印发《县纪委、监委向市纪委监委和县委请示报告事项清单》，坚决做到重大事项、重点工作和重要案件随时请示汇报；以职务违法犯罪案件和涉黑涉恶腐败案件查办为抓手，运用调查措施250多次，不断建立健全纪法贯通、法法衔接机制；严格落实内部风险防控要求，形成了班子成员分工负责和纪检监察室联系乡镇纪委、指导部门纪检组工作运行机制；调整乡镇纪检专干10名，县乡纪检监察组织负责人和纪检干事基本做到了专职专责。

【监督执纪】 持续深化全县纪律作风建设“四项专项整治”，处理酗酒、赌博、酒（醉）驾等违反“八小时以外行为规定”党员干部70人，核查违规发放津贴补贴、违规报销差旅费等问题线索16件，处理20人，深入开展党员干部优惠购房情况清理清查及专项治理，落实中央八项规定精神成果得到有效巩固；紧盯重要时间节点，先后6次对全县14个乡（镇）、城市社区及部分乡直单位和57个县直部门进行了全覆盖明察暗访，发现并整改问题189条，查处党员干部违反中央八项规定精神问题4件，处分5人，通报曝光4人。

【专项整治】持续开展扶贫领域“十个严查”，查处扶贫领域腐败和作风问题20件，处理54人，通报曝光9起20人。认真部署开展“一卡通”管理问题专项治理，处置问题线索19件，处理24人。积极推广应用扶贫（民生）领域监督信息系统，办理举报投诉252件。扎实开展漠视侵害群众利益问题专项整治，细化明确21个整治问题，提出82条整改措施。大力推行村监委主任履职“4567”工作法、村级廉政监督员“四个一”和纪检监察干部包村“五个真”工作要求，监督实效不断提升。深化扫黑除恶“打伞破网”，受理和核查问题线索35件，严格落实“两个一律”和“一案三查”要求，办结中央督导组进驻期间受理问题线索10件，处理5人，办结“村霸”和恶势力团伙问题线索6件，处理37人。认真开展人防、教育、医疗、食药、科技、金融和农村人居环境等重点领域治理，及时组织开展专项审计和专项巡察，发现各类问题456条、问题线索60条。

【巡视巡察】积极配合省市委巡视巡察，整改省委巡视反馈问题70条，受理巡视移交问题线索34件，办结30件，给予党纪政务处理72人。组织开展县委脱贫攻坚专项巡察和人防、教育等重点领域专项巡察，发现问题176条，梳理问题线索112条。认真落实整改监督责任，对巡视巡察反馈问题整改落实、转交（办）问题办理、整改公示等情况开展监督检查3次，及时督促各级党组织抓好整改落实和建章立制，中央脱贫攻坚专项巡视、市县委巡察反馈问题全部整改到位，交办问题线索及时办结。

【队伍建设】持续深化全县纪检监察干部队伍建设“六抓”措施，扎实开展“不忘初心、牢记使命”主题教育，开展政治理论学习和交流研讨27次，组织班子成员深入基层蹲点调研，形成调研报告9篇。组织全县纪检监察干部集中学习33次，培训纪检监察干部640多人（次），集中培训时间超过20天，积极选派干部参加省市培训和调训，全县纪检监察工作纪法运用水平不断提升。先后3次对十八大以来立案案件全面开展质量评查，反馈整改各类问题120多个。处置反映纪检监察干部问题线索2件，立案1件，给予党纪处分并调离纪检监察工作岗位1人。开展纪检监察机关内部巡察1次，发现并整改问题90个，整改市纪委内部巡察反馈问题10个。

领导班子成员名录

县委常委、县纪委书记、监委主任 李卫东
副书记、监委副主任 李晓宏
张　刚（3月任）
机关党支部书记 尚　辉（3月任）
纪委常委、监委委员、第一纪检监察室主任 李劲飞
纪委常委、监委委员、案件监督管理室主任 吴克鹏（3月任）
纪委常委、第四纪检监察室主任 梁银虎
纪委常委、第五纪检监察室主任 徐普伟（3月任）
监委委员、第二纪检监察室主任 刘瑞平
监委委员、第六纪检监察室主任 李金红（3月任）

（供稿：张斌华）

巡察工作

2019年，县委巡察工作认真履行巡察监督政治责任，健全完善巡察工作制度机制，着力加强巡察队伍建设，做实做细巡察“后半篇”文章，充分发挥巡察监督标本兼治的战略作用，推动中央和省、市、县委重大决策部署落地生根，促进全面从严治党向纵深发展、向村居延伸。

【队伍建设】坚持“忠诚干净担当”的原则，按照“年轻化、专业化、精干化”思路，建立巡察组长库69人，巡察干部库87人，巡察专业人才库12人。

【制度建设】制定了《关于健全完善县委巡察机构与县纪委监委机关和县委有关部门协作配合机制的意见》《关于建立巡视巡察上下联动监督网的意见》《关于进一步加强巡察整改和巡察成果运用工作的意见》等制度性文件，建立了《中共泾川县委巡察干部双重管理暂行办法》《中共泾川县委巡察组组务会议事规则》等9项工作制度，编印了《巡察工作规范化制度汇编》《巡察工作操作指引》等资料。

【巡察监督】结合全县脱贫攻坚和教育、医疗、科技、人防、金融、食品药品等六个重点领域存在的突出问题，组织开展了脱贫攻坚和重点领域突出问题等两轮专项巡察。巡察过程中，各巡察组共张贴公告178份，向户内发放巡察公告1156份，设立固定意见箱123个、信访接待办公室13个，召开动员会、座谈会、汇报会各13场（次），个别谈话303人（次），入户走访群众799户，受理群众来信来访53件，发现问题176条，反馈被巡察党组织边巡边改问题565条，按程序移交问题线索80条。

县委第五轮巡察动员会

【巡察整改】严格落实巡察“双反馈双签收”制度，对脱贫攻坚专项巡察的7个乡镇和6个重点领域主管部门党组织的整改方案反复修改审定26件（次），退回重议、重审、重新制定23件（次）。全面落实“一听二核三通报四问责”督办机制，采取听取汇报、查阅资料、抽查核实等方式对市、县委巡察反馈问题整改落实情况督查抽查8次，下发督查通报3次、督办件8件（次），督促整改问题276条。

领导班子成员名录

主　任　　袁小林
副主任　　张宏伟
巡察专员　胡玉娟

（供稿：任金龙）

泾川县人民代表大会常务委员会

2019年，县人大常委会坚持以习近平新时代中国特色社会主义思想为指导，全面贯彻党的十九大和十九届二中、三中、四中全会精神，深入落实习近平总书记关于坚持和完善人民代表大会制度的重要思想，学习贯彻习近平总书记视察甘肃重要讲话和指示精神，认真落实县委十七届七次全体会议暨县委经济工作会议、县十八届人大三次会议部署要求，紧扣全县工作大局，全面履行法定职责，为推动全县经济社会高质量发展作出了积极贡献。

重要会议

【人民代表大会】1月2日—5日，泾川县第十八届人民代表大会第三次会议在泾州宾馆隆重召开。本次大会应出席代表174人，实际到会代表166人。会议听取和审议了泾川县人民政府工作报告；审议了泾川县2018年国民经济和社会发展计划执行情况及2019年国民经济和社会发展计划草案的报告（书面），审查和批准2018年国民经济和社会发展计划执行情况的报告及2019年国民经济和社会发展计划；审议了泾川县2018年财政预算执行情况和2019年财政预算草案的报告（书面），审查和批准了2018年财政预算执行情况的报告和2019年县级预算；听取和审议了泾川县人大常委会、县人民法院、县人民检察院的工作报告。会议以无记名投票方式选举白立华、史志强、李建平、李灵芳、宫鑫荣为县十八届人大常委会委员，新当选的委员面向国旗进行了宣誓。会议表决通过大会议案审查情况的报告；表决通过了政府、计划、财政、人大、法院、检察院的工作报告；表决通过泾川县2018年“人民最满意的惠民实事”的决定草案。

4月23日—25日，泾川县第十八届人民代表大会第四次会议在泾州宾馆隆重召开。本次大会应出席代表177人，实际到会代表171人。会议传达学习了习近平总书记在参加十三届全国人大二次会议甘肃代表团审议时的重要讲话精神；审议设立县第十八届人民代表大会社会建设委员会；选举刘潇甫同志为县十八届人大常委会副主任；选举十八届人大常委会委员7名。

【人大常委会会议】3月7日，县十八届人大常委会举行第二十二次会议，会议传达学习市四届人大三次会议精神，依法进行人事任免。

3月18日，县十八届人大常委会召开第二十三次会议，依法进行人事任免。

4月17日，县十八届人大常委会第二十四次会议召开，会议审议通过召开县十八届人民代表大会第四次会议有关事项；审议通过关于提请县第十八届人大四次会议《关于设立泾川县第十八届人民代表大会社会建设委员会的决定（草案）》的议案；审议通过接受郝拴福等辞职请求的决定（草案）；审议通过关于调整县十八届人大法制委员会和财经委员会组成人员的议案；审议通过关于调整县十八届人大常委会代表资格审查委员会组成人员的议案；听取和审议县政府关于变更2019年全县国民经济和社会发展计划部分指标的报告，听取和审议县政府关于2019年财政收支预算（草案）及部分指标变更情况的报告，表决通过相关决议；听取县政府关于2018年环境保护工作重点任务完成情况的报告；会议以无记名投票的方式，决定任命杨芳为县人民政府副县长，任命赵连生为县人民法院行政审判庭庭长、王小明为民事审判庭庭长、焦海燕为太平法庭庭长、尚小燕为荔堡法庭庭长、张人民为高平法庭庭长、崔喜海为玉都法庭庭长，并举行了宪法宣誓仪式。

6月20日，县十八届人大常委会召开第二十五次会议。会议听取和审议县人民政府关于2018年度财政决算情况的报告、关于2018年度县级财政预算执行和其他财政收支情况的审计工作报告，依法审查批准2018年全县财政决算；听取关于对县十八届人大三次会议议案建议及12件惠民实事办理情况的报告；听取县人大常委会调研组关于全县农村人居环境整治工作调研情况的报告；听取“一府两院”关于2018年常委会会议提出的审议意见落实情况的报告。

8月16日，县十八届人大常委会召开第二十六次会议。会议听取县政府关于全县上半年经济运行情况的报告、县人民法院关于“扫黑除恶专项斗争”活动开展情况的报告、县人民检察院上半年工作情况的报告、县人大常委会关于《环境保护法》执法检查情况的报告、关于泾汭河川国家级蔬菜产业园区建设调研情况的报告，审议通过县人大常委会《关于建立县乡人大代表履职档案的意见》《关于加强县人大代表在闭会期间履职及服务保障工作的实施意见》《关于联系县人大代表、县人大代表联系原选举单位和人民群众的实施办法》。

10月23日，县十八届人大常委会召开第二十七次会议。会议听取和审议县人民政府关于2018年债券资金使用调整及2019年债券资金安排使用计划的报告，依法审查批准债券资金安排使用计划；听取县人大常委会调研组关于全县乡村振兴战略实施调研情况的报告和关于2019年全县重点工作开展调研情况的报告；依法进行人事任免。

县人大调研重点工作座谈会

12月27日，县十八届人大常委会召开第二十八次会议。会议决定泾川县第十八届人民代表大会第五次会议于2020年1月1日至4日在泾州宾馆召开；会议审议通过县十八届人大第五次会议有关事项；审议通过县第十八届人民代表大会工作报告；审议通过关于2019年“人民最满意的惠民实事”的议案及决定（草案）；审议通过关于调整县十八届人大常委会代表资格审查委员会组成人员的决定；审议通过县人大常委会主任会议关于修订《泾川县人民代表大会常务委员会工作制度》的议案。

12月31日，县十八届人大常委会召开第二十九次会议。会议决定泾川县第十八届人民代表大会第五次会议因故调整为2020年1月3日至6日在泾州宾馆召开；会议听取和审议县政府关于申请调整2019年度全县财政支出指标的报告；审议通过县人大常委会主任会议关于提请审议泾川县第十八届人民代表大会第五次会议有关事项（草案）的议案；审议通过关于接受部分县十八届人大代表辞职请求的决定（草案）；审议通过县人大常委会关于代表变动及补选代表的代表资格审查情况报告。

常委会工作

【概况】县人大常委会机关内设“两室六委”，即办公室、信访室，人事代表、法制、社会建设、财经、教科文卫、农业与资源环境6个工作委员会。核定县人大机关行政编制20名，工勤编制4名，现有职工31人。

【政务工作】年内依法举行人大常委会会议9次，听取和审议“一府一委两院”及有关工作报告16项，开展执法检查、调研视察8次，依法进行人事任免112人，补选出缺市县人大代表31人，全面完成了县十八届人大三次会议确定的各项工作任务。

【政治建设】严格遵守政治纪律和政治规矩，凡是涉及全县人大工作中的重大事项，召开重要会议、作出决议决定或开展重要活动，都严格落实请示报告制度，始终与县委在思想上同心、政治上同向、行动上同步。坚持党管干部和人大法定程序相统一，保证人事任免工作依法、有序进行。根据机构改革部署，加开常委会会议，依法任命新组建的县政府工作部门主要负责人，确保机构改革稳步推进。

【依法监督】按照相关法律规定，听取和审议了县政府关于2018年度县级财政预算执行及其他财政收支情况的审计工作报告和2019年财政收支预算草案、2018年债券资金使用调整及2019年债券资金安排使用计划，审查批准2018年县级财政决算和2019年国民经济和社会发展计划部分指标调整方案。听取和审议县法院、检察院关于扫黑除恶专项斗争、上半年工作情况的报告，全力支持“两院”司法工作。健全完善政府规范性文件备案审查衔接联动机制和备案审查程序，依法审查3件规范性文件。把做好信访工作作为倾听民声、为民解忧的重要内容。组织对全县农村人居环境整治、泾汭河川国家级蔬菜产业园区建设、乡村振兴战略实施情况进行专题调研视察。听取和审议了县政府2018年环境状况和环境保护目标完成情况。对2018年常委会向“一府两院”提出的8项27条审议意见落实情况进行现场视察，专题听取和审议承办部门办理落实情况的报告，并进行满意度测评。配合省、市人大对水污染防治法、母婴保健法等开展执法检查，组织对养老服务、扬尘污染防治开展立法调研，按照省人大常委会关于开展2019年“大调研”的工作要求，对基层代表履职、县乡人大工作规范化建设等进行专项调研，督促推动相关工作落实。

调研重点工作

【代表工作】采取专题培训、以会代训、学习考察等多种形式，多层次、多渠道组织代表纵向学习、横向交流，有效增强代表的责任意识和履职能力。一年来，组织省市县人大代表、常委会组成人员、乡镇人大负责人参加全国人大及省市人大集中培训12期80余人（次）。先后邀请36名省、市、县人大代表列席常委会有关会议、执法检查和专题调研等活动，推荐20多名人大代表参与人民调解、人民陪审、庭审观摩、行风评议、听证会、开放日活动等各种监督检查工作。

【自身建设】以争创“学习创新型、规范严谨型、进取争先型、团结和谐型”机关为抓手，推动人大工作与时俱进、创新发展。以常委会党组中心组、机关集体学习、讲授党课、研讨交流等为主要形式，以“学习强国”“甘肃党建”为主要平台，坚持每月一次党组中心组学习和周一集体学习制度，年内组织常委会党组中心组学习14次，机关党员干部集中学习74次，开展“主题党日”活动12次、宣讲主题党课10次、专题研讨10次。严格落实“三会一课”、民主生活会、组织生活会等党内政治生活制度，扎实推进“十星级”党支部标准化建设工作，严格执行中央八项规定精神，扎实开展“四察四治”专项行动和作风建设年活动，对查摆的问题督促按时限整改到位，修订完善工作制度26项。

【人大宣传】利用“泾川人大”微信公众平台和人大网站，推送工作信息89条，在省市县各类媒体刊登新闻稿件20多篇。9月2日，《泾川县人大志》正式发行。

领导班子成员名录

主　任　贾仁全

副主任　郝拴福（4月止）

　　　　赵晓春

　　　　康　君

　　　　裴　琰（女）

　　　　刘潇甫（4月任）

县人大常委会办公室

主　任　刘兴文（1月止）

　　　　尚志龙（3月任）

副主任　段文军（4月止）

　　　　脱宏伟

人事代表工作委员会

主　任　李建平

法制工作委员会

主　任　尚祥林（2月止）

　　　　史金贵（2月任）

副主任　刘永强

社会建设工作委员会

主　任　李存林（2月任）

副主任　李云华（2月任）

财经工作委员会

主　任　朱惠忠（2月止）

　　　　刘存锁（2月任）

副主任　刘小军

教科文卫工作委员会

主　任　杨锁明

副主任　田巧凤（女，2月止）

　　　　肖福民（2月任）

农业与资源环境工作委员会

主　任　胡斌宏

副主任　曹春梅（女，2月止）

　　　　何喜贵（2月任）

信访办公室

主　任　景立明（2月止）

　　　　袁锁林（2月任）

（供稿：吴黎明）

重要决定

1月11日，县政府印发《关于进一步加强招商引资优化营商环境的若干意见》。提出依托全县资源、区位、产业和环境等优势，纵向延长产业链，横向聚集产业群，着力培育县域骨干企业。由各行业主管部门牵头成立产业链招商小组，分行业绘制产业链图谱，制定产业招商行动方案，大力引进“三个500强”（世界500强、中国500强、民营500强）等行业龙头企业和补链项目，促进产业转型升级和集群配置发展。

1月14日，县政府印发《泾川县被征地农民参加基本养老保险实施方案》。明确被保障对象是县境内有农村集体土地承包权、被政府统一征收农民承包土地（含草原、草场），具有本地常住户籍的16周岁以上（含16岁周岁）的在册被征地农民。被征地农民参加基本养老保险补贴资金按涉及人数、征收次数、征地亩数提取预留，多次征地多次提取参保缴费补贴资金。每次征地参保缴费补贴标准为上一年度全省在岗职工年平均工资乘以征收土地比例。征收土地比例为本次征地亩数除以原有承包地亩数。在上年度全省在岗职工年平均工资未公布前，可按上上年度全省在岗职工平均工资提高13%计算缴费补贴资金。

5月5日，县政府印发《关于做好当前和今后一个时期促进就业工作的实施意见》。该实施意见结合县情实际，鼓励支持县域内中小微企业吸纳就业，鼓励和引导企业参与国内外产业链分工，开发更多外向型就业岗位，不断扩大出口规模和水平；加快落实减税降费、降电价、提高出口退税率等政策措施，为各类企业减负增效；持续激发民间投资活力，建立向民间资本推介项目长效机制；对不裁员或少裁员的参保企业可返还其上年度实际缴纳失业保险费的50%；对符合创业担保贷款申请条件的个人从事个体经营，可给予最高不超过15万元的个人创业担保贷款及贴息扶持；大力开展就业培训；围绕牛、果、菜等产业发展，就地就近建立一批劳务基地，引导农村贫困劳动力转移就业。2019—2020年继续开发1500个乡村公益性岗位，帮助更多农村贫困劳动力实现就地就近就业。

5月7日，县政府印发《关于认真落实全县2019年国民经济和社会发展计划的通知》。对2019年国民经济和社会发展主要指标计划、农村经济指标计划、社会保障主要指标计划做了明确，要求各乡镇、各部门把项目建设和产业支撑作为稳增长、调结构、惠民生、防风险的原动力，最大限度发挥项目投资拉动作用，精心实施重大项目，确保重大项目进展顺利，固定资产投资稳步增长。

7月31日，县政府印发《关于印发〈泾川县推进绿色生态产业发展规划（2018—2025年）〉的通知》。该规划从产业培育、重点工程、支撑项目三个方面推动和支撑绿色生态产业发展。产业培育方面，提出大力发展现代循环农业、努力提升清洁生产产业、做大做强文化旅游产业、持续优化清洁能源产业、加快培育通道物流产业、加快发展节能环保产业、多方培育中医中药产业、积极推进数据信息产业、全力加快煤炭石油产业、鼓励支持装备制造产业等10类产业。重点工程方面，提出着力实施循环农业发展工程、文化旅游产业提质工程、中医中药产业壮大工程、通道物流产业拓展工程、清洁能源产业优化工程、节能环保产业培育工程、清洁生产产业提升工程、绿色生态产业基础工程等10项重点工程。支撑项目方面，共筛选确定了与绿色生态产业发展关联的9类35个重点项目，总投资86.09亿元。

重要会议

3月1日，县政府召开全体会暨廉政工作会议。贯彻落实市政府第五次全体会议、县委十七届七次全体会暨县委经济工作会议精神，兑现2018年度政府目标管理责任书，安排部署2019年政府重点任务及廉政建设工作。县长王廷佐主持会议并强调，各乡镇各部门要强化担当靠实责任，层层细化责任目标，确保各项目标落实到位；积极统筹谋划主动落实，全力抓好经济运行监测、重点建设项目、脱贫验收准备、春耕备耕生产、招商引资、文化旅游、城镇建设等工作，确保经济发展一季度“开门红”；要改进作风务实高效，着力解决“慢、虚、浮、散”等问题；要提升服务优化环境全面落实加快非公经济发展和各项政策措施，持续深化“放管服”改革，切实加强社会综合治理；要依法依规从严管理，严格落实党风廉政建设主体责任，严格遵守廉洁从政各项规定，突出抓好重点任务落实，持之以恒推进政府系统廉政建设。

5月28日，县政府召开县政府党组（扩大）会议暨政府系统廉政建设集体谈话会议。县委副书记、县政府党组书记、县长王廷佐主持会议。传达学习《中共甘肃省委关于深入贯彻落实习近平总书记重要讲话精神加快建设幸福美好新甘肃不断开创富民兴陇新局面的决定》和市政府第二次廉政工作会议精神，对全县经济运行和政府系统廉政建设进行再安排再部署。王廷佐强调，各乡镇各部门要认真研究各自促进经济稳定增长的推进措施，进一步细化目标任务，强化工作举措全力加快项目建设进度，持续巩固脱贫攻坚成效，着力抓好特色产业发展，切实抓好企业生产经营，着力改善民计民生，确保如期实现“双过半”“全年旺”目标。要认真落实全面从严治党各项要求，严格落实主体责任，强化重点领域监管，严防“四风”反弹，切实强化廉洁自律，纵深推进政府系统党风廉政建设。

12月25日，县政府召开全体会议。县长王廷佐主持。会上，县政府办公室、县发改局、县财政局主要负责同志分别就《2019年政府工作报告》《关于2019年全县国民经济和社会发展计划执行情况和2020年全县国民经济和社会发展计划（草案）

的报告》和《关于2019年财政预算执行情况及2020年财政预算（草案）的报告》起草情况作了说明，与会人员结合工作实际提出了意见建议。

领导班子成员名录

县委副书记、县长	王廷佐
县委常委、常务副县长	崔　飞
县委常委、副县长	赵小军（2月止）
	袁志兴（挂职）
副县长	吕忠武
	李　强（2月止）
	杨　宏（2月任）
	杨　芳（女，4月任）
	封聚强（10月止）

（供稿：卢　昊）

政府办公室

【概况】泾川县人民政府办公室内设县政府研究室、县政府督查室、县政府总值班室、秘书股、信息股、机要文档股、建议提案股、政务服务股、综合股9个股室。下属县政府决策咨询服务中心、金融信息服务中心2个事业单位。核定行政编制18名，工勤编制14名，事业编制14名。

2019年，县政府办公室紧紧围绕全县中心工作，认真履行工作职责，全力服务发展大局，狠抓各项任务落实，不断强化纪律约束，有力保证了县人民政府工作的高效运转和各项决策部署的贯彻落实。

【政务服务】全年共办理县政府及办公室发文387份，处理上级文件及各类明传电报2525份。全年组织起草政府工作报告、县委经济工作会议讲话等各类文稿210多篇。向省、市政府上报各类工作信息631条。加大精文减会力度，县政府和办公室文件同比减少43.66%。

【综合协调】坚持原则性与灵活性相结合，积极做好对上对下、领导之间、部门内外统筹协调。主动加强与市县部门联系沟通，促进各项工作周密有序，高效运转。切实完善县政府领导公务活动协调机制，提升工作的前瞻性和针对性。主动加强与乡镇部门的衔接沟通，及时传达县委、县政府重大决策部署，充分了解掌握社情民意，及时汇报、准确反馈。

【督查调研】进一步健全督查落实工作机制，对年度重点工作、重大项目和县政府决策部署、领导批示件进行跟踪督办，定期开展督查，全力推动落实，年内联合县委办、人大办、政协办，围绕重点工作落实、议提案办理、实事办理等重点任务开展现场督查5次。聚焦领导关注、群众期盼的重大课题和热点难点问题，围绕经济高质量发展、现代农业发展、文旅融合发展、“放管服”改革、文秘队伍建设等课题，组织干部职工深入乡镇部门、村组农户、生产一线开展调查研究，形成调研报告11篇，为县政府科学决策提供了重要参考。

【会议组织】持续规范会务工作，对重要会议和重大活动，提前介入，精心谋划，提出预案，保证了各类会议和活动的顺利进行，年内组织筹办全县性大型会议19次，圆满完成第六届海峡两岸西王母故里民俗文化交流活动组织服务工作。

【队伍建设】不断创新干部培养机制，畅通干部流通渠道，年内4名同志考录到兰州新区管委会工作，推荐提拔干部5名，从乡镇、部门新招录干部11名。全年组织集体学习40多次、研讨交流4次，开展知识测试3次。

【议提案办理】年内，县十八届人大三次会议确定的3件议案和32条建议已办结33条，占94.2%；县政协九届三次会议提交政协委员27件提案已办结和正在办理25件，占承办数的92.6%。

【其他工作】持续加强“放管服”改革力度，切实增强政府公信力和执行力。严格值班值守、信息报送、预警信息发布，切实靠实责任，提升应急处置能力。全力做好信访接待、网站留言办理回复等工作，大力推行首问负责、限时办结、责任追究等制度，不断提升服务效能。持续做好政务公开和政府信息公开，对群众关心、社会关注的重大事项和热点问题，及时公开公示，主动接受社会监督。

领导班子成员名录

主　任　马虎林

副主任　张立君

史宏凌

高永强（4月止）

郑　达（挂职，7月任）

（供稿：卢　昊）

金融监管

【概况】按照《泾川县机构改革方案》，县人民政府金融工作办公室更名为县金融信息服务中心，隶属县政府办公室管理，核定事业编制5人，年底有干部职工7名。

2019年，全县金融信息服务工作严格落实中央、省市县金融工作各项决策部署，深化金融机制创新，加快金融服务体系建设，创新方式，细化监管，多点用力，金融工作呈现稳中向好的局面，较好地服务于全县经济社会发展。

【监督检查】联合县人行、公安、市场监管等部门，多次深入县内5家小额贷款公司、4家担保公司、1家典当行开展非法集资风险及涉黑涉恶问题排查整治行动。

【风险防控】积极整合信息资源，推动信息互通共享，及时预警提示，全面建立了非法集资广告资讯监测预警机制，坚决封堵非法集资广告宣传或变相广告宣传，做到了预警及时、应对有力，确保县域不发生系统性金融风险。

【金融宣传】依托科技、文化、卫生“三下乡”、“3·15”消费者权益日等宣传活动，通过发放宣传资料、现场讲解、悬挂标语横幅等多种形式，提醒广大群众，拒绝高利诱惑，远离非法集资。配合“扫黑除恶”专项斗争，发放资料2.5万余份，接受现场咨询1600人，播放宣传片1500分钟，各类平台推送消息1200余条。

【普惠金融】积极搭建平台，打造政银企三方有效对接，全县金融机构通过与金控公司合作发放企业贷款4.9亿元，与省农担公司合作发放企业贷款860万元，与平凉市中小企业担保公司发放贷款606万元，发放特色产业发展工程贷款5.08亿元。

【信用建设】依托信用乡镇、信用村组、信用农户评定大力推进农村信用体系建设，不断提高农户信用信息采集和农户信用等级评定比例，引导金融机构在授信额度、信贷流程、贷款利率等方面给予倾斜优惠。年底，全县建立信用乡镇14个，信用村40个，评定等级农户69054户，占总农户的95%。

领导班子成员名录

主　任　张永禄（9月任）

副主任　左文辉（3月止）

何少华（9月任）

（供稿：李玉婷）

政务服务

2019年，县政务服务工作深入贯彻落实党的十九大及十九届三中、四中全会精神，按照县委经济工作会议的安排部署，持续深化“放管服”改革，全力推动改革各项重点工作任务落实，切实转变作风，努力实现马上办、网上办、就近办、一次办，为群众和企业办理业务提供了优质高效的服务环境。

【服务成效】科学设置政务服务业务办理窗口，按功能分设办税服务区、自然资源服务区、农业农村水务服务区、投资项目审批服务区等13个分区，设置前台窗口109个，后台审批席位36

个，有28个单位和城关镇进驻，现场服务人员134名。全年，共办理各类业务109563件，办结率为100%。转办便民服务热线1126件，办结1126件，群众满意度98%以上。

【制度管理】修订完善政务服务中心管理办法、部门在政务服务大厅设立窗口及窗口工作人员考核办法，建立首问责任制、限时办结制、一次性告知制、责任追究制、投诉举报制、政务公开制、AB岗制等规章制度，严格执行窗口工作日考核、月汇总、季通报制度和巡查制度，保证了职责明确、措施到位、效能提升。

【便民措施】在大厅设置引导台，放置饮水机、一次性纸杯等，制作提示牌及甘肃省政务服务网宣传、注册流程版面，在自助服务区配备电脑、中性笔、胶水等办事用品，对窗口工作人员办事效率、服务态度实行电子监察，为每个窗口配备满意度测评器，每周开展“文明服务岗”创评，增强窗口服务的时效性和亲和力。

【政务公开】结合行政审批制度改革，将各单位的职能、服务事项，审批和服务事项办事程序、条件、时限、收费标准及服务承诺等建立信息公开目录，通过政府门户网站和甘肃政务服务网向社会公示，全年政务服务事项网上可办率达到90%以上，其中644项可进行“全程网办”，实现了“不见面审批”。

领导班子成员名录

主　任　吕小莉（女，3月止）
　　　　路明华（9月任）
副主任　刘　伟
　　　　薛永昌（3月任）

（供稿：刘天祥）

公共资源交易管理

【概况】1月，全县机构改革中将县公共资源交易中心调整为县政府直属事业单位，核定编制11名，年底有职工13名。

2019年，县公共资源交易中心认真贯彻落实县委、县政府各项决策部署，探索建立抓党建促业务、抓制度促管理、强科技提效能、强文化促廉洁的“党建+制度+科技+文化”的公共资源交易运行模式，始终坚持公开、公平、公正原则，全面落实规范、廉洁、高效工作要求，强化交易监管、提升服务质量，为公共资源交易创设了良好的服务环境。

【主要工作】建成泾川县公共资源交易网、评标专家管理、计算机辅助评标、网络监控、门禁、网络办公、电子监察等综合性信息化系统。全年完成项目交易62个，交易额10653.32万元，节约资金262.11万元，节约率4.05%；其中工程项目2个，交易额791.33万元，节约资金88.97万元，节约率10.12%；政府采购56个，交易额5419.9万元，节约资金173.14万元，节约率为3.1%；矿业权出让项目2个，成交资金3842万元，国有产权交易项目2个，成交资金600.09万元，全年收缴交易服务费8.979万元。

领导班子成员名录

主　任　　肖　宁（1月任）
副主任　　张　鹏（1月任）
　　　　　念维超
纪检组长　程智文（1月任）

（供稿：樊海华）

机关事务管理

2019年，机关事务管理充分发挥公共机构节能管理、资产管理、车辆管理、后勤保障职能，不断提高管理水平，着力优化服务质量，有序推进各项工作，全力保障和服务于全县工作大局。

【节能管理】联合县发改、环保等18个单位开展节能宣传周、全国低碳日等集中宣传活动，展出宣传展板90余幅，发放宣传画1300余份，宣传资料2万余份。分月度、季度、年度对全县各机构能耗情况进行统计，配合省、市两级公共机构节能管理部门完成数据抽样调查。发挥公共机构在节能降耗工作中的示范引领作用，巩固县中医医院国家级示范单位、泾川三中省级示范单位创建成果。

【资产管理】扎实开展全县机关单位办公用房数据摸底清查，健全全县办公用房基础信息数据档案，配合县国有资产管理局做好新挂牌成立单位办公用房调剂使用工作，保障资产有序流转，有效实现资产保值增值。完善固定资产管理机制，落实资产管理责任制，对固定资产分类别逐一登记造册，建账立卡，做到账物一致。

【公车管理】修订完善《车辆调度与使用管理细则》《驾驶员管理细则》《财务管理细则》等规章制度，健全“一人一车一库”“一车一卡一档”全程网格式、簿册式管理机制和车辆回场备案制度，所有公务车辆统一办理安装ETC。进一步规范司勤人员日常管理，签订《公务车辆使用安全责任承诺书》《公务用车服务中心车辆保管协议》和《廉政提醒卡》，加强车辆定期保养维修，严禁公车私用和私车公养，全年累计保障重大公务活动用车6200余车（次）。

【后勤保障】组织物业公司在四大机关大门安装电子识别系统和电动道闸，做到车辆出入自行读卡管理，严格落实外来人员登记备案制度，切实维护机关正常工作秩序。定期对四大机关网、电、水线路进行检查，消除存在的隐患。和大云兴盛物业公司签订了机关食堂购买服务合同，规范机关食堂人员工作监督和绩效考核，保证机关职工正常用餐。

领导班子成员名录

局　长　周宏科
副局长　高　凡
　　　　张小燕（女）
纪检组长　杜金虎

（供稿：程　涛）

政协泾川县委员会

【概况】中国人民政治协商会议甘肃省泾川县委员会内设办公室、学习提案与法制委员会、经济委员会、教科卫体委员会、民族宗教和“三胞”联络委员会、文化文史资料和学习委员会、农业和农村委员会7个正科级机构。县编委核定县政协机关行政编制20名，工勤编制4名，年底有干部职工32人。

2019年，在县委的坚强领导和县人大、县政府的大力支持下，县政协常委会以习近平新时代中国特色社会主义思想为指导，团结带领全体政协委员，深入学习党的十九大和十九届二中、三中、四中全会精神，全面贯彻习近平总书记视察甘肃重要讲话和指示精神，认真落实中央和省市县委各项决策部署，以加强政治建设为统领，以服务发展大局为核心，在建言资政和凝聚共识上双向发力，在推进全县经济社会高质量发展上献计献策，奋力开创新时代人民政协事业新局面，为加快建设绿色开放幸福美好新泾川作出了积极贡献。

重要会议

【政协泾川县第九届委员会第三次会议】1月2日—4日，中国人民政治协商会议泾川县第九届委员会第三次会议在泾州宾馆召开。会议传达学习了党的十九大精神，听取并审议通过了张寅虎主席作的常委会工作报告和王建平副主席作的九届二次会议以来提案工作情况报告。列席县十八届人民代表大会第三次会议，听取县人民政府工作报告及其他有关报告。

【政协泾川县第九届委员会第四次会议】4月23日，中国人民政治协商会议泾川县第九届委员会第四次会议在泾州宾馆召开。会议传达学习了习近平总书记在参加十三届全国人大二次会议甘肃代表团审议时的重要讲话精神，选举毛永宏为政协泾川县第九届委员会副主席，刘红杰、柳拴国、段全福为政协泾川县第九届委员会常务委员。

【政协常委会】1月4日，召开县政协九届十一次常委会议。会议听取县政协九届三次会议提案审查和分组讨论情况汇报，审议通过县政协九届三次会议有关决议。

3月23日，召开县政协九届十二次常委会议。会议传达学习了中共泾川县委十七届七次全体会议暨县委经济工作会议精神，讨论通过了政协泾川县第九届委员会常务委员会2019年工作要点、调研视察协商选题计划和关于组建更名有关专门委员会的决定及人事事项。

4月18日，召开县政协九届十三次常委会议。会议讨论通过县政协九届四次会议有关事项及人事事项。

4月23日，召开县政协九届十四次常委会议。会议听取县政协九届四次会议分组讨论情况汇报。

7月9日，召开县政协九届十五次常委会议。会议传达学习了全国地方政协工作经验交流会议精神，听取了县政府关于上半年全县经济运行暨提案办理情况通报，审议通过了《关于加强社区卫生服务站建设提升医疗水平的调研报告（讨论稿）》《关于全县宗教场所规范化管理的视察报告（讨论稿）》《关于加强新型职业农民技能培训巩固脱贫攻坚成果的建议案（讨论稿）》《关于赴天津市武清区考察学习情况的报告（讨论稿）》《关于加强城市基础设施建设强化城市管理的调研报告（讨论稿）》《关于全县农村人居环境整治的视察报告（讨论稿）》《关于加快推进电子商务公共服务体系建设的建议案（讨论稿）》及有关人事事项。

9月25日，召开县政协九届十六次常委会议。会议传达学习了习近平总书记在中央政协工作会议暨庆祝人民政协成立70周年大会上的讲话精神和汪洋主席总结讲话精神，审议通过了《关于发展现代农业，打造蔬菜产业特色品牌的调研报告（讨论稿）》《关于全县重大项目建设情况的视察报告（讨论稿）》《关于加强校园周边环境整治的建议案（讨论稿）》和有关人事事项。

12月27日，召开县政协九届十七次常委会议。会议书面通报了全县经济运行情况及县政协九届三次会议以来提案办理情况；讨论通过了《中国人民政治协商会议泾川县委员会全体会议工作规则》《中国人民政治协商会议泾川县委员会常务委员会工作规则》《中国人民政治协商会议泾川县委员会委员履职工作规则》；讨论通过了县政协九届五次会议有关事项；讨论通过了县政协第九届委员会常务委员会工作报告（讨论稿）和县政协九届三次会议以来提案工作情况报告（讨论稿）及其他有关事项。

12月30日，召开县政协九届十八次常委会议。会议讨论通过了关于召开县政协九届五次会议的决定、县政协九届五次会议日程、县政协九届五次会议关于提案审查及立案的意见。

主要工作

【协商议政】先后围绕发展现代农业打造蔬菜产业特色品牌、加强城市基础设施建设强化城市管理、加强社区卫生服务站建设提升医疗服务水平开展调研活动，围绕提案立案协商、加强新型职业农民技能培训、加快电子商务公共服务体系建设、加强校园周边环境整治、解决农民工工资拖欠问题等主题召开双月协商座谈会，形成的调研报告和建议案得到县政府和相关部门的重视和采纳。

【民主监督】围绕全县农村人居环境整治、宗教场所规范化管理、重大项目建设和惠民实事办理开展监督性视察。积极配合省、市政协围绕产业扶贫、民营经济发展等问题开展调研视察。充分利用委员提案这一载体，通过政府和政协领导督办重点提案机制、提案办理“三方协商”机制、提案跟踪督办机制，推进提案办理协商工作的落实，县政协九届三次会议以来审查立案27件，已经办结25件，办结率达到92.6%。正在开展前期工作、计划列入以后年度办理2件。

政协委员视察

【文史文化】年内搜集整理各类文史资料150多篇30余万字，编辑出版《泾川文史资料》2辑，在省、市媒体刊发理论研究、新闻稿件20多篇。围绕庆祝中华人民共和国和人民政协成立70周年，组织部分委员和机关干部赴江西等地开展红色主题教育，召开庆祝人民政协成立70周年座谈会，拍摄《忠诚履职为民》专题片，举办书画摄影展，整理编辑《委员风采录》。密切政协组织之间的横向联系，接待外省及周边县区政协来泾开展考察交流活动12次，组织15名政协委员赴天津市武清区考察学习，主动宣传推介泾川，努力扩大泾川的知名度和影响力。

【自身建设】深入开展“不忘初心、牢记使命”主题教育，开展专题调研5次，形成调研报告5篇，收集意见建议56条，完成检视整改问题63条。组织党员委员和机关干部开展学习研讨5次，撰写理论文章和心得体会62篇。举办县政协委员履职能力提升培训班，安排政协委员和机关干部参加省、市政协外出学习培训13人（次），参加市县培训150多人（次）。研究制定《泾川县政协委员履职工作规则》。以机构改革为契机，调整专门委员会机构设置，充实工作力量，建立县政协专委会联系界别工作制度，组织开展调研视察、座谈协商、学习联谊等活动14次。修订完善《泾川县政协常务委员会工作规则》《泾川县政协全体会议工作规则》等5项规章制度。

领导班子成员名录

主　席　张寅虎

副主席　王建平

　　　　冯维成

　　　　赵永瑞

　　　　毛永宏（4月任）

办公室

主　任　董永峰（2月止）

　　　　刘红杰（2月任）

副主任　毛海成（9月止）

　　　　梁　璨（2月止）

　　　　左文辉（3月任）

学习提案与法制委员会

主　任　司腊奎

副主任　刘书林（2月止）

　　　　梁　璨（2月任）

经济委员会

主　任　左东元（2月任）

副主任　刘　鹰（2月任）

科教卫体委员会

主　任　柳拴国（2月任）

副主任　安宏伟

民族宗教和“三胞”联络委员会

主　任　席宏发　（2月任）

副主任　王德春

文化文史资料和学习委员会

主　任　王鸿春（2月止）

　　　　刘书林（2月任）

副主任　刘文乐

农业和农村委员会

主　任　乔光明（2月任）

（供稿：郭向龙）

民革泾川支部

【概况】中国国民党革命委员会泾川县小组成立于1985年4月22日，时有党员3人。1989年10月30日，经民革甘肃省委批准，民革泾川小组升格为支部，时有党员10人。2019年底有党员23人。

【联系台胞】发挥自身优势，积极开展对台联谊工作，先后引进台资成立“张雨卿奖学基金会”“满仓奖学基金会”和“陇樵教育基金会”，支持全县教育事业。6名有台湾亲属的党员，利用电话、信件等形式，经常向台湾亲属宣传党的统一战线政策、宣传改革开放以来家乡的发展变化，提升两岸同胞“同祖同宗”的认同感。

【参政议政】年内，组织部分党员围绕城市建设、房地产开发、基层公共卫生资源配置等课题开展调研，向市、县政协提交了《多措并举缓解城区停车难》《关于加强房地产市场监管的提案》等意见建议，其中《基层公立医院公共卫生资源配置与管理情况的调研》受到民革平凉市委的充分肯定。

【自身建设】组织全体党员开展了“不忘合作初心、牢记历史使命”主题教育活动，共赴南梁接受革命传统教育；结合庆祝中华人民共和国成立70周年，举办了诗歌朗诵、小型文艺表演，组织了“同心同行”主题宣讲会，党员的政治素质明显提高。年底，在县司法局协调下落实办公用房。

领导班子成员名录

主　委　杜志春
副主委　高富泰
委　员　张小艳（女）

（供稿：杜志春）

民盟泾川支部

【概况】中国民主同盟泾川小组成立于1950年7月，隶属于民盟平凉支部。1956年9月，成立民盟泾川支部。2019年3月，经民盟平凉市委员会批复，成立民盟泾川县委员会，下辖城区支部、一中支部、联合支部三个支部，有盟员40人，主要分布在教育、卫生、经济界。

【泾川民盟第一次盟员大会】 3月1日，民盟泾川县委员会成立暨第一次盟员大会召开。民盟平凉市委员会领导，县政协主席张寅虎，县委常委、统战部部长张小平出席会议，县人大常委会副主任、民盟泾川县主委康君主持会议。会议听取并审议了民盟泾川县第十二届支部委员会工作报告，选举产生了中国民主同盟泾川县第一届委员会委员，审议通过了大会决议。选举康君任主委，陈善学、杨红林任副主委，委员为孟德生、张建平、樊苗苗（女）、贺二峰。

【自身建设】 按照市、县盟委的统一安排，组织开展"不忘合作初心，继续携手前进"的主题教育活动，各支部采取集中学习和自学相结合方式进行理论学习，组织盟员赴南梁接受革命传统教育，结合庆祝中华人民共和国成立70周年举办了诗歌朗诵会，举办理论宣讲报告会，盟员政治素养显著提高。县上在司法局办公楼协调落实办公用房，建办了"民盟之家"活动室，12月3日正式挂牌。

【服务社会】 组织盟员围绕"移民搬迁工作""扶贫微工厂""基层医疗状况"等课题集中调研，提交了高质量的调研报告，受到盟市委会肯定。民盟成员在县政协会议上提交了《关于积极招聘幼儿园教师提升幼儿师资力量》等提案，引起了积极关注。10月，联合民盟甘肃医学院委员会组织平凉市人民医院、安泰医院14位专家，在红河乡开展义诊活动，就诊患者260多人。

民盟委员开展义诊活动

领导班子成员名录

主　委　康　君

副主委　陈善学

　　　　杨红林

委　员　孟德生

　　　　张建平

　　　　樊苗苗（女）

　　　　贺二峰

（供稿：杨红林）

总工会

2019年，全县工会工作认真贯彻落实县委十七届七次全委扩大会和全市工会工作会议精神，紧扣工会工作实际，切实加强基层工会组织建设、帮扶能力建设，依法维护职工合法权益，着力提升职工技能素质，凝聚力量服务发展大局，较好地完成了全年各项工作任务。

【十二届三次全委会】5月15日，县总工会在泾川宾馆召开十二届三次全委（扩大）会议，会议审议并通过总工会2018年度工作报告和工会经费审查工作报告，增补杜君平、吕治邦、李永强、杨春燕、李永平同志为县总工会第十二届委员会副主席、常务委员。

【组织建设】规范乡镇、县直系统（行业）工会组织建设，理清层级关系，理顺工会组织关系，开展基层工会组织及会员实名制清查登记，全面清查基层工会“职工之家”“职工小家”及职工书屋建设情况。新建快递行业联合工会等工会组织5个，吸纳会员301人。至年底，全县共建立工会组织361个，涵盖法人单位462个，其中机关事业单位144家，企业178家，村级组织39家，有会员35373人，其中农民工会员19386人，女会员14381人。

【职工技能提升】举办县级技能比赛3次，劳动竞赛2次，其中砌筑工、钢筋工、果园管理、护理急救、幼儿教学、钳工7个工种县级技能大赛，参赛人员达到1020人。组队参加市级“砌筑工、钢筋工”“红牛美食烹饪”技能大赛。引导职工大胆创新，广泛开展“小发明、小创造、小设计、小建议”等群众性科技创新活动，推荐3项职工优秀技术创新成果参加全市评审，获三等奖1项。推进创新型班组创建，泾川天纤棉业公司、自来水公司分别被全总、省总工会授予创新型班组和工人先锋号。

组织技能大赛

【职工权益维护】 全面推行安全生产“双报告”制度，切实维护职工安全健康权益，开展职工法律援助6人（次），举办服务农民工法治宣传及“安全生产月”知识答题活动。继续开展集体协商示范点创建活动，培育南北公司等示范点3个。大力宣传女职工特殊权益保护法，发放宣传品400多份。强化工会法律监督，开展农民工欠薪、欠保、社保转移接续等问题排查化解工作，全力维护全县社会大局和谐稳定。

【企业民主管理】 扎实推进厂务公开、职代会建设专项行动，引导企业不断完善以职代会为基本形式的民主管理，举办职工代表培训班4期460人（次），印制资料1.4万份。推进区域（行业）工会健全职代会制度，国有企业、事业单位职代会及厂务公开制度建制率动态保持在95%以上。

【困难职工帮扶】 举办“春风行动”，服务职工创业，发放大病救助和生活帮扶救助资金86.02万元。两节期间慰问困难职工52人，发放救助金3万多元，为9名因病致贫的困难职工发放救助金14万多元。“六一”前夕，对50名留守儿童进行慰问，发放慰问品价值0.5万元。开展“夏送清凉”慰问活动，慰问环卫工人、公交车司机等一线职工800多人，发放慰问品价值5.07万元。“金秋助学”资助困难学生14人2.8万元，“面对面爱心助学”资助15人2.1万元。引导职工积极参加互助医疗保险，全年参保1827人。

【职工文体活动】 县总工会支持基层工会广泛开展文化体育活动，为基层工会下拨活动经费6万多元，推动群众性文体活动深入开展。“五一”期间，举办了全县“体彩杯”职工篮球赛。根据职工理论学习情况，举办了全县学习中国工会十七大精神知识竞赛和全县职工演讲比赛，并组队参加市级决赛。

【经审工作】 强化工会经费收、管、用各个环节管理，加强监督检查，委托第三方审计机构对县总工会机关工会经费、专项经费、重点项目进行审计，对43个基层工会经费进行了审计，下发审计意见书43份，提出整改意见46条。

领导班子成员名录

主　席	赵晓春（兼）
常务副主席	温东明
副主席	杜君平（2月任）
	李永祥
	吕治邦（挂职）

（供稿：梁鸿浩）

共青团

【概况】 至年底，全县有基层团组织640个，其中团委38个、团工委2个、团总支57个、团支部457个，团员10059名，专职团干20名，兼职团干1409名。全县有少先总队14个，少先大队266个，少先队员1.6万名，少先队辅导员1212名。

2019年，全县共青团工作认真落实县委十七届七次全体会议暨县委经济工作会议、团市委三届七次全委会议精神，以增强政治性、先进性、群众性为目标，深化改革攻坚，积极助力脱贫攻坚，竭力服务青年群众，团结带领全县广大团员青年为建设绿色开放幸福美好新泾川作出了积极贡献。

【青年工作】 通过微信公众平台、团干部微信群和QQ群，及时推送“青年大学习”学习链接28期，参与团员青年1万多名。组织全县“青春心向党·建功新时代”主题教育实践活动，举办“青春大讲堂”2期，各级团组织开展开学第一课、红色教育洗礼、党团知识测试等特别主题团日活动37场（次），深入开展“习爷爷的教导记心间·争做新时代好队员”“18岁成人仪式”等主题团队活动36场（次），举办“阅读改变生活·共创书香泾川”主题诵读交流会，召开纪念五四运动100周年暨第四届“向上向善”好青年表彰大会。围绕“青创10万+”项目，大力培养青年致富带头人和青年电商人才，组织300多名团员青年开展春、秋两季共青林营造活动，栽植油松、刺槐3500余棵。

【团代会】12月13日，中国共产主义青年团泾川县第十五次代表大会开幕，正式代表、列席代表160人出席。团市委副书记巩华、县委副书记王德全、县人大常委会副主任康君、县政协副主席王建平、团市委办公室主任车守江出席指导了会议。张胜前代表团十四届委员会作工作报告。会议选举力鹏、于灵秀（女）、王晓龙、史鸣艳（女）、吕等红、吕新锋、刘鑫、李建军、杨芳芳（女）、杨海红、吴崎君、张欢、张志辉、张胜前、张海星、郑雪艳（女）、赵尔博、胡海涛、高小强、康慧敏（女）、梁红英（女）21名同志为共青团泾川县第十五届委员会委员，刘鑫、杨芳芳（女）、吴崎君、张胜前、郑雪艳（女）、赵尔博、胡海涛7名同志当选为常务委员会委员，张胜前当选为共青团泾川县十五届委员会书记，郑雪艳（女）、胡海涛同志当选为专职副书记，杨芳芳（女）、吴崎君同志当选为挂职副书记，刘鑫同志当选为兼职副书记。大会表决通过了《中国共产主义青年团泾川县第十五次代表大会关于工作报告的决议（草案）》，向广大团员青年发出了《奋进新时代、勇担新使命，在建设绿色开放幸福美好新泾川的生动实践中谱写青春华章》的倡议。

泾川县第十五次团代会

【希望工程】开展“情暖衣冬”捐赠活动，发放价值1.3万元的羽绒服28件。争取投资50万元完成城关镇天津格威特希望小学改造提升项目，争取天津爱心人士助学资金2.2万元，资助贫困学生42名。争取文雅爱心奖学金20万元，资助少年70名，向1名残困儿童发放2000元救助金。

【志愿服务】大力弘扬志愿服务和公益精神，扎实开展春运“暖冬行动”“3·5学雷锋”“爱心助考”等志愿服务活动8场（次），参与青年400多人，线上注册志愿者125人，志愿汇APP累计服务时长285小时。春节前联合县阳光义工协会开展关爱活动5场（次），发放“壹基金”温暖包50件。“六一”期间，联系平凉市爱心公益协会为2所小学捐赠学习体育用品375件。开展“法律进校园”系列宣传活动7场（次），发放宣传资料3000多份。

领导班子成员名录

书　记　张胜前（9月任）
副书记　郑雪艳（女）
　　　　胡海涛（9月任）

（供稿：刘艺凡）

妇女联合会

【概况】2019年，全县有乡镇妇联14个，城市社区妇联1个，机关单位妇联3个，机关单位妇委会46个。县妇联核定编制11人，年底实有8人。

2019年，全县妇女工作在省市妇联的业务指导下，紧扣“引领、服务、联系”基本职能，认真组织开展“巾帼心向党、巾帼建新功、巾帼传家风、巾帼暖人心”系列活动，围绕中心，服务大局，创新方式，拓展平台，发挥优势，打造品牌，全县妇女事业取得了新成效。

【输转就业】争取妇女儿童项目资金306.07万元，创建“陇原妹、陇原巧手”基地和“巾帼扶贫车间”4个，带动3284名贫困妇女创业就业。培训“陇原巧手、劳务品牌育婴员”1067人，集中向北京、天津、兰州输送“陇原妹”711人，创收1780万元。

“陇原妹”赴京创业欢送仪式

【教育引导】以主题活动引、网络阵地引和典型示范引的“三引”工作方式，深入乡村、社区、学校和企业开展陇原妇女面对面母亲讲堂大宣讲、百千万巾帼大宣讲、抖音短视频大赛、公益相亲大会、家庭健康科普知识巡讲活动53场（次），参与群众8200多人；组建巾帼志愿服务队86支，开展志愿服务活动960次；开展爱心妈妈与留守儿童结对活动19场（次），结对1150对；开展“五进”系列活动22次；撰写报送信息218条，调研文章4篇；培树“三八红旗手（集体）”等各类先进典型395个。

【妇女维权】建立村、社区妇女议事会议制度示范点15个，开展普法维权宣传活动16场（次），报送优秀案例3个，建立健全婚姻家庭纠纷调解委员会15个，建立妇女儿童心理健康服务中心1个，化解矛盾纠纷3起，接待来信来访10件，创建“平安家庭”示范村20个，“平安家庭”示范户200户。

【两癌普查】开展城乡妇女“两癌”免费检查11562例，录入符合“两癌”救助的患者69人，争取资金18万元，救助妇女18名。

【家庭和儿童工作】建成巾帼家美积分超市13个，制定印发《泾川县巾帼家美积分超市工作指导手册》，累计开展评分和积分兑换活动52次；评选表彰“美丽庭院”“最美家庭”213个；开展“好家风好家训好家教”的网络答题和“讲家庭故事、传承良好家风”家庭事迹报告会、“学会沟通、让爱流动”家庭教育讲座等活动35场（次），参与群众20336人（次）。筹措资金7.2万元，救助慰问留守儿童236名，争取省妇联“春蕾计划”救助资金4.68万元，救助王村镇中心小学留守儿童117名。

【自身建设】全面推行妇联执委“12113”工作法和“388”“一呼百应”微信工作法，举办乡村妇联主席业务培训班2期、培训430人（次），培树优秀村妇联主席50名，发展女党员88名，调整充实县乡村妇联干部69名，推荐提拔使用女干部37名。

领导班子成员名录

主　席　李灵芳（女）
副主席　王秀玲（女）
　　　　张淑惠（女，12月任）
　　　　王丽丽（女，9月任）

（供稿：何丽霞）

科　协

【概况】泾川县科学技术协会核定编制11名，年底有干部职工14名。

2019年，泾川县科协以科普富民行动、创新助推行动为抓手，以重点人群科普为主线，切实履行为科技工作者服务、为创新驱动发展战略服务、为公民科学素质提高服务、为党委政府科学决策服务的职责，团结带领全县科技工作者积极开展各项科普工作，取得了显著成效。

【示范点创建】创建红河乡为科普示范乡镇，红河乡田赵、杨吕2个村为科普示范村，每村培养科普示范户15个。建成党原镇城刘村、城市社区南街社区2个科普示范社区。创建窑店镇将军村果品示范园区、玉都镇康家鼎惠果品产业园2个科普示范基地。

【科普宣传和培训】积极组织开展全国科普日、科技文化卫生“三下乡”、“防灾减灾日”、“节能宣传周”、“环境保护日”、“科普大篷车进乡村（社区）”等科普宣传活动32场（次），送科技下乡6场（次），科普展览5场（次），发放各类科普图书资料4.8万份，展出展板318面（次）、科普展品144件（次），开展咨询1.4万人（次），受益群众3.2万（次）。举办各类培训班35期，培训3650人（次）。开展科普中国、智慧农技协培训1期，外出培训4期380人，辐射带动群众1200户，户均增收3000元，受益人口5000多人。

科技大篷车进校园

【科技创新】举办泾川县第35届青少年科技创新大赛，展出作品869件（幅），有390件（幅）作品获奖，推荐52件作品参加全市比赛。组织6名教师赴敦煌市观摩学习甘肃省第34届青少年科技创新大赛和第19届中国青少年机器人竞赛（甘肃赛区）活动，选派3名教师参加甘肃省青少年科学调查培训。

【科普巡展】4月、9月分别在王村中学、合道中学举办“中国流动科技馆”泾川巡展活动，周边6个乡镇1.8万名干部群众和师生参观。年内在高平镇寨子、窑店镇坳心、泾明白家、城关镇何家坪小学、窑店镇中心小学等乡村和学校开展科普大篷车进基层活动14次。9月25日，在党原镇城刘村开展以“礼赞共和国·智慧新生活”为主题的“全国科普日”活动暨科普大篷车“千户百村（校）”活动，组织全市科普大篷车7辆，展出科普展品150件（套），无人机、机器人表演3场（次），全镇干部群众1200多人参与了活动。

【项目建设】为窑店镇农业技术联合会申报2019年全国“基层科普行动计划”项目，落实财政资金15万元。

领导班子成员名录

主　席	邓彦君（1月任）
副主席	刘义成（1月任）
	康学忠
纪检组长	张小荣

（供稿：丁文婷）

工商业联合会

2019年，县工商业联合会全面贯彻落实全国工商联第十二次代表大会精神，认真履行职能，坚持政治建会、服务兴会、改革强会，切实提升工商联组织的凝聚力和影响力，为促进全县经济跨越发展发挥了应有的作用。

【思想教育】先后4次组织全县非公经济人士学习了党的十九届四中全会精神、习近平总书记在民营企业座谈会上的重要讲话等，切实加强和改进思想政治工作，引导非公有制经济人士践行社会主义核心价值观，树立义利兼顾、以义为先的理念，积极承担社会责任，投身社会公益事业；鼓励他们坚定信心，发扬企业家精神，为全县经济社会发展再作贡献。

【光彩事业】在全县非公有制经济人士中开展“双思”“诚信”及“光彩事业”理念教育活动，组织非公经济代表人士40多人参与全县“光彩纪念林”营造。工商联会员及会员企业积极投身社会公益事业，捐款50.56万元，捐物价值100多万元。

【服务非公经济】与县检察院开展了“维护民企权益、优化营商环境”专项行动，走访调研民营企业56户，发现问题线索3条，积极协调、督促相关部门依法依规解决存在的困难和问题，维护民营企业合法权益，为企业发展营造良好的法治环境。

【参政议政】组织非公经济人士围绕企业党的建设、文化建设、基层商会建设、中小企业融资难等非公有制经济发展热点、难点问题，开展调查研究5次，提交调研报告3篇；非公经济人士中的人大代表、政协委员积极参政议政，提交建议提案10条（次）。

领导班子成员名录

主　席　　冯维成（兼）
常务副主席　郭文魁
副主席　　梁小平
　　　　　王小奇（1月止）

（供稿：王　萍）

残疾人联合会

【概况】至年底，全县有持证残疾人10107名，其中重度残疾人2761名。按照省、市残联机构改革意见，成立泾川县残疾人康复中心（加挂泾川县残疾人托养中心牌子），为县残联下属事业单位，核定编制6名。年底，县残联有工作人员12人。

2019年，全县残疾人工作认真贯彻落实县委十七届七次全体会议暨县委经济工作会议精神，围绕残疾人同步实现小康，紧贴残疾人生产生活改善，坚持改革创新，实施民生项目，落实优惠政策，残疾人事业取得明显进步。

【政策落实】配合民政部门为6527名残疾人发放“两补”资金764.25万多元，为356名一级智力、精神残疾人发放托养补贴资金29.95万元，为66名智力、精神、肢体残疾人发放阳光家园计划托养补贴资金9.9万元，为177名肢体残疾人发放燃油补贴4.6万元，为4069名一、二级重度残疾人代缴医保资金89.46万元，为81户困难残疾人家庭发放8.91万元的“温暖越冬”物资，对51户贫困残疾人进行了走访慰问。

【康复救治】积极争取和实施各类残疾人康复项目，先后对470多名脑瘫、智力、肢体等残疾人进行了康复项目筛查和义诊，通过转介服务、配发辅助器具和补贴康复医疗费用等形式，对符合康复救助条件的42名0～6岁残疾儿童提供康复训练和康复治疗，为30名残疾儿童配发了儿童专用轮椅，为86名7～17周岁残疾儿童、青少年配发了价值15万元的辅助器具，组织256名白内障患者进行复明手术，为934名疑似残疾人进行上门鉴定办证，为60户贫困重度残疾人家庭实施无障碍通道改造。

全国助残日活动现场

【教育就业】对319名残疾儿童继续推行普通中、小学校残疾学生随班就读机制，为今年考入高等院校和高中、职中的11名贫困残疾学生发放助学金1.7万元，组织45名残疾人参加省市县举办的实用技术和职业技能培训，帮助367名残疾人实现就业创业。

【宣传维权】建立泾川县残联微信公众号，及时宣传重大政策、重点项目、自强不息的工作典型和残联重要活动，上报各类信息84条。发放残疾人政策汇编和宣传挂画1.1万套。对2012—2018年所有惠残资金发放情况全部录入扶贫民生监督平台，对涉及残疾人民生的项目全部在县门户网站进行公示，涉残信访受理率和办结率达到100%。

【对口帮扶】加强与天津市武清区残联的协作交流，武清区残联捐赠康复辅助器具874件，为县特殊教育学校捐赠文体器材一批，为高平镇67名建档立卡残疾人捐赠衣料206米。

领导班子成员名录

理事长　徐永平

副理事长　王　瑾（女）

魏福昌（2月任）

纪检组长　袁东云（1月任）

（供稿：吴佐锋）

文学艺术界联合会

【概况】2019年，新成立泾川县文艺评论家协会。至年底，全县有各类文艺协（学）会、行业文联组织15个，会员565人，其中国家级会员32名、省级会员41名。

2019年，县文联认真贯彻落实县委扩大会暨县委经济工作会议精神，围绕中心、服务大局，抓创作促交流，出精品推新人，团结带领广大文艺工作者，积极参与县域文化开发建设，为加快全县文艺事业发展作出了积极的贡献。

【文艺创作】年内，编发《西王母文艺》3期、《泾川楹联》2期。县内作家信彩琴散文集《慢时光，暖浮生》、王丽娟诗集《绛红雪白》、杨军民小说集《狗叫了一夜》正式出版。在平凉市“胜友律师杯”有奖征文中，樊晓敏的《责任》、杨芳芳的《用法律武器让笑容之花绽放》获得二等奖；王福荣的《悬空的彩礼》获得三等奖。在平凉市“宏达国盛与一座城市的故事”征文中，梁慧君的《瓷》获一等奖、赵嘉璐的《路路相通总关情》获二等奖、梅朵的《一个人一座城》获三等奖、杨文杰的《宏达国盛，一场美丽的邂逅》获优秀奖。在平凉市庆祝中华人民共和国成立70周年征文中，白俊明、宋博、王丽娟的作品分获二等奖、优秀奖。樊晓敏的《我欠母亲一个承诺》、梁金慧的《冬天很好》（外三首）分别发表于《飞天》（2019年第6期）。王丽娟的诗歌被《上海文学》选发。刘小龙书法作品入展荣宝斋书法院，尚王明作品入展广州市庆祝中华人民共和国成立70周年书画大赛，张罡油画作品入展“大路西行——中国油画作品展（2019）”。

【文化活动】组织县楹联学会、书协会员赴荔堡等乡镇开展“三下乡”送春联、书画活动，赠送作品1900余幅、发放《西王母文艺》杂志300多册；赴红河乡吴家等3村开展了文艺小分队进基层活动，赠送作品2000余幅。举办了第六届“楠林杯”蟠桃诗会。举办了全县“不忘初心”党建书画展、庆祝中华人民共和国成立70周年“祖国之歌”系列征稿、“泾川记忆”摄影作品展、第二届柿子节书画摄影展、“旭康杯”走进平凉红牛摄影大赛等活动。

【文联第三次代表大会】3月29日，召开泾川县文学艺术界联合会第三次代表大会，150名代表参会，樊晓敏代表第二届县文学艺术界联合会作工作报告，大会选举樊晓敏为第三届文联主席，盖文华为副主席。

县文学艺术界联合会第三次代表大会召开

领导班子成员名录

主　席　樊晓敏

副主席、秘书长　盖文华

（供稿：杜盆为）

法治军事

公　安

2019年，全县公安工作以习近平新时代中国特色社会主义思想为指导，认真贯彻中央和省市县委政法工作会议精神，以中华人民共和国成立70周年大庆安保维稳为总揽，持续深入开展扫黑除恶专项行动，全力开展社会治安管控，打防并举较好地维护了社会治安大局持续稳定。

【打击刑事犯罪】全年共立各类刑事案件608起，破案238起。破毒品案件3起，缴获毒品海洛因7.5克、毒品冰毒186.81克。破获经济案件5起，起诉16人。持续推进扫黑除恶专项斗争，打掉恶势力2个19人、“村霸”4个5人。

【社会治安管控】严格落实危爆物品重点单位安全管理责任和寄递物流、旅馆、车站、网吧等实名登记制度，深入开展打击整治“食药环卫”“涉黄涉赌”违法犯罪及缉枪治爆等专项工作。全年查处治安案件693起。持续强化“一标三实”信息采集维护，全年采集录入“一标三实”信息58万余条。建成警务室42个，选聘治安中心户长214名、治安户长1100名，覆盖率达到100%，基层治安管控能力明显增强。

【网络管控】深入推进“净网2019”专项行动，全年处置网上有害信息2.1万余条，开展舆情引导46次，核查本地重大负面舆情21条，查处涉谣案件1起。成功破获公安部督办的非法利用网络信息案、伪造事业单位印章案；侦办了“9·10”特大电信诈骗案等一批有影响的案件。

【道路交通管理】围绕“降事故、保安全、保畅通”目标，全年查处各类交通违法行为6.9万余起，通过持续严查严控，交通事故起数、死亡人数、受伤人数、经济损失等“四项指标”全面下降。扎实开展集中整治报废机动车大会战，注销报废机动车551辆、八类重点车辆3辆，分别完成99%、100%。

县交警大队组织夜间车辆排查

【队伍建设】组织开展“全警实战大练兵”活动，举办各类业务技能培训及反恐防暴实战演练31次。面向社会公开招录辅警50名、内部转录辅警45名。

领导班子成员名录

县政府副县长、公安局党委书记、局长、
督察长　李　强（2月止）
　杨　宏（2月任）
政　委　陈国仓（5月止）
　王永红（6月任）
副局长　赵　真（6月止）
　刘俊英
　李世虎
　刘卓锋（1—9月任副政委）
纪委书记　张永锋
副政委　王宏绪
交警大队队长　陈　伟（1月止）
党委委员　陈林忠（1月止）

（供稿：尚赟鹏）

检　察

【概况】县检察院内设第一检察部、第二检察部、第三检察部、政治部、办公室5个机构，核定政法专项编制29名，年底实有干警41人，其中公务员26人，事业干部2人，工勤人员4人，聘用制书记员9人。

2019年，县检察院坚持以习近平新时代中国特色社会主义思想为指导，深入学习党的十九大和十九届二中、三中、四中全会精神，全面贯彻习近平总书记视察甘肃重要讲话和指示精神，认真践行“讲政治，顾大局，谋发展，重自强”的新时代检察工作总要求，深耕检察工作主责主业，凝心聚力，主动作为，忠诚履职，为全县经济社会高质量发展提供了有力的司法保障。

【服务脱贫攻坚】组织全院干警依托“法治进乡村”“法治进校园”等活动，集中开展进村入户调查调研9次，宣讲党的十九大精神、惠农富民政策、扫黑除恶专项斗争和法律知识共32场（次），为贫困户上门服务42次，开展绿色通道接访42件46人（次），支持农民工起诉1件。

【打击刑事犯罪】受理审查起诉案件122件204人，审结108件175人，起诉95件156人、不起诉12件13人。扎实开展“扫黑除恶”专项斗争，强化宣传，发动群众，多渠道排摸线索，发放宣传品3000册（页），制作宣传横幅12条、展板9块，开展专题讲座5场（次）。

【开展公益诉讼】受理各类公益诉讼案件31件，其中刑事附带民事公益诉讼案件2件，向法院提起刑事附带民事公益诉讼2件，行政公益诉讼案件29件，向行政机关发出诉前检察建议25件，收到回复并采纳21件。办理生态环境领域公益诉讼案件23件，环资犯罪立案监督1件，环资犯罪起诉1件2人，环资犯罪有罪判决1件4人。

【保护未成年人权益】批捕侵害未成年人权益罪3人，起诉6人，均获法院有罪判决；建立涉罪未成年人精准帮教机制，推行心理干预、训诫、跟踪回访等帮教措施，确保涉罪未成年人顺利回归社会。抽组人员深入8个乡镇84所学校，开展“法治进校园”巡讲82场（次），发放宣传资料1.3万份，接受宣讲教育人数达1.35万人。4名院领导被聘任为城区中学法治副校长，开展“携手关爱，共护明天” 检察开放日活动1次，法治讲座3

场（次）。

【检务公开】通过检察院案件信息公开网公开案件程序性信息216件，发布重要案件信息85件，受理辩护与代理预约55件，公开各类法律文书108份。在检察微博发布信息9163条、微信公众平台发布1429篇、今日头条和搜狐新闻客户端发布信息258条、检察门户网站发布信息96条。

领导班子成员名录

检察长	苏亚君
副检察长	史　炜
	王文平
	史锁贵
纪检组长	吕生宸
党组成员、侦查监督科科长	牛奇志

（供稿：周楷沅）

审　判

2019年，县法院紧紧围绕“让人民群众在每一个司法案件中感受到公平正义”的目标，不忘初心、牢记使命，坚持服务大局、司法为民、公正司法，忠实履行宪法和法律赋予的职责，为全县经济社会高质量发展提供了有力的司法保障。

【刑事审判】依法严惩“两抢一盗”、故意伤害、诈骗等严重侵害群众生命财产权利、妨害社会管理秩序等犯罪29案39人；及时审理危害公共安全类案件，严厉打击涉网络犯罪。对轻微犯罪、过失犯罪及具有法定从轻、减轻情节的被告人，依法适用非监禁刑，判处缓刑。

【扫黑除恶】依法办结恶势力组织犯罪案件1案7人、涉“村霸”案件1案1人；不断加强涉黑涉恶案件和“保护伞”线索筛查工作，有力打击了黑恶势力的嚣张气焰。

【民事审判】共受理民商事案件2180件，审结2163件。依法保障民生权益，审结交通事故、医疗纠纷等人身、财产侵权纠纷128件；审结金融借款、民间借贷等案件576件；审结买卖、承揽、租赁等合同纠纷148件；审结婚姻家庭类案件724件。

【行政审判】共受理行政诉讼案件5件，审结5件。注重实质性化解行政争议，经法院协调促成和解撤诉1件。受理非诉行政审查案件1件。

【审判执行】共受理各类执行案件1008件，结案961件，结案率95%。向公安机关报送协助查找被执行人15人，纳入失信被执行人名单445人（次）。通过媒体曝光失信被执行人8批219人。

【一站式建设】建成200平方米的诉讼服务中心，健全首问负责、一次性告知制度，完善立案登记、导诉咨询、案件查询、投诉举报、来信来访等“一站式”服务。开通网上立案和缴费、民事调解、信访、跨域立案四个服务平台，接听12368诉讼服务热线160余人（次），通过“移动微法院”系统成功办理跨域立案案件2件。

【司法服务】开通老弱残困等弱势群体绿色服务通道，为困难群众减缓免诉讼费12.3万元，发放司法救助金76.5万元，切实增强人民群众司法获得感。

庭审现场

【司法改革】制定员额法官、司法辅助人员管理办法，落实办案质量终身负责制。完成内设机构改革，建立符合审判规律的法院管理机制。新任人民陪审员47人。院庭长带头承办疑难复杂案件，办结1563件，占结案总数的48%。建立常态化法官遴选、日常考核、员额退出等机制，落实员额法官动态调整、法官履职保障制度。以法官为主体，法官助理、书记员、司法警察及其他行政人员为辅助的人员分类管理机制基本建立。制定了《关于加强院庭长审判管理监督职责的规定》，健全审判委员会工作机制，建立了监督有序、制约有效、公正透明的审判权监督制约机制。采取网上常规评查和网下重点评查等方式，评查裁判文书2224件，评查率96.2%，交叉评查上网法律文书867件，服判息诉率达到97%，上诉案件发回改判率由上年的8%下降到6.5%，司法公信力进一步提高。

领导班子成员名录

院　长	冯乃元
副院长	王新政
	朱春龙
	孙会义
纪检组长	鲁晓龙
党组成员、办公室主任	姚朝晖
审委会专职委员	康惠年

（供稿：毛海成）

司法行政

2019年，全县司法工作认真落实中央、省、市司法行政工作会议和县委经济工作会议、县委政法信访工作会议精神，围绕全县改革发展稳定大局，充分履行职能作用，深化法治宣传教育，夯实基层司法综治基础，加强矛盾纠纷化解和特殊人群管理，健全完善公共法律服务体系，整体工作取得明显成效。

【人民调解】调整充实乡（镇）和城市管委会调委会15个，村级调委会215个，社区调委会3个，行业性调解组织3个，牵头成立了泾川县联保联调志愿服务队。举办全县人民调解员培训1场（次），乡镇举办培训15场（次），受训调解员1209人（次）。

【法治建设】召开了全面依法治县委员会第一次会议，开展第五轮行政执法证换证颁证工作，组织882人参加了行政执法证件综合法律知识资格考试。完成全国行政复议工作平台泾川县架构建设和全县行政执法公示信息采集系统录入工作，录入各类信息400余条。全年审查各类文件（常务会议议题）26件，其中行政规范性文件1件，并按照相关规定分别向市政府和县人大常委会进行了备案审查，参加出庭应诉案件3起，审理办结行政复议案件1件。

【普法宣传】在全县范围内开展《宪法》学习宣传自查活动，接受省人大法工委、县人大立法和宪法联系点调研。巩固完善建成的玉都下坳、东街社区法治文化广场和城关凤凰法治主题公园，指导新建了城区宪法主题公园和高平上湾宪法主题广场，在县司法局新建宪法主题馆1处。举办新提拔领导干部任前法律知识考试5场（次）210人，开展各类专项法治宣传318场（次），现场咨询1380余人，发放各类宣传资料5万余份，受教育群众18460余人。

【法律服务】全年接待法律咨询865人（次），发放法律援助办案补贴10.71万元，办理公证案件849件，化解矛盾纠纷263件。

【队伍建设】为高平、玉都、红河、党原、泾明、荔堡6个司法所申报招录司法助理员，进一步充实基层工作力量。选派28名业务干部赴杭州、上海、深圳、兰州、陇南等地参加业务培训，轮训基层司法所工作人员6人（次）。

领导班子成员名录

局　长	袁安林
副局长	刘晓文
纪检组长	赵林义

（供稿：伏　龙）

人民武装

2019年，全县武装工作坚持以习近平新时代中国特色社会主义思想和强军思想为指导，按照“紧盯转型打基础、正规抓建促发展”的工作思路，紧贴执行应急应战任务需要，积极主动作为，扎实推进工作，较好地推动了各项任务的落实。

【国防动员】 以深化民兵调整改革和征兵工作为主线，编实民兵队伍，建成了全县民兵训练基地，扎实推进民兵轮训和专武干部培训，全年轮训民兵134人（次），大力推进三项基础建设，严格征兵程序，突出兵源质量，开展了役前教育训练，保证预征对象政治思想、身体素质双合格，实现了“零退兵”。

民兵应急集训

【双拥工作】 以精准扶贫活动为抓手，在找准扶贫主攻方向、精准发力上下功夫，帮助联系的何家坪村党支部建成党建文化专栏，为何家坪小学捐资1.73万元帮助贫困学生顺利就学，会同县退役军人事务局为全县670余户军烈属家庭悬挂光荣牌，与县委宣传部联合开展“征兵宣传进校园”“情系国防，助力强军”国防教育宣讲比赛，在全社会营造了崇军拥属的浓厚氛围。

【党的建设】 深入开展“不忘初心、牢记使命”主题教育活动，严肃整改“十个方面”突出问题和“七个有之”不良现象，彻底肃清各种错误思想及流毒影响，常态化落实党员承诺践诺、组织生活会、民主评议党员、谈心谈话等制度，党组织的政治引领作用进一步提升，增强党组织的凝聚力、战斗力和感召力，干部职工的政治意识、党员意识、责任意识显著增强。

领导班子成员名录

部　长　　杜　鹏

政治委员　张智坤

副部长　　孙夕飞

（供稿：武社平）

消防救援

【概况】 平凉市消防救援支队泾川大队有专职消防队员23名，配备消防车5辆，各类个人防护装备和灭火救援器材34类163件。

【防火监督】 开展“冬春火灾防控”“夏季消防检查”“国庆70周年消防安保”等消防安全专项整治5次，全年检查单位2769家，责令“三停”39家，临时查封27家，无执法过错和行政诉讼案件。

消防救援大练兵

【安全宣传】 积极开展消防知识“进军训进课堂”活动，联合教育、公安、应急等部门开展针对性宣传教育，为中小学发放消防知识读本1000本。利用县电视台在黄金时段播出消防工作新闻和公益广告60余条、消防安全提示滚动字幕100余条，开展大型消防宣传6次，安装消防宣传联播终端15台，广告屏滚动播放消防宣传标语700余条，发放资料3万余份，展示宣传展板10余次，发布微信公众号52条。

【联合执法】参加全县综合性应急救援演练3次。定期联系社会单位开展熟悉演练工作，与华北油田消防分队建立协作共建机制，纳入全县统一调度指挥体系，编制完成数字化预案36份。联合相关部门开展人员密集场所、易燃易爆单位、高层地下建筑等熟悉演练100余次。年内共接警出动163次、出动警力1234人（次），抢救财产价值377.9万元，成功处置了飞云镇闫崖头村“8·13”深井救援、罗汉洞乡吕家拉村土楼垮塌救援等事故。

领导班子成员名录

大队长　韩堂堂

教导员　吴　鹏

工程师　贾　亮

参　谋　王韫韬

（供稿：吴　晶）

农林水牧

农　业

【概况】按照《泾川县机构改革方案》，将县委农村工作办公室的有关“三农”工作职责，发改局的农业投资项目、财政局的农业综合开展项目、国土局的农田整治职责划归农业农村局。组建县委农村工作领导小组，作为县委议事协调机构，领导小组办公室设在县农业农村局。1月27日，县农业农村局挂牌成立。下辖畜牧兽医中心、农业机械化服务中心、农业经营服务中心、农技推广中心、蔬菜生产办公室、甘肃农业广播电视学校泾川分校、农村能源工作站、农业综合行政执法队、种子管理站、渔业工作站、农业项目服务中心11个事业单位和太平园艺场、任家寺良种场、高丰良种场、温水渔场4个农（渔）业场。核定编制293个，年末有工作人员326人，其中公务员21人，事业干部214人，工勤人员90人。专业技术人员中高级职称54人，中级职称63人，初级职称70人。

2019年，全县农业农村工作认真学习贯彻党的十九大和中央一号文件精神，全面落实省市县委农村工作会议各项决策部署，以实施乡村振兴战略为总抓手，以农业供给侧结构性改革为主线，以农业提质增效和农民增收为目标，深入推进农村改革，做优现代农业，全面开展农村环境整治，全县农业农村工作取得了新的成绩和进步。

【重点指标】全县农作物播种总面积47.9万亩，其中粮食作物播种38.5万亩，蔬菜种植2.46万亩，设施蔬菜0.34万亩，拱棚西瓜1.14万亩。全县牛、猪、羊、鸡饲养量分别达到3.21万头、13.2万头、2.36万只、114.5万只。全年农业增加值完成8.1亿元，增长6%，农民人均可支配收入达到10503元，增长9.5%。

【粮食生产】规划建设高标准农田2万亩，划定粮食功能区31.798万亩。推广全膜玉米8.02万亩，地膜马铃薯2万亩，种植小麦20.14万亩，粮食总产达到10.3万吨。

小麦良种观摩

【蔬菜产业】新（扩）建设施蔬菜园区14个，新建日光温室156座210.38亩，钢架大棚568座426亩。维修改造日光温室28座、钢架大棚686座、水泥拱圈大棚47座。搭建拱棚西瓜25561座11359亩，新增9143亩。种植露地蔬菜2.1万亩。

【畜牧产业】完成第十四届（2019）中国牛业大会和全省发展牛产业助推精准扶贫现场推进会观摩点筹备工作，建成了“平凉红牛”良种繁育中心，引进投放“平凉红牛”基础母牛1752头、红安格斯基础母牛2005头。全县新增肉牛存栏量7870头。

【渔业开发】全县水产养殖面积达到2330亩，水产品产量达到560吨，建立温水渔场、官村塘坝、荔堡崖窑3个水产健康养殖示范场。

【农业执法】完成县内销售肥料备案36家，报备7大类208种肥料；销售农药备案3家，报备8大类50余种农药。出动执法人员150多人（次），检查经营门店402次，发放农药、肥料备案通知396份，整顿农资市场29次，印发宣传资料5万余份。调处农资纠纷案件4起，立案查处4起，结案4起，罚款1.1万元，挽回经济损失60万元。

【种子管理】完成网上备案种子企业94家，代理商22家，经营门点132家，审核备案表1129份；备案、登记各类农作物品种152个。共封存种子样品153份，开展发芽试验459次。在5个乡（镇）6个村建立冬小麦、玉米、黄豆、高粱新品种展示、试验、示范基地17处756亩，参试新品种146个。立案查处未备案经营种子违法行为1起，收缴罚款2000元。

【果蔬保鲜库建设】财政补助投资212万元，修建果蔬保鲜库7处，贮藏能力9002吨；财政补助投资148.6万元，购置移动冷藏车10辆。

【厕所革命】确定党原、汭丰为全县农村人居环境示范乡镇，为全县14个乡镇180个村购置改厕设备6204套，农户改造卫生厕所5609座，建成村级卫生公厕150座，采购吸粪车33辆，全部配发到乡镇投用。

【垃圾革命】建成玉都、飞云2个乡镇低温无氧热解垃圾处理站，维修党原、高平、荔堡3处垃圾填埋场，购置并发放勾臂式垃圾清运车2辆、收集仓58个、电瓶保洁车25辆，安装分类式垃圾箱405个、垃圾桶600个。

【风貌革命】创建55个清洁示范村庄，实施党原徐家、完颜洼，汭丰郑家沟、东王、百烟、焦家会，罗汉洞挽头坪、飞云南庄头等12个农村人居环境整治项目。全县完成废旧庄基拆除复垦816处，清理农村生活垃圾2554吨，整治村内沟渠356公里，硬化村组道路5.9公里，新修排洪渠5512米、防洪墙1694.5米，栽植各类绿化苗木56万多株，整修林床504.1公里。

【农业保险】落实14个保险品种，完成签单保费1076万元，占任务1040.95万元的103.4%。完成贫困户参保16191户（次），占任务7615户的212%。向农户赔付灾害损失344万元。

【农机服务】全县农机总动力达18.82万千瓦，农机总收入达1.38亿元，农机纯收入达5210万元，完成机耕47.44万亩，机械播种43.67万亩，机械收获40.25万亩，农作物综合机械化服务达到80.75%。

【农民培训】完成农民实用技术培训3.8万人（次）。落实2019年度新型职业农民培育工程项目资金100万元，以种养大户、合作社负责人为重点，采取集中办班、现场教学和外出参观考察等方式，培育新型职业农民373人（次）。

机械收获玉米演示

【农民专业合作社】开展合作社规范提升行动，依法注销农民专业合作社331家，全县剩余农民专业合作社443家，运营规范的350家。其中贫困村农民专业合作社224家，运营规范的223家。

【村级集体经济】紧密结合农村集体产权制度改革和“三变”改革，引导村集体灵活运用资源、资产、资金等要素，大力发展村级集体经济，贫困村全部消除了“空壳村”。91个贫困村集体经济收入共计304.5万元。收入1～2万元的村有40个，占43.96%，收入2万元以上的有51个，占56.04%。

【“三变”改革】按照“规范、完善、提升”的总要求和“三变+”的运营模式，在对城关凤凰、泾明白家、窑店练范3个村开展试点工作基础上全面铺开。以合作社为桥梁，积极探索“龙头企业+基地+专业合作社+农户”等新型经营模式，引导11家龙头企业带动54家农民合作社，吸纳贫困户4787户，量化配股财政支农资金5784.9万元，实现分红收入806.12万元。

【土地确权】完成全县215个村民小组68537户农户确权颁证，占应确权70466户的97.26%，基本实现农户承包地“应确尽确”，确权证书“应发尽发”。

【土地流转】制定《2019年农村土地承包经营权流转以奖代补项目实施方案》，规范引导农村流转土地14.48万亩，涉及农户4.7万户，分别占家庭承包地总面积的20.69%和总户数的67.14%。

【质量监测】县农产品质量安全监测中心共开展农产品农药残留抽检12次，抽检样品814样，配合省市抽检3次，完成样品等预处理68余份，印发《农产品质量检测简报》和《检测结果分析报告》12期280份。县动物疫病预防控制中心共检测H7N9样品1424份，猪O型口蹄疫146份，猪瘟检测110份，小反刍兽疫140份，羊布病检测3942份，奶牛布病检测101份，向省疫控中心送检生猪样品40份。

【动物防疫】严密排查监测非洲猪瘟、H7N9禽流感、猪蓝耳、畜间流行性乙脑和结核等动物疫情，集中免疫牛、猪、羊口蹄疫共计8万多头（只），免疫密度达到96%，免疫猪瘟53568头，占比90.5%；对全县841573只家禽注射了禽流感疫苗，免疫率100%；排查处置动物疫情6起386头，有效控制了疫情的传播蔓延。

【动物卫生监督】全面落实出栏申报、落地报告、无害化处理等各项要求，全县规模养殖场出栏动物检疫申报率达到100%，散养户动物产地检疫率达到90%，屠宰动物检疫出证率、病害动物和产品无害化处理率均达到100%。严格落实运输生猪、畜禽及其产品车辆备案登记制度，核查无证运输、群众举报各类案件线索6起，无害化处理违规运输生猪产品10.3吨。依法劝返畜禽车辆10车，处置违规调运案件3起、无害化处理1起，有效防范了疫情风险。

领导班子成员名录

局　长	任掌元（1月任）
副局长	吕义郎（1月任）
	周英全（3月任）
	梁宝勤（1月任、9月止）
	史小锋（1月任、9月止）
	吕忠明（9月任）
	郑　达（挂职，1月任、5月止）
纪检组长	李志兴（1月任）

（供稿：王有文）

畜　牧

【概况】1月，县级机构改革后，县畜牧兽医局更名为畜牧兽医中心，二级事业单位，隶属县农业农村局管理。下设畜牧技术服务中心、动物疫病预防控制中心、动物卫生监督所、兽药饲料监察所、凤口公路动物防疫监督检查站5个科级建制单位，核定编制70个。年底有职工119人，其中专业技术人员96人。

2019年，全县畜牧兽医工作认真贯彻落实省、市、县农业农村工作会议的各项部署和要求，以畜牧业扩量增效为总揽，积极应对市场形势多变、经济下行持续、动物疫情频发等诸多困难，全力推进扩规模、促增收、强监管、保安全各项措施落实，较好地完成了年初确定的目标任务。

【饲养规模】年底，全县牛饲养量和出栏量分别达到3.21万头和1.57万头；猪饲养量和出栏量分别达到13.2万头和5.97万头；羊饲养量和出栏量分别达到2.36万只和0.75万只；鸡饲养量和出栏量分别达到114.5万只和47.83万只；肉、蛋、奶产量分别达到7267.14吨、704.28吨和20.52吨，畜牧业增加值达到2.26亿元，同比增长4.3%。

【牛业发展】坚持要素集中、政策集成、规模集聚，通过项目、资金、技术组装配套，建成了鼎康牛场。依托扶贫项目支持，全县引进红安格斯肉牛2005头，“平凉红牛”基础母牛1752头。配合市委、市政府成功举办了全省牛产业助推脱贫攻坚现场会、第十四届（2019）中国牛业发展大会和首届平凉红牛节；举办了“平凉红牛”良种中心开工奠基仪式、“平凉红牛”开发利用及产业发展和国际合作座谈会；旭康公司供港澳活牛育肥场在兰州海关注册登记，进一步提升了“平凉红牛”品牌知名度和影响力。

【疫病防控】精心开展“春季突击防疫”“夏季高温消毒”“秋冬百日会战”三大行动，全力落实“防、检、监、消、控、杀”六项措施，成功阻击了非洲猪瘟、禽流感、口蹄疫等重大动物疫病的冲击，确保了全县无区域性重大动物疫情和畜产品质量安全事件发生。

领导班子成员名录

主　任　何宏福
副主任　张　弘
　　　　郭儒奎

（供稿：郑　强）

农机管理

【概况】县级机构改革后，县农业机械管理局更名为县农业机械化服务中心，隶属农业农村局管理，二级事业单位。年底，有干部职工21名。

2019年，全县农业机械化工作认真贯彻落实中央和省、市、县农业农村工作会议和县委经济工作会议精神，以满足农民群众对农业机械的新需要为目标，以提升重点农作物播种和收割环节的机械化水平为重点，认真落实农机具购置优惠政策，扩大农机总量，加强农机管理与服务，全力推动全县农机工作健康稳步发展。

【主要指标】年末，全县农机总动力达18.82万千瓦，同比增长6.3%；农机总收入1.38亿元，农机纯收入5210万元；完成机耕47.44万亩，机播43.67万亩，机械收割40.25万亩；全年新增农机具200余台（件），农业生产机械化服务达到80.75%，较上年增长0.15%。

【技术推广与培训】在党原、太平等乡镇示范推广玉米种植全程机械化新技术，举办培训班7期，现场作业演示4次，受训群众820余人，印发资料1.3万余份。全年举办各类农机培训班13期1158人（次）。

【农机服务】累计注册农机合作社11家，有社员129人，有各类农业机械299台（套），其中动力机械90台，配套机械209台。

新农具演示

【农机监理】加大田间路查力度，坚决杜绝黑车非驾、违法载客、报废车辆继续作业等违章行为，全年检验拖拉机、联合收割机3282台，占应检4076台的80.3%，审验换发到期农机驾驶证302本，占应审换证415本的72.7%，新机登记报户122台。

领导班子成员名录

主　任　尚世和

副主任　王保生

　　　　余芸芸（女）

（供稿：杨虎平）

农村经营管理

【概况】县级机构改革后，县农村经营管理局更名为农业经营服务中心，属农业农村局下属二级事业单位，核定编制21人。年底有职工21人。

2019年，全县农业农经服务工作认真贯彻落实全县农业农村的整体部署，立足单位职能，以规范提升农民专业合作社、发展壮大村级集体经济为重点，规范乡村“三资”管理，强化农经业务指导，狠抓任务落实，圆满地完成全年各项目标任务。

【合作社管理】按照摸底子、理思路、建机制、抓规范、促提升的工作步骤，注销名存实亡的“空壳”合作社331家，清理整顿后现存合作社458家，规范提升350家，规范提升率76.42%，位居全市第一。年内，新建家庭农场12家，累计达到82家，新建龙头企业5家，累计达到24家。

【集体经济】依托“三变”改革和农村集体产权制度改革试点工作，利用财政扶贫资金及天津对口帮扶资金，对全县集体经济发展薄弱村进行专项扶持。年内，91个贫困村集体经济收入达203.4万元。其中发包及上交收入112.74万元，补助收入13.57万元，投资收益24.12万元，其他收入52.97万元。

【农村改革】科学指导农村产权制度改革，组建股份经济合作社，及时做好登记赋码，对已成立的10家股份经济合作社进行了专项审计，有效防止集体资产流失。利用各级财政专项扶贫资金及东西部协作等项目，带动全县187个村参与“三变”改革，参与群众5037户，发放股权证5037本，其中贫困户4787户，完成量化配股资金5784.9万元，办理抵押资金5584.9万元。实现分红671.59万元。

【典型培育】年内培育农民专业合作社市级示范社9个，省级示范社10个。培育家庭农场市级示范社5个，省级示范社累计5个。

领导班子成员名录

主　任　辛晓丽　（女）

副主任　杨尚坤

　　　　陶海彦

（供稿：何文波）

高效农业园区

2019年，高效农业园区认真贯彻落实中央、省市县委决策部署，围绕农业增产、农民增收，积极引进高、新、优品种，大力开展技术引进与示范，积极服务全县农业生产，较好地完成年度工作任务。

【设施维护】年初，组织人力对园区道路、大棚经营、固定设施使用、驻园企业生产经营等情况进行摸底排查，对破裂管道、老化供电线路积极进行维修。汛期来临前，及时清理淤泥疏通渠道，保障园区生产安全。在园区交通枢纽位置安装警示桩

8个，投资2960元维修变压器1台，协助电力部门查处违章用电企业1户，督促整改隐患2处。

【招商引资】编制《重振泾川县农业园区发展规划报告》项目意向书，接洽招商引资客商4户。

【专项整治】开展园区大棚结构、安全隐患、生产经营情况调查2次，处理园区偷盗事件1人。解决违章用电问题1件。

【租金兑付】依据园区土地流转合同，参照当年国家保护收购价格，给城关镇五里铺村群众兑付园区土地租赁费249647.30元。

领导班子成员名录

主　任　吕建军

（供稿：赵录琪）

扶贫工作

2019年，全县精准扶贫工作认真贯彻落实中央和省、市、县关于脱贫攻坚工作的各项决策部署，聚焦“两不愁、三保障”，以落实“一户一策”为抓手，以巩固脱贫质量为主线，扎实开展“3+3”冲刺清零和“十查十看十补课”行动，全力以赴抓产业、增后劲，抓短板、强弱项，抓整改、提质量，脱贫攻坚取得显著成效、脱贫进程取得重大进展。

【脱贫业绩】经过乡村自验、部门认定、县级验收、市级抽查、省市数据比对和系统标注后，全县稳定脱贫838户2687人，占脱贫计划2200人的122%；年内10个贫困村达标退出，占计划退出8个贫困村的125%。至年底，全县剩余建档立卡贫困人口335户999人，贫困发生率为0.31%。

【产业扶贫】扶持贫困户新建果园941亩、补植8300亩、间作套种9530亩，养殖红安格斯良种基础母牛2005头、“平凉红牛”基础母牛1752头，新建日光温室114座、钢架大棚308座，发展大棚西瓜1.13万亩，种植露地蔬菜2.93万亩。持续推进农村“三变”改革，为3992户贫困户量化配股5700万元，户均分红920元；组织培训贫困户6098人（次），输转贫困劳动力2.25万人，建办扶贫车间8个，带动贫困人口就近就业1723人。培育电商企业54家，开设各类店铺618家，实现线上交易9900万元，其中贫困村259.36万元。建成旅游扶贫示范村10个，新建农家乐30户，带动周边500多户贫困群众通过发展乡村旅游实现增收。

【基础设施】对全县所有农户住房进行“过筛子”排查，对排查出的危房及时制定方案，新建8户，加固维修8户，集中安置3户，搬迁入住其他安全住房10户；对1320户“四有人员”尚未居住的危房、长期闲置危房、废弃院落进行拆除，对无法拆除的4350户全部进行了喷绘标识。易地搬迁群众1635户6563人，搬迁入住率100%。改造农村供水管网210公里，新打深井2眼，新建维修蓄水池7座，修建检查井164座，有效解决了2.2万农户供水不稳定问题。

【公共服务】全面推行控辍保学双线责任制，组织全县各级中小学教师集中开展“大走访大劝学”，动员27名义务教育阶段疑似辍学学生返校就读，送特教学校就读残疾儿童25名，严格落实一对一帮扶机制，发放各类教育扶助资金4000多万元，全县无一名学生因贫失学。新建、改扩建15个村卫生室，聘用乡村医生11名；严格落实基本医保、大病保险、建档立卡贫困人口“先看病后付费”等惠民措施，截至11月底，全县建档立卡贫困人口住院特惠政策受益1.8万人（次），住院总费用7721.67万元，政策范围内费用6807.2万元，基本医保报销4080.56万元，提高5个百分点报销472.15万元，大病保险报销3569（次），补偿金额1233.52万元，医疗救助政策受益13502人（次），兑付救助资金956.13万元，切实减轻了贫困群众就医负担。

【项目管理】全年中央和省市县共安排财政专项扶贫资金19107.17万元，其中中央资金6775万元、省级资金5269万元、市级资金1604.17万元、县级资金2350万元、天津对口帮扶资金3109万元。紧扣脱贫验收指标，着力用有限的资金解决存在的短板弱项，围绕产业开发、基础设施建设、村庄环境综合治理等，安排产业发展资金9328.54万元。全年统筹整合财政涉农资金23594.05万元，涉及县财政、发改等9个部门的193个项目，安排农村基础设施建设项目33个9011.54万元，农业生产发展项目160个16382.51万元。

【东西部协作】2019年，天津市武清区援助泾川县财政帮扶资金3109万元，社会帮扶资金296.5万元。建成扶贫车间3处，搭建日光温室30座、钢架大棚229座，扶持贫困户种植瓜菜及地膜马铃薯1万亩，购买红安格斯肉牛120头；培训贫困人口6108人；扶持20个农民专业社入股龙头企业，带动200户贫困户分红增收；为20个贫困村配股各10万元，入股到产业化龙头企业，发展壮大村集体经济；为605名贫困残疾人适配辅助器具。选派党政干部7人挂职锻炼，培训贫困村党组织负责人及教育、卫生、农业、科技等专技人才522名，资助贫困学生299名；联合举办“春风行动”和“夏日劳务用工”专场招聘会各1次，培训贫困人口539人，输转贫困劳动力1212人。

领导班子成员名录

主　任　杨旭升
副主任　李鸿生
　　　　毛红涛
　　　　赵　亮
　　　　邓小龙
　　　　赵　斌（挂职，4月）
　　　　杨尚坤（挂职，4月任）
　　　　王武亮（挂职，7月任）

（供稿：薛建平）

水　务

【概况】2019年1月，县级机构改革后，水务局下设水利工程建设站、水利管理总站2个正科级事业单位，内设河道养护站、水政监察大队、水旱灾害防御中心、水利工程服务中心、水土保持预防工作站5个副科级事业单位。

2019年，全县水利工作坚持以习近平新时代中国特色社会主义思想为指导，认真贯彻落实县委、县政府和市水务局关于加快推进水利改革发展的各项决策部署，聚焦职能定位，准确研判形势，紧盯年度目标，主动担当作为，针对水利发展的“不平衡”“不充分”补齐民生水利短板，着力强基础、增后劲、利长远，推动了水利各项工作健康运行。

【重点项目建设】年内实施脱贫攻坚农村饮水安全巩固提升工程、黑河（焦村至草滩段）防洪治理续建工程、泾河（百泉渡槽至水泉寺大桥段）防洪治理续建工程、汭河延风段河堤防洪工程、泾河景村大桥至城西沟段防洪治理续建等6个工程。朱家涧水库全面完成建设任务，8月8日开始向城区水厂供水。全年累计总投资10625.33万元，争取到位资金5037.17万元；完成固定资产投资7605万元。

朱家涧水库

【水旱灾害防御】召开水旱灾害防御工作会议，签订安全度汛目标责任书17份。全面开展汛前安全隐患排查，更换监测预警站点设备28处，改造升级简易雨量站14处，完成山洪灾害调查评价成果复核，发放山洪灾害防御知识宣传手册1250份，山洪灾害防御明白卡1400份，新建宣传栏15块、警示牌20块，开展山洪灾害应急抢险演练3场（次）。

【农村供水】更换管道3.03公里，维修管道故障211处，更换维修机泵13台（套），维修各类闸阀20处、检查井30处，安装智能水表12365块。全面做好水源杀菌、消毒、净化工作，实施水质化验230次，检测水样551份，检测指标28项。对7个较大型水源进行按月分批次取样化验，建立了5个千吨万人水厂检测室，配备了仪器。通过提升检测能力，保证了群众生活用水安全。全年完成农村供水151.5万吨，实现水费收入560万元。

【河道管理】开展全县河湖“清四乱”专项行动，排查河流5条，整治“四乱”问题33起，清理河道树木168.7亩1.6万株，铲除泄洪区域种植农作物74.1亩，清除河道内倾倒堆积的建筑垃圾、生活垃圾199.6吨。依法查处非法采砂案件2起。清理疏浚泾河河道4.2公里。

【水政监察】检查重点用水企业8家，核查取水许可证44本，新办取水许可证4本，注销5本，关闭自备水源井62眼，累计关闭自备水井174眼，压减地下水量122.8万立方米以上。

【河长制工作】以维护河湖健康为主线，全面落实“一河一策”方案，县级总河长开展巡河检查4次，县级河长湖长开展巡河检查19次，督办整改突出问题6起。依托“智慧城市”建设，在泾汭河重点河段、集中式供水水源地安装视频监控44路，实行实时有效监控。

领导班子成员名录

局　长　何科元

副局长　李永伟

张田世（9月止）

刘凯元（9月任）

纪检组长　史丽琴（3月任）

（供稿：吕文华）

水土保持

【概况】县级机构改革后，县水保局下设水土保持工作站、水保工程建设站和田家沟水土保持试验示范站（加挂田家沟水土保持生态风景区管理委员会牌子）3个事业单位。年底，全局共有干部职工46人。

2019年，全县水土保持工作认真贯彻落实省、市水保工作和县委经济工作会议精神，坚持绿色发展理念，以项目建设、工程防汛、监督执法为重点，精心谋划，积极作为，全力加快水土保持生态文明建设，较好地完成了年度各项目标任务。

【项目建设】全年争取项目资金969万元，其中2019年塬面保护项目900万元。实施高崖寺大沟G8骨干坝及合道沟Z2等淤地坝维修8座，对各坝体进行维修加固，重修溢洪洞、涵卧管等设施，整修上坝道路，坝系维修工程年内全部竣工。

【监督执法】以新水保法颁布纪念日为契机，开展水土保持法规宣传，印制宣传条幅3条，发放各类材料5000多份。在全县生态环境培训班开展主题讲座2次，培训干部300人（次）。依法对近年来生产建设项目进行监督检查，发放限期编报水土保持方案通知20份，现场检查39次，现场核对水利部疑似图斑91处，依法审批生产开发建设项目中水土保持方案17个，征收水土保持补偿费357.86万元。

【淤地坝防汛】及时调整充实各淤地坝防汛行政责任人、巡查责任人、技术责任人，专题召开淤地坝防汛培训会，靠实了工作责任。汛前对各淤地坝体、放水建筑物、溢洪道（洞）、上坝道路、工程监控、防汛物资配备、蓄水情况、警示牌或标志物等事项进行拉网式排查。修订完善防汛预案，健全值班制度，落实24小时值班。

领导班子成员名录

局　长　黄勤生

副局长　吕忠明（9月止）

（供稿：赵秋利）

工信局

2019年，全县工业经济坚持稳中求进工作总基调和新发展理念，积极抓招商，全力建项目，多方搞监测，奋力求突破，在工业经济运行、项目建设、招商引资、煤炭市场监管、企业经营机制转换等方面集中用力攻坚克难，着力推进转型增效，推动了全县工业经济高质量发展。

【指标完成】全县完成规模以上工业总产值4亿元，同比增长9.8%；完成规模以上工业增加值4116万元，同比增长7.1%。

【经济调度】编印《中小企业政策法规汇编》200多本，分发至相关部门、各乡镇及企业、重点项目建设单位，培育中盛建材公司实现小升规。组织召开了全县招商引资工作会议、工业经济运行暨安全生产调度会议、煤炭市场业务培训会等，开展银政企融资对接、融资担保机构审计、非法集资排查整治、宽带网络覆盖、服务事项进驻政务大厅等系列工作。撤销了煤业集团，重新考察聘任了鼎惠、煤矿等4户国有企业7名副职领导，调整了鼎欣等公司运行机制，成立了国有企业党工委，增设国有企业会计，研究制定了《国有企业负责人经营业绩考核办法》《国有企业负责人薪酬管理办法》等规章制度。

【招商引资】编印《投资项目指南》和《招商引资项目宣传推介册》，论证储备包装箱厂生产线、电动车组装、新型墙体复合材料生产线、中药饮片生产加工等项目50多项，概算总投资105亿元。在第25届兰洽会上签约5个项目，签约资金4.04亿元，分别是：年产10万吨天然矿泉水纯净水项目，富新果品营销网络建设项目，泾汭川区万亩大棚西瓜种植项目，洗砂除尘烘干一体环保生产线项目和单采血浆原料采集项目。年内实施各类招商项目47项（新建24项，续建22项，终止项目1项），落实到位资金19.79亿元，同比增长-33.83%，外资到位11.26亿元，同比增长10.18%。

重点建筑建材产品及消费品企业供需对接座谈会

【项目建设】天纤棉业二期20万锭棉纱生产线项目实施了厂房地坪及地基回填等工程，累计完成投资1.49亿元，达到安装设备的前期要求；8000万块煤矸石烧结砖项目，9月建成并投入试生产；50万吨建筑垃圾回收利用项目，完成土地招拍挂和部分设备安装；中盛建材公司二期10万吨活性石灰技术改造项目，10月底投入试生产，已产石灰25万吨；永概建材公司资源综合利用、大云鼎盛市政绿化公司砂石料加工等项目正加快建设。

【债务清欠】制定了《泾川县清偿拖欠民营企业中小企业账款工作方案》，建立了工作台账，突出源头治理，共清理核查出拖欠中小企业账款1.28亿元，至年底清欠到位6985.37万元，占清偿比例的54.4%。

【企业盘活】对停产半停产企业，一企一策，分别提出处置措施。由县委主要领导带队赴深圳就恒兴果汁公司复产事宜进行专题对接；对泾川啤酒厂改制后遗留问题，抽组人员对职工“两金”进行再次清理核算，提出了解决方案；与南京雨润集团多次协商，委托第三方对福润禽业公司进行了资产评估清理，提出了盘活意见。

【煤炭市场监管】加强煤炭经营及煤质管控，年内组织检查煤炭经营网点178次，开展联合检查370多次，劝返销售煤炭车辆437辆（次），查处违规销售散煤和劣质煤行为79起，转交市场监管和生态环境部门44起，处罚8万余元，吊销二级配送网点营业执照2户，有力地遏制了煤炭违法销售行为。

领导班子成员名录

局　长　盖宗良

副局长　刘剑辉（1月任）

　　　　史红利（1月任）

纪检组长　梁红云（1月任）

（供稿：丁喜芬）

能源开发

【概况】依据全县机构改革精神，9月，县能源局更名为县能源开发服务中心，隶属县发改局管理，核定事业编制11名。年底，有干部职工15人。

2019年，全县能源开发工作认真贯彻落实县委、县政府各项决策部署，坚持稳中求进工作基调，积极推进项目建设，在原油开发、加油站迁建、散煤市场治理、清洁能源推广等方面集中用力，全力攻坚破难，较好地完成了年度主要目标任务。

【能源开发】完成投资2000万元，生产原油2.2万吨；完成井位布设2口，复产油井达到71口。持续加强光伏发电备案管理，2019年备案14户分布式光伏发电，总装机容量81.86千瓦。

【煤炭市场治理】不断完善煤炭专营市场和二级配送网点运行机制，规范煤炭专营运输配送流程，开展监督检查320多次，取缔散煤摊点42处，查处经营煤炭车辆182辆（次）。投资23.6万元，在煤炭专营市场建成煤质检测室3间70平方米，购置自动量热仪、定硫仪、马弗炉、干燥箱、电子天平等煤质检测设备。

【加油站改造】全县有成品加油站12家、油罐53个，需要防渗漏改造的加油站11座、油罐49个，9月底，全面完成改造任务。投资1954万元，泾崇路加油站、高平加油站迁建投运。

【安全与节能宣传】在油气管道途经乡镇利用逢集日，通过发放宣传彩页、挂历、小物品，展示宣传牌、播放录音、现场答疑解惑等方式，集中宣传油气管道管理的法律法规以及安全知识。累计发放各类宣传资料2.5万余份，接待群众咨询2600多人（次）。持续推进城区及周边居民清洁取暖，动员城关镇3400户、城区100户群众对原来使用土炕改用水暖或电暖等清洁产品进行改造。

【油井监管】组织人员对全县180个井场269口井位进行了全面普查，针对存在的安全和环保问题督促整改。联系中石化华北油气分公司采油一厂，对朱家涧水源地保护区及上游5口油井进行了关停、封闭，拆除搬迁设备34台套，拆除地埋集输管线7公里，彻底消除了水源保护范围内油井污染源。

领导班子成员名录

局　长　路明华（9月止）

主　任　李灵平（12月任）

副主任　刘俊奎

雷军平（12月止）

王军宏（12月任）

（供稿：杜志锋）

循环经济产业园区

【概况】县循环经济产业园区管理委员会内设综合办公室、规划建设科、经济贸易科、安全生产和环境保护科4个科室，核定编制22名，年底有工作人员18名。

2019年，园区党工委、管委会深入学习党的十九大和十九届二中、三中、四中全会精神，认真贯彻落实县委十七届七次全委会暨县委经济工作会议精神，以“活力园区、绿色园区、安全园区”为发展目标，狠抓项目实施，多方招商引资，全力服务企业，入园企业保持健康稳定的发展势头，各项工作进展顺利。

【主要指标】全年完成工业总产值4.03亿元，增加值0.28亿元，产品销售收入3.55亿元，上缴税金421.88万元。

【项目建设】全年重点实施项目4个。天纤棉业二期20万锭棉纱生产线项目，累计投资1.4亿元，完成了辅房建设、钢构安装、土方回填、主厂房封顶、钢构防火涂料粉刷、防火墙、通道路灯及道牙安装，雨水管道敷设、通道绿化及道路硬化等。商品交易和农产品批发市场项目，累计投资4.15亿元，农产品批发市场已建成，商品交易市场正在主体施工。万美家园住宅小区，计划投资3.2亿元，建设17～26层商住楼8幢，建筑面积10.79万平方米，配套建设地下停车场等。华润陶瓷公司入厂道路改造项目，投资36万元，建成了长201米宽6米的水泥路面，与304省道搭接。星鼎电子商务物流配送中心，累计投资5500万元，建成分拣区、仓储中心、冷链中心库房3600平方米；物流配送中心的1#、2#、3#快递物流综合楼（行政办公）及星鼎商务大酒店已全面封顶，正在进行内外部粉刷，配套实施了绿化亮化。

【招商引资】全年论证储备招商引资项目70个，外出考察2次，对接项目11个。正在跟踪洽谈的项目有：广胜食品新厂区、蔬菜熟化杀青烘干分拣包装生产线、新型建材生产基地等。

【服务企业】年内解决各类问题140件，奖励天纤棉业一期10万锭项目300万元，协调华天燃气公司敷设管道5.2公里，协助县煤业集团收购润昌公司，多次衔接协调解决西园区公租房建设后续问题。开展安全、环保督查30多次，发放整改通知书20多份，排除安全隐患80多处，有效防范了安全事故的发生。

领导班子成员名录

党工委书记　刘潇甫

管委会主任　袁鹏飞（7月后，挂职于天津新技术产业园区武清开发区总公司副总经理）

副主任　袁红燕（女，3月任）

姚小平

综合办公室主任　樊鹏图

（供稿：王美淇）

供 电

2019年，国网泾川供电公司坚持稳中求进的工作基调，以稳定发展为中心，把安全生产、强化服务、提升效益贯穿到工作的全过程，突出党建引领，全面推进工作作风转变、经营效益提升，较好地服务于全县经济社会发展大局。

【供电业绩】全年实现售电2.14亿千瓦时，占计划指标2.08亿千瓦时的102.94%，同比增长9.18%；综合线损率5.06%；城网供电可靠率完成99.87%，农网供电可靠率完成99.57%；城市电压合格率完成99.99%，农村电压合格率完成99.7%；平均电价5579.63元/千千瓦时，综合考评位居全市第三。

【安全生产】持续完善配网“四图两表”基础数据，治理配网隐患1396处，故障跳闸数同比下降12%，设备故障率5.4次/百公里。高效开展春、秋检工作，消除设备隐患缺陷4698处，安全抢修127次。全年县域未发生大面积停电事件，圆满完成县上“两会”、中高考、华夏母亲节等重大活动的保电任务，保障了人民生产生活用电。

春检启动仪式

【电网建设】实施农配电网改造工程，覆盖13个乡镇9810户。风情大道电缆入地按期投运，110千伏温泉变3条10千伏线路新建投运，形成了手拉手的互供模式，县城电网可靠性大大提高；配套解决了18个幼儿园、中小学“煤改电”电网建设问题，解决了太平、罗汉洞扶贫车间及玉都、荔堡污水处理厂用电问题，同步完成大修技改工程、防人身隐患治理工程34.5公里，万美、县医院及中小型企业电网配套到红线外，旭康养牛基地电网配套到位，全力为机关事业单位、中小型企业降低用电成本。

【营销管理】精简报装手续，压减报装环节，接电容量同比增长1.67万千伏安，新增电量130.59万千瓦时；高压用户平均接电时间同比缩短61.16个工作日。严格管控投诉事件，编制95598非抢修类业务处置规范，工单处置质量明显提高，9个月实现营销服务零投诉，投诉数量同比减少73件，运维、营销投诉下降30%。全年更换电能表52408只，清理待报废集中器、采集器2377只。积极配合民政部门，免收17489户城乡低保户和特困人员全年电费107万元。

【优化服务】推广支付宝、微信、网上国网等便民交费模式，线上缴费率达到了92.6%。积极跟进电能替代、新能源消纳，无偿接入光伏发电20户。一般工商业电价连续三次降价，由0.692元降到0.6043元。

领导班子成员名录

经　理　赵晓瑛
副经理　罗军明
　　　　鲁小强
　　　　刘成芳
　　　　王　斌

（供稿：景永倩）

商贸流通

2019年，全县商务工作在县委、县政府的正确领导和省市商务部门的精心指导下，认真贯彻落实党的十九大和十九届二中、三中、四中全会及省、市、县经济工作会议与商务工作会议精神，紧紧围绕“商贸拓领域，企业重培育，服务提效能”的工作思路，全面落实“一促二稳三着力”（促消费，稳外贸、稳增长，着力优化服务环境、着力强化项目建设、着力塑造商务形象）工作措施，积极促进消费增长，着力加快电子商务发展，持续推进东西部扶贫协作和消费扶贫，不断扩大开放交流，切实加强行业安全监管，努力营造良好的发展环境，全县商务工作取得了明显成效。

【目标完成】全县社会消费品零售总额实现27.91亿元，同比增长7.8%。外贸出口总额完成2318万元人民币，同比增长81.8%。

【消费促进活动】组织开展了“陇上泾川”2019首届电商年货节、“商务—石油石化联手行”“迎中秋、庆国庆”中华人民共和国成立70周年促销活动。企业先后参加了第20届中国（寿光）国际蔬菜科技博览会、第125届中国进出口商品交易会、天津消费扶贫展销会、“西交会”“厦洽会”“广交会”等各类节会，开展产销对接洽谈，拓展了农产品销售渠道。

首届电商年货节开幕式

【东西协作促销】加强与天津市武清区对接协作，丰农电商公司、雄发果蔬公司等企业分别与鑫宇能（天津）科技有限公司、美菜网开展协议合作，销售小杂粮11万元，销售蔬菜4.31万元，组织相关企业参加的“津城献爱心、精准助脱贫”大爱无疆——2019天津市中秋节社会帮扶消费扶贫展销会，现场销售4.78万元。对口帮扶地区特色农产品“大礼包”订购会，签订合同9706份，金额485.3万元；与天津食品集团签订五谷杂粮采购合同4045份，金额23.46万元；与天津异诚嘉品商贸公司签订苹果销售订单500万元。全县通过消费扶贫共销售苹果、牛肉、小杂粮等20多种特色农产品3358吨，实现销售收入5061.8万元。

【电子商务】建成了县级电子商务公共服务中心，改造装修了电商体验馆、运营中心、培训中心、创客中心、孵化中心等功能区，开办了“泾州特产”淘宝店铺。建成县级电商物流配送中心，其中分拣中心、冷链中心、仓储中心和信息化管理中心投入试运营，快递企业开始入驻；建成14个乡级物流配送站和141个村级电商物流配送点，三级电商物流配送体系基本形成。“泾州柿饼”获国家地理标志产品认证。培育了高平镇、飞云镇和党原镇赵家村、泾明乡白家村等电商示范乡村，培育电商企业54家，建办各类网店618家，培训电商人员5315人（次），线上交易额达到9900万元。

【项目建设】全年争取项目资金785万元，其中国家电子商务进农村综合示范县落实资金500万元，再生资源回收利用分拣中心项目50万元，冷链物流项目90万元，争取外贸发展专项资金114万元，电子商务专项资金31万元。

【综合执法】与全县12家成品油销售企业签订了安全生产目标管理责任书和消防安全管理责任书，开展专项检查6次，现场督促整改问题23处，发放整改通知书11份。完成6户成品油企业双层罐改造验收。

【酒类管理】完成30户酒类批发企业年检，对年检不合格的10户经营企业限期整改。签订质量安全承诺书120份，9月份开始酒类市场专项整治，共出动执法人员12人（次），检查酒类生产企业1家、酒类销售商32家、餐饮服务单位7家，下发整改通知书10份。

领导班子成员名录

局　长　　　　刘　泰
副局长　　　　贾华宁
　　　　　　　张永龙
酒类管理局局长　李灵平（12月止）

（供稿：康建军）

供销合作

2019年，供销合作社工作以习近平新时代中国特色社会主义思想和党的十九大精神为指导，全面贯彻落实省、市、县各级各类会议精神，坚持以服务“三农”为宗旨，以村级供销综合服务社建设为重点，不断强化服务理念，改进服务方式，努力推动供销社各项工作有序开展。

【基层供销网络建设】年内争取县财政资金92万元，扶持恢复基层供销社10个，累计建成乡镇供销社14个；以社村共建型、加盟型、社建型等方式，统一外观标识、统一门店经营、统一柜台货架安装，落实了场所、人员，改造提升村级综合服务社92个，全县村级供销综合服务社累计达到114个，村级社覆盖率达到53%。结合清理整顿提升农民专业合作社，年内建办农民专业合作社7个。

【农资供应】全年组织供应各类化肥2.3万吨，同比增长14.3%，农膜300吨，同比下降3.8吨。

【龙头企业带动】县联社加强对社属企业的管理协调服务，促进企业在农村主导产业经营销售上作出更大贡献。协调县陇丰果蔬公司积极参加各类农特产品展销会，该企业先后与天津市武清区签订帮扶大礼包合同94家，签约金额484万元，销售苹果、黄花菜、小杂粮152.2吨；与瑞天祥国际物流（北京）有限公司签订1560万元苹果销售合同。

【再生资源利用】 扶持甘肃普惠再生资源回收利用公司做大做强，打造再生资源回收加工再利用龙头企业。全年回收废旧地膜696吨、废旧塑料1400吨、废旧轮胎3000条，加工塑料颗粒960吨，加工果蔬筐110万只，完成产值693万元，销售果蔬筐80万只，实现销售额600万元，实现利润100万元，安置贫困人口就近就业38人。

【电商培训】 依托泾川县众诚职业技能培训学校重点开展电子商务技术员、管理员、商务师、农产品经纪人、物流师和商务信息咨询服务，全年举办培训班26期，培训2700多人（次）。

领导班子成员名录

主　任　杨昌宏

副主任　张维宏

王小东

纪检组长　脱向红

（供稿：毛如奇）

石油销售

2019年，中国石油泾川销售分公司围绕巩固提升市场份额，以规范现场服务、管控安全风险、创新营销增效、加强党建引领为重点，积极推进服务网点建设，多策并举提升营销创效，为县域经济发展提供了良好的石油保障。

【加油站改造】 根据环保要求，新建加油站1座，迁建1座，完成4座加油站油罐防渗及一体化改造，总投资额3250万元。完成22具地埋油罐防渗改造。

【经营效益】 全年，销售成品油2.7万吨，同比下降5.3%；非油品销售570万元，同比增长8.5%；上缴税金230万元。

【安全管理】 发挥行业优势，参与多起过境泾川危化运输车侧翻事故的救援活动。在各加油站点安装身份证扫码器，推行散装汽油销售实名登记管理，全面落实各项防恐、安保措施，全年无安全事故发生。

领导班子成员名录

经　理　杜甲琦

（供稿：杨　恺）

烟草专卖

2019年，全县烟草管理和营销工作按照县委经济工作会和全市烟草系统工作会议安排部署，坚持效益优先，进一步规范完善烟草营销网络，精准监管重点区域和销售大户，不断夯实经营基础，规范经营行为，全县烟草工作发展态势良好。

【卷烟经营】 至年底，全县共有卷烟零售客户1077户。全年销售卷烟6893.55箱，同比增长1.52%，实现销售金额14558.21万元，同比增幅3.71%，单箱销售额21119元，同比上升2.16%。

【烟市管理】 查处涉烟违法案件109起，查处卷烟97.35万支，同比下降5.5%，案值46.1万元，其中查处5万元以上案件2起，刑事立案1起，逮捕5人，判刑3人，其中“3·27”非法经营案件涉案金额111.66万元，取得了泾川卷烟打假百万元案件再突破。

【“放管服”改革】 积极推行网上许可申报模式，推进“减证便民”，缩减办理时限，初步实现零售许可事项申办“最多跑一次”，全面完成了零售市场准入负面清单制度试点任务。

【安全管理】 全面落实企业安全生产主体责任，扎实开展安全风险分级管控和隐患排查治理双重预防机制建设，辨识危险源282项，对52项重要危险源制定了目标指标管理方案，做到安全风险可防可控，企业安全管理水平持续提升。全年未发生重大安全事故。

领导班子成员名录

局　长（主任）　姚进才

副主任　潘彦文

副局长　王光宇

（供稿：杨　斌）

盐务管理

【概况】 按照《泾川县机构改革方案》，县盐务局行政管理职能划转县市场监督管理局，实现政企分离。按照省盐业集团公司的要求，10月成立泾川县配送中心，实行泾灵崇三县财务统一管理，由泾川配送中心统一配送食盐到泾川、灵台、崇信经营门店。

【食盐购销】 全年购进各类盐产品805.5吨，其中食用盐655吨。销售各类盐产品827.5吨，其中小袋盐624.2吨，完成责任目标90.2%。上缴税金12.66万元。

领导班子成员名录

经　理　侯炳杰

副经理　口春红

（供稿：口春红）

交通通信

交通运输

【概况】泾川县交路运输管理局下设道路运输管理局、县乡公路管理站、交通运输综合行政执法队、交通建设工程质量监督站4个科级事业单位。年底有干部职工84名。

2019年，全县交通运输系统认真学习贯彻党的十九大和中央、省市县委经济工作会议精神，以交通基础设施建设为重点，千方百计争项目、抓实施，加快现代综合交通运输体系建设，努力提升交通运输服务品质，为全县经济社会高质量发展奠定基础。

【道路建设状况】年底，县境内公路总里程1754.8公里，其中国道159.8公里，省道109.9公里，县道281.1公里，乡道244.6公里，村道959.4公里。按技术等级分：高速公路72.8公里，一级公路12.4公里，二级公路64.3公里，三级公路170.1公里，四级公路862.6公里，等外公路72.6公里。按路面类型分：沥青路面863.6公里，水泥混凝土路面278公里，砂砾路面78.1公里，无路面35.1公里。公路网密度为84公里/百平方公里，全县14个乡（镇）、215个建制村全部通硬化路。

【运输服务状况】年底，全县有客运企业2个，货运企业4个，出租汽车公司3个，驾培机构4个，机动车检测公司1个。各类机动车维修企业75户。各类汽车客运站、行政村停靠亭245个，其中二级客运站1个，五级客运站19个，行政村停靠亭225个。拥有营运车辆930辆，其中班线客车105辆，公交车16辆，出租汽车170辆，货车639辆。

【项目建设】年内实施重大项目2项。一是国道312线凤翔路口至平凉东改扩建项目（高平至何家坪试验段）全长18.431公里，完成投资3.3亿元。二是泾川县汽车站项目，建成站务楼主体工程，完成投资3671万元。

【农村公路建养】全年实施农村公路建设养护项目5项181.8公里，总投资2688.7万元，其中投资1010万元，处治农村公路“畅返不畅”道路30

公里；投资187.29万元，整治水毁公路35.042公里；投资254.49万元，维修北大路郝家至吕家拉段2.75公里；安全生命防护工程114公里，总投资812.28万元；投资424.64万元，完成刘家沟桥、杨吕桥、景家沟桥、南石窟寺大桥4座危桥改造。

年内建成的通乡油路

【农村公路管护】 全县设立农村公路管理所14个，配备专职副所长14人，工作人员28人，选聘护路员500名，负责乡村道路日常管护，乡村道路平均好路率达到98.5%，主要养护路线平均好路率达到99.1%。

【道路运输】 全年更新班线客车5辆，新增出租汽车66辆、普通货车3辆，全县有班线客车105辆，出租汽车170辆，货车639辆。完成客运量218.38万人、客运周转量10805.64万人公里，完成货运量213.48万吨、货运周转量61385.05万吨公里，与去年同期相比增长了6%。

【运输管理】 开展道路运输行业“安全生产月”和“安全生产陇原行”活动，为16辆新能源公交车安装了驾驶区域安全防护隔离设施，全年开展安全检查94次，检查企业14家，约谈企业5家，排查安全隐患52起，落实整改52起，组织实施“打黑车、除车霸”百日专项行动，出动执法人员5996人（次），散发宣传资料1万多份，查扣非法营运车辆43辆，查处违规经营行为55起。对16家企业进行质量信誉考核。对全县63辆县内班线客车、169辆出租汽车、437辆营运性货车进行了年检审。向农村客运车辆、城市出租汽车发放燃油补贴550.57万元。

【交通综合执法】 11月，成立泾川县交通运输综合行政执法队，配备工作人员29人，主要职能是负责全县国省干线及农村公路路政、道路运政、交通工程质量监督管理、超限运输治理和对其他交通项目违法违规行为实施行政处罚工作。至年底，立案查处31起，结案31起，收缴罚款16.64万元，赔偿案立案6起，结案5起，收回赔偿费50761元。

领导班子成员名录

局　长　刘兴国
副局长　史林森
　　　　康　仁（1月任）
纪检组长　袁瑞生

（供稿：吕国君）

道路运输管理

【概况】 全县道路运输行业有客运企业2个，货运企业4个，出租汽车公司3个，驾培机构4个，机动车检测公司1个，各类机动车维修企业69户，各类汽车客运站、行政村停靠亭245个。

2019年，全县道路运输管理工作认真贯彻落实省、市、县交通工作会议要求，紧紧围绕全县交通运输行业改革发展大局，对标“巩固、增强、提升、畅通”八字方针，按照夯实工作基础、突出安全监管、强化市场整治、加强自身建设“四位一体”的模式狠抓工作落实，较好地完成了全年工作任务。

【安全监管】 圆满完成了春运、“五一”、中秋、“十一”等节假日运输保障任务，累计投放客车4236辆（次），运输旅客11.14万人（次）。开展道路运输行业“安全生产月”和“安全生产陇原行”活动、道路运输行业安全生产大排查大整治大提升专项行动。督促公交公司为新增的16辆新能源公交车全部安装驾驶区域安全防护隔离设施。开展安全检查94次，检查企业14家，约谈企业5

家，排查隐患52起，下发整改通知5份，落实整改52起。

【专项整治】开展客运市场秩序专项整治和“打黑车、除车霸”百日专项行动，出动执法人员5996人（次），执法车辆1730辆（次），散发资料1万多份，群发短信18万条，查扣非法营运车辆43辆，查处违规违章经营行为55起。

【队伍建设】严格落实“三会一课”、主题党日、谈心谈话等基本组织生活制度，党支部的凝聚力和战斗力得到提升。开展了“不忘初心、牢记使命”主题教育，巩固“转变作风改善发展环境建设年”活动成果，强化执纪监督，组织党员干部公开承诺践诺，制定了“廉政风险防控清单”，修订完善《考勤和请销假制度》《节假日值班制度》等制度。

领导班子成员名录

局　长　左东元（1月止）

　　　　杨　鑫（1月任）

副局长　杜宏科

（供稿：周建华）

县乡公路管理站

【概况】县乡公路管理站隶属县交通运输局管理，属公益性事业单位，年底有工作人员27名。

2019年，全县公路管养工作以“四好农村路”建设为目标，认真落实“路长制”责任，县、乡、村三级路管机构签订《农村公路目标管理责任书》《安全生产责任书》，将农村公路划段负责，明确各路段路长及养护人员，靠实责任，强化日常巡查，公路管理水平明显提升。

【道路养护】全年上路240天，累计上路清扫路面600多公里，清理边沟13公里、塌方40多处60立方米，路肩打草、喷施除草剂35公里，清理垃圾90多处70立方米，确保了县乡道路安全畅通整洁。

【应急抢险】完善应急抢险预案，加强应急值班值守，及时开展道路险情排除和路障清理，组织人员上路铲雪除冰20多次，撒融雪盐4吨，处置水毁隐患60多处，清理塌方落石30多处，处理危险路趴树200多棵。

领导班子成员名录

站　长　刘仲文

副站长　袁　静（女）

（供稿：高全军）

汽车站

【概况】泾川汽车站为二级公用型汽车站，隶属于甘肃东部运输实业集团，占地9.87亩，站内停车场4361.78平方米，建筑面积2221.95平方米，候车室300平方米，站场设施齐全。年底有工作人员31人。

修建中的泾川汽车站

【安全管理】车站与客运车辆经营者签订安全目标责任书和进站协议书101份，车站与员工签订安全目标责任书31份。全年安检客车32110辆（次），出站客车48311辆（次）、安检行包30万余件，组织员工开展安全培训6次。

【经营情况】全年运营收入315.72万元，占计划的100.23%；实现利费175.46万元。

领导班子成员名录

副经理　刘宗明

副站长　杨婷婷（女）

（供稿：胡丽丹）

泾川公路段

【概况】泾川公路段下辖泾川、长庆桥2个养管站和唐洼里隧道专业养护队及罗汉洞养护料场，年底有职工63人。管养公路6条154.925公里，其中一级9.556公里，二级71.591公里，三级73.778公里，桥梁61座，涵洞313道，普通隧道1座1467米。

2019年，泾川公路段以“创建平安公路全面养护”百日竞赛活动为契机，改革攻坚推进养护工作转型、强化管理促进服务提质，努力构建畅通安全绿色的公路网络，为地方经济发展提供了良好的通行环境。

【路况管理】全年累计清扫柏油路面2000公里，整理路容路貌505公里，清理路域内垃圾1578立方米，清理路面淤砂387立方米，桥涵清淤19060立方米，清理疏通边沟21公里，清理塌方1069立方米，补画路面标线2124平方米，安装百米桩、里程碑88块，更新了沿线港湾式停车亭宣传标语。

【设施改造】实施隧道提质升级项目，将模拟监控系统更新为高清数字监控，更换摄像头23组；增设了高音广播系统，安装高音外扩设备10台；更新机电控制系统后台软件，使隧道照明、风机、电力、道路信号控制等设施既可手动控制亦可自动控制。安装隧道电缆沟盖板310块，施画白色热熔反光振荡标线566.1平方米；施画黄色热熔反光振荡标线265.05平方米；铣刨旧标线831.15平方米，安装双面反光轮廓带2套、立面标记42平方米，立面标记铝板352.8公斤、突起路标440个；安装疏散指示标志60套、紧急停车带位置提示标志2套、紧急电话反光标志30套、消防反光指示标志30套；购置安装紧急呼叫设施30套。

【技术创新】积极探索应用公路养护“四新”技术，在G244线防撞墩贴黄黑双色瓷砖1740块，在G244线（原X521线）、Y127线实施沥青路面基层冷再生预防性养护施工1217.6平方米，在G244线、X067线实施废旧油皮冷再生利用处治路面病害施工2124平方米，在G244线（原S202线）实施路面灌缝9429米，G244线（原X521线）、X067线等路段实施沥青洒铺罩面等预防性养护16283平方米，提高路况质量和道路通行能力。

【安全生产】开展以“防风险、除隐患、保安全”为主要内容的隐患排查整治行动，采取站、队、室自查和段安全检查小组复查的方式，对风险隐患及时整改。严格按规范布设安全防护设施；严格落实应急值班制度，坚持领导带班和24小时值班；坚持每周召开一次安全分析会。全年共开展安全教育10次，受教育人数300多人（次）。加大安全投入，购置储备帐篷3套、安全标志牌20套、安全锥桶300个、爆闪灯10套，购买黄大衣、应急灯、雨鞋、手套、安全帽等安全物资。为在职职工、长期雇工购买保额100万元的人身意外伤害保险，为季节性雇工购买了团队意外伤害保险。坚持班前风险告知、安全教育和班后安全技术交底，年内全段无安全责任事故发生。

【防滑保畅】将防滑保畅工作划线包干到每一名技术人员、每一名领导干部，储备融雪盐60吨、炉渣900立方米、碎石1100立方米，配备防滑保畅应急机械设备6台，其中，除雪铲1台、装载挖掘机1台、养护车2辆，确保随调随用，并在各路段备足备好防滑料。

领导班子成员名录

党支部书记	李　戈
段　长	马宇驰
副段长	王风平
	魏永强

（供稿：张　磊）

泾州高速公路大队

【概况】泾州高速公路大队，成立于2009年9月，2017年4月整建制由省管移交市管，现有交通民警24人，辅警16人。

2019年，高速公路交通管理工作以平安出行为核心，牢牢把握除隐患、防事故、保安全、保畅通的总体要求，严抓队伍管理、严查严惩重点违法行为、严防道路交通事故，努力实现了“三个明显下降、三个零发生”的工作目标，管理路段道路交通安全形势稳中向好，为全县经济快速发展创造了良好环境。

【综合治理】全年查处各类交通违法行为83764起，其中，简易程序28816起，非现场录入54948起，无证驾驶92起，准驾不符15起，有证交无证57起，行政拘留92人，超员99起，涉牌涉证2097起，饮酒驾驶3起。销毁报废机动车1辆，登记检查重点车辆1400余辆，寄发客运车辆抄告单414份、危化品车辆抄告单58份，发放路况提示卡1.5万张。

现场检查

【事故预防】将凤口长下坡事故预防作为重中之重，在多次实地调研后，采取“四个治理”，落实“六个到位”的“4+N”措施，有效遏制了事故高发多发的势头。联合“一路四方”协作单位开展事故现场安全防护演练4次，各类事故处理培训10次。

【安全宣传】组织大型宣传21场，制作交通安全宣传横幅30条、宣传橱窗及展板12块，发送交通安全宣传提示短信3万余条，发送新浪微博7826条，建交通安全微信宣传群30个，入群人数6000余人，通过微信发送交通路况信息2732条，邀请记者随警作战11次，写宣传简报107篇，编辑“美篇”30篇，大队微信公众号推送信息1038条。

领导班子成员名录

大队长　　杨红宁

副大队长　王怀钦

　　　　　潘铅龙

（供稿：马宝龙）

邮　政

2019年，中国邮政泾川县分公司全面贯彻落实省、市邮政工作会议和县委经济工作会议精神，紧盯市场需求，不断拓展业务范围，强化精细管理，全力推动创新转型、服务质量提高和经营效益提升，企业发展水平稳步提高。

【经营效益】全年业务总收入2202万元，同比增长16%。其中邮务类收入449万元，寄递类收入203万元，金融类收入1550万元。

县邮政局电商帮扶果农

【邮政设施】全县营业、投递网点19个，邮路2条，里程274公里。全年进口邮件量66.19万件，出口邮件量13.67万件，在分公司建成邮件处理中心，安装自助机具15台、监控设施20套，在城乡安放室外信箱38个，配备投递专用电动三轮车24辆。

领导班子成员名录

总经理　王肖沣（4月止）
　　　　田建荣（4月任）
副总经理　叶　瑞

（供稿：赵晓成　袁文军）

电信公司

【概况】中国电信泾川分公司有职工91人。维护国家一级干线光缆100.53公里，省级骨干网光缆73.536公里，本地网光缆111.91公里；县乡中继光缆及接入光缆共计2623.4皮长公里。

2019年，泾川电信分公司认真贯彻落实国家和省、市关于加快信息网络发展的决策部署，围绕城乡市场需求，落实提速降费创新，加快通信基础设施建设，不断拓展服务市场，有效加快了全县信息化发展步伐。

【经营效益】至年底，电信公司移动用户达到60124户，宽带用户达到45897户，宽带电视用户达到31900户，经营收入3520万元。

【网络建设】至年底，新增光网端口5863户，光网端口累计达到68846户，行政村光网覆盖率达到100%，自然村光网覆盖率达到98.52%。移动网新建基站35个，高密度小区覆盖率达到96.5%，高价值商业区覆盖率达到97.5%。

【智慧城市建设】按照智慧城市工程项目建设规划，实现智慧城市140路、雪亮工程905路前端监控入网交付，同时完成智慧旅游65路视频监控、20路IP广播系统及10路报警系统安装开通，并通过验收。

【服务与管理】重新制定《泾川分公司服务管理及考核办法》，组织开展服务质量提升大讨论活动，分专业、班组开展服务热点难点问题分析，修订完善服务工作规范，加强前台营业人员、装维人员、政企客户服务人员的技能培训，降低了投诉率，提升了客户满意度。

领导班子成员名录

总经理　程　光
副总经理　贾　骏（9月止）
　　　　贾小军
　　　　贾志强（9月任）

（供稿：赵新民）

移动公司

2019年，县移动公司认真贯彻习近平新时代中国特色社会主义思想和党的十九大精神，积极执行国家“提速降费”政策，按照县委、县政府及省、市公司部署，立足县情，结合自身技术优势突出职能作用发挥，全力服务全县社会经济转型发展。

【主要指标】至年底，移动用户累计有131229户，当年移动用户净增-5360户，宽带用户累计有34726户，电视业务累计有23810户，宽带新增用户10826户，电视业务新增9690户；全年业务运营收入7507.33万元，较2018年同比下降8.05%。

【网络建设】投资300多万元，新建4G基站26座、5G基站5座；投资350多万元，新建光缆线路200多公里；投资200多万元，对太平、荔堡、城区等街道线路进行管道建设；购买城区和谐丽景、花样年、万美城市广场综合业务汇聚机房3处，解决后期5G大数据、千兆宽带、网络电视区域的扩容。在12个行政村建设驻地网，建设信息点3000户。有线宽带网络城区覆盖率达到99.8%，农村覆盖率达到80%，5G项目初步启动。

【项目合作】年内，县移动公司加快信息化监管建设，与县民政局建成养老呵护平台，使县内各个养老院得到远程监管；与县市场监督管理局签订了明厨亮灶二期项目ICT协议，完成县内各大中型、学校食堂视频监控接入；与县消防救援大队签订智能烟感项目，在各大企业、教育培训班安装了智能烟感；与县教育局签订电子图书馆项目、儿童腕表免费送项目，为各大学校配备咪咕Kindle智能电子阅读终端，捐赠儿童腕表3000多部。

【安全生产】制定“安全生产月”活动计划，聘请县消防大队专业人员开展消防常识安全培训，修订完善应急预案，落实安全防范措施。对基站周边排水、用电等情况定期进行检查，全年通信畅通，无责任事故发生。

【公益宣传】利用营业厅LED电子屏积极配合县上做好社会主义核心价值观、安全生产、消防安全等内容宣传；在庆祝“八一”建军节期间，组织对县消防大队、县中队以及人武部官兵进行慰问。

【党建纪检】年初，公司与各经营服务厅、部签订党风廉政建设目标责任书，公司支部制定学习计划，扎实开展党建+思想教育（五心十问）、“党建和创”“不忘初心、牢记使命”主题教育等系列活动，始终坚持把党建工作同业务经营深度融合，积极发挥党支部在公司发展中“把方向、管大局、保落实”作用。年内组织自查12项，督促限时整改，促进业务工作规范有序推进。

领导班子成员名录

总经理　李晓刚

副总经理　刘建兵

　　　　　刘　鹏

（供稿：李　娜）

联通公司

2019年，联通泾川分公司以5G商用为契机，坚持公众移网有效发展，加大宣传推销力度，创新方式加快政企业务突破，多方促进业务规模上量，多渠道提升经营效益，较好地完成了全年各项经营目标。

【指标完成】全年完成出账收入1521万元，同比增长45万元，累计净增用户5000户。

【业务创新】开展春、秋两季校园营销活动，以2I业务为主打产品，线上线下一体化受理；以创新业务范围为主，多次开展集体营销活动，挖转异网用户；盘活现有资源，对部分小区、乡镇进行接入网建设，常态化开展宽带宣传，积极上门开展服务，多方提高资源利用率。

【城域网建设】全县管道总长度16.55公里，新建光交箱15个（其中城北5个，城南6个，城西3个，城东1个）。

【移动网工程建设】至年底，共有基站361个，其中4G（FDD-LTE）基站154个，3G（WCDMA）基站195个，2G（GSM）基站12个，可满足全县所有手机用户的语音、数据业务需求。

【入网建设】全县宽带FTTH端口2032个，宽带出账用户400户。

领导班子成员名录

总经理　史悦红（女）

（供稿：尚芬琴）

财　政

2019年，全县财政工作认真贯彻落实县委经济工作会及省市财政工作会议精神，强化收入征管，优化支出结构，着力防范化解地方政府隐性债务风险，不断提高财政服务效能，为全县经济社会高质量发展提供财力保障。

【财政收支预算】全县公共财政预算收入完成21848万元，占预算21830万元的100.1%，同比多收252万元，增1.2%；大口径财政收入完成41560万元，占预算40395万元的102.9%，同比多收726万元，增长1.8%。其中，中央级收入完成14167万元，省级收入完成5505万元，市级收入完成40万元，县级收入完成21848万元，分别占大口径财政收入41560万元的34.1%、13.2%、0.1%，52.6%。

全县公共财政预算支出完成251437万元，占调整预算数251437万元的100%，同比多支25649万元，增长11.4%，其中，八项支出完成151098万元，占调整预算数151098万元的100%，同比多支22017万元，增长17.06%。

【基金预算】全县政府性基金收入完成30523万元，占预算35000万元的87.2%，同比多收20482万元，增长2.04倍；全县基金支出完成16968万元，占调整预算16968万元的100%，同比少支9672万元，下降36.3%。

【教科文、行政政法】全年拨付学校公用经费2783万元，营养餐改善专项实际支出1718万元，拨付学校改造专项2756万元；发放高中助学金、免学费474.57万元，中职助学金、免学费补助836.374万元，寄宿生生活补助624万元。对8990名幼儿免除保育费，发放补助资金917.44万元。为建档立卡户普通高中学生免除学杂费和书本费，发放补助资金104.29万元；高职学生免学费和书本费补助经费92.3万元。

全年拨付公安、司法政法转移支付资金596万元，博物馆纪念馆免费开放资金90万元，文化馆、图书馆、乡镇文化站免费开放资金99万元；下达文物保护专项经费638万，下达公共服务体系建设（无线覆盖）资金72.79万，下拨中央补助地方公共文化服务体系建设专项及奖补资金180万，争取县融媒体中心建设项目资金100万；下拨旅游示范县建设项目75万元。

【社会保障】社会保障和医疗卫生事业支出52547万元。困难群众基本生活救助补助支出9777万元；就业补助资金2000万元；优抚支出1297万元；退役安置资金1214万元；残疾人事业支出（不含残疾人“两补”）83万元；公立医院改革补助260万元；基层医疗卫生机构支出582万元；基本公共卫生服务1978万元；重大公共卫生专项94万元；中医药支出147万元；计划生育事务支出1013万元；财政对城乡居民基本养老保险基金补助7974万元；财政对城乡居民基本医疗保险基金补助334万元；城乡医疗救助资金1772万元。社保基金专户总收入30912万元，社保基金专户总支出30772万元。

【小额信贷】2015—2017年共发放扶贫小额信贷41955万元，截至2019年12月31日，全县累计回收贷款17902万元，累计续贷22060万元。其中2019年回收11127.79万元，续贷11206.32万元。至目前，贷款余额24052.6万元，逾期额143.12万元。2019年共代偿死亡户贷款25户122.9万元。

【“一卡通”治理】全县入户核查7.73万户30.69万人，清查银行卡（折）7.63万张，发现问题6392个，其中“一卡通”发放、管理和使用不规范问题6294个，惠民惠农政策、资金落实不到位问题84个，惠民惠农领域腐败和作风问题5个，职能部门监管不力问题9个。至12月底，发现的6392个问题已全部整改到位，其中主动说清问题228个，涉及203人，退缴违纪违规资金107.72万元，查处问题线索19件29人，涉及资金8.48万元。

【整合资金】2019年全县统筹整合9个部门财政涉农资金25394.05万元，其中中央资金14634.65万元，占57.63%；省级资金6179万元，占24.33%；市级资金245万元，0.96%；县级资金（含天津帮扶资金）4335.4万元，占17.08%。整合资金主要用于农村基础设施建设和农业生产发展两个方面，具体安排农业生产发展项目160个，共整合资金16382.511万元，占整合资金总规模的64.51%；安排农村基础设施建设项目33个，共整合资金9011.539万元，占整合涉农资金总规模的35.49%。

【投资评审】全年完成财政投资评审预、决算项目266个。送审金额38012万元，审定金额35470万元，审减金额2542万元。

【政府采购】实施政府集中采购68项，预算采购资金14338.47万元，实际成交资金14036.96万元，节约资金301.51万元，节约率2.1%，共涉及33个单位。完成协议供货（定点）采购512批次，成交金额943.14万元。

领导班子成员名录

局　长　任小平

副局长　王晓亮

　　　　吕文贵

（供稿：刘根辈）

国　税

【概况】年底，县国税局有干部职工96人，其中中共党员52人。

2019年，全县税务工作在市税务局和县委、县政府领导下，认真落实国家税收政策，深化增值税改革，释放减税降费红利，坚持统筹协调抓税收入库，积极推出便民办税新举措，圆满完成了全年各项工作任务。

【税费收入】年内组织各项收入56551万元，同比增长26.1%，增收11704万元。其中税收收入累计完成29729万元，同比下降6.5%，减收2082

万元；非税收入累计完成1171万元，同比增长54.4%，增收413万元；社会保险基金累计完成24758万元，同比增长105.7%，增收12722万元；其他收入累计完成893万元，同比增长2.68倍，增收651万元。

【减税降费】累计新增减税2128万元，其中深化增值税改革新增减税210万元，小微企业普惠性政策减税743万元，个人所得税专项扣除减税36万元；2018年调整增值税税率翘尾减税755万元，调整个人所得税减除费用和税率翘尾减税275万元，统一增值税小规模纳税人标准翘尾减税55万元。小规模纳税人减免退税共计退出2466笔14.29万元。

【纳税服务】积极开展“便民办税春风行动”，实现13类170项办税事项“最多跑一次”、13类153项业务“全程网上办”。持续加大实名办税推行力度，拓展“简事易办”窗口业务范围，充分发挥“绿色服务通道”作用。针对新办纳税人推出“套餐式”服务，通过“综合服务窗口”一次性“打包”办理。积极推行办税事项容缺办理、城镇土地使用税和房产税一表集成办理、房地产交易“一窗办理”等便民服务措施。持续推行税收优惠“不来即享”工作，在政务大厅营业执照办理窗口放置了税收优惠“不来即享”宣传资料，做到宣传工作前移。做好“项目管家”纳税服务，成立“项目管家”辅导团队。在原有“银税互动”的基础上，建立“线上银税互动”合作机制，与7个银行建立了合作机制，帮助解决企业融资难融资贵问题。

【政策宣传】将“最多跑一次”改革与深化“放管服”改革以及优化营商环境结合起来，发放业务宣传册、办税指南，利用税企微信群、税企QQ群、12366短信平台，办税厅LED电子滚动显示屏，广泛宣传办税事项，扩大税收政策宣传知晓度和覆盖度。

【服务地方】认真落实小微企业普惠性减税政策和结构性减税政策，全年共减免增值税1268.74万元。严格落实小微企业所得税优惠政策，开展2018年度企业所得税汇算清缴工作，共减免企业所得税180.31万元。

【机关党建】严格落实“三会一课”等制度，认真开展基层党组织专题组织生活会和民主评议党员工作，累计谈话168人（次）。切实抓实抓好“不忘初心、牢记使命”主题教育，组织全体党员干部观看警示教育案例片2次，开展集中学习研讨2次，开展主题教育热身大讨论5次。

领导班子成员名录

局　长　王　晖
副局长　刘海龙（3月止）
　　　　景红生
　　　　朱海鹏
　　　　陈文奎
　　　　刘小军
　　　　牛惠生
纪检组长　张文耀
副局长　何凤玺
　　　　卢红生

（供稿：王文娟）

人　行

2019年，人民银行泾川县支行围绕“抓党建、带队伍，强调研、促履职，严管理、防风险”的工作思路，突出“人人有亮点，部门有品牌，支行有特色”的争先创优理念，全力履行央行职责，狠抓目标任务落实，机关各项工作迈上新台阶，较好地发挥了金融助推县域经济发展的支撑作用。

【主要指标】至年底，各项贷款余额70.83亿元，较年初增加1.6亿元，增长2.31%，存贷比70.86%。

【信贷改革】坚持稳健货币政策，充分发挥货币政策和宏观审慎政策双重调控功能。开展定向降准，连续4次下调泾川农商行人民币存款准备金率至7.5%，释放资金1.4亿元。开展贷款市场报价利率（LPR）改革，推动LPR改革在县域内的全面落实。

【金融扶贫】 累计发放精准扶贫贷款1959笔5.56亿元，发放特色产业贷款11户4.9亿元，为170户中小微企业贷款18.96亿元，为2户企业办理应收账款抵押贷款3.34亿元。

【风险管控】 深入开展金融风险监测摸排和日常管控，密切跟踪辖区内金融机构风险状况，严格落实存款保险制度。配合上级行做好存款保险系统三轮测试，确保存款保险系统顺利上线运行，及时做好保费收缴工作，全面落实问题投保机构早纠措施，根据央行评级结果，提前收回8000万元扶贫再贷款。

【金融服务】 严格落实数据"三审核"要求，全面提升统计数据质量。加强自助查询设备的升级维护，向社会提供个人信用报告8347次，柜台查询51次，企业信用报告查询138次。加强反洗钱监管，持续改善征信管理和服务水平。加强人民币流通管理，有效发挥"两管理两综合"管控作用。

领导班子成员名录

行　长　雷　霖

副行长　吕新鹏

　　　　王林玉

纪检组长　郑小平

（供稿：李明轩）

工　行

2019年，工商银行泾川支行围绕全县经济社会发展，认真贯彻落实县委、县政府各项决策部署，狠抓省、市工商银行安排的业务工作落实，全力支持小微企业发展，创新方式，拓展业务，转变作风，主动服务，全年经济效益明显提升。

【经营效益】 至年底，各项存款余额达36900万元（含对公理财），其中储蓄存款余额22300万元，机构存款6800万元。各项贷款余额24900万元，其中个人贷款20879万元，较年初增加8292万元，小企业贷款1309万元。存贷比为74.15%。

【客户拓展】 配合县级机构改革，及时开立县退役军人事务局、民政局、残联、扶贫办、红十字会等13个行政事业单位的对公账户。围绕发展车辆ETC客户，工作人员上门服务，联系办理安装ETC客户1800多户。为训练民兵上门办卡800多张。主动与县中医医院合作开通了全市第一个"银医通"项目。

【市场营销】 开展网点网格化、客群化营销，以代发客群、银发客群、少儿客群、外出务工客群、商户客群等5大客群为经营重点和突破口，定期举办厅堂微沙龙、产品推介会，每天通过电话营销、微信、H5等线上模式进行大额存单、随心存等优势产品宣传，加大营销力度。

【风险防控】 网点运营中加大关键风险点的防控，采取有力措施防范经营风险，合规销售各类理财产品，强化内控管理，积极防范和化解各种金融风险。

领导班子成员名录

行　长　杜晓龙

副行长　祝　晖

　　　　胥佳文

副书记　徐世文

（供稿：祝　晖）

农　行

【概况】 农业银行泾川支行共有营业网点10个，年底有职工115人，有党支部15个，党员75名。

2019年，农行泾川县支行经营工作以习近平新时代中国特色社会主义思想为指导，认真贯彻落实省、市分行经营工作会议精神，坚持稳中求进工作总基调，持续深化服务“三农”和脱贫攻坚工作，强化案防风控，强管理、固基础、抓转型、促发展，为支行高质量发展奠定了基础。

【业务成绩】年末，各项存款余额25.46亿元，各项贷款余额10.53亿元，不良贷款余额0.21亿元，实现净利润0.28亿元。

【党建工作】县农行党委始终坚持把党建工作摆在重要位置，不断完善工作措施，加大工作力度，形成了党务工作各部门齐抓共管、一级抓一级、层层抓落实的党建工作新格局。采取集体辅导、主题活动、知识测试等多种方式，深入学习习近平新时代中国特色社会主义思想和党的十九大精神，员工素质明显提高。年内配合市分行巡察工作，持之以恒正风肃纪，工作作风和服务态度明显转变。

领导班子成员名录

行　长　　张林果
副行长　　慕晓乾
　　　　　代小红
纪委书记　樊小鹏

（供稿：郭振强）

邮储银行

【概况】邮储银行泾川县支行下设营业部、信贷部及窑店支行，在城区设营业网点2家，安装自助取款机4台。年底，有员工30人。

2019年，邮储银行泾川县支行认真贯彻落实县委、县政府各项决策部署和省、市邮储银行的业务要求，以服务县域经济发展为目标，全面执行各项普惠金融政策，积极拓展业务范围，全力防范金融危险，较好地完成了年度各项工作任务。

【业务成绩】至年底，全行储蓄余额3.54亿元，净增318.17万元，累计发放贷款1.03亿元，净增-3053.29万元。年内，新开对公账户20户，结余63户，发放邮蓄信用卡1725张，邮储公务卡100张。联系走访行政村36个，建成信用村20个。

领导班子成员名录

行　长　马　博
副行长　王彩虹

（供稿：王甲荇）

建　行

2019年，建行泾川支行按照“支持地方经济发展，打造客户首选银行”的经营理念，以服务县域经济发展和服务城乡干部群众为重点，不断创新和丰富信贷产品，加大普惠贷款投放，支持中小企业快速发展，较好地服务于县域经济发展。

【经营效益】至年底，各项存款余额33377万元，比年初增加6420万元，增长27%。其中储蓄存款余额22202万元，比年初增加3025万元。对公存款余额11175万元，较年初增加3395万元。全年投放各类贷款27893万元，较年初增加6412万元。

【安全管控】以“双基建设”为契机，更换消防器材，在高柜、后院安装高清摄像头，进一步健全各类安全措施；严格执行监控重启、周内安全自查和安全日志登记制度，坚持每天班前、班中、班后对线路、安全器械、消防设备进行检查，有效杜绝了各种安全事故的发生。

【宣传教育】通过营业厅LED显示屏、液晶电视等载体，滚动播出各类金融知识和日常业务规定，加强对金融消费者或本行客户的宣传教育；加强员工法治教育和行为管理，增强员工的法治观念和守法意识，全年无重大违规违纪事件发生。

领导班子成员名录

行　长　　张鸿鹏
副行长　　张春涛
营运主管　冯安平

（供稿：冯安平）

农业发展银行

2019年，农发行泾川支行认真贯彻落实上级行各项决策部署，立足泾、灵、崇三县“三农”实际，积极探索创新，强化业务营销，全力服务国家粮食安全和乡村振兴战略，为支持地方农业和农村经济发展作出了积极贡献。

【经营效益】年末，各项存款余额11078.45万元，较年初减少18992.33万元，降幅63.16%；各项贷款余额108685.5万元，比年初减少901.39万元，下降0.82%，不良贷款连续7年实现“零”目标。全年实现收入5337.34万元，账面利润510.84万元，同比减少44.47万元，降幅8.01%。

【业务发展】年末，有省市县三级储备粮贷款3603.5万元，支持建立省市县级粮食储备2445万公斤。全年累计发放县级储备粮贷款2笔628万元，支持企业轮换县级储备粮320.7万公斤；新增粮油条线有贷客户1户，发放粮油收购贷款2笔250万元。积极服务全县重大项目建设和重点龙头企业，向县人民医院发放健康扶贫后续贷款2笔4000万元，累计支付扶贫信贷资金14659.02万元；向县富原红果品公司发放贷款1500万元，支持企业收购苹果250万公斤。

全力开展存款营销，将县人民医院基本存款账户由县农业银行迁移至农发行，为新世纪建筑工程公司和泾川县丰盛建筑公司在崆峒区支行开立了账户，为全行存款优化增添了新的动力。营销客户开通网银账户15户，通过网银账户支付资金8694.57万元。

【基础管理】组织职工认真学习新版《信贷全流程标准化操作手册》，坚持贷前、贷中、贷后依规操作，减少业务差错；按要求完成CM2006授信后管理模块与贷后检查尽职管理系统录入工作；坚持按月考核、巡查、点评，落实贷后管理各项制度要求，对企业经营中出现的风险事项和重大事项，及时向上级行报告。加强反洗钱工作，强化客户身份识别和大额可疑交易排查，未发生洗钱风险事件；严格落实安全值班制度，切实加强消防、车辆、机房、职工食堂等重要部位和关键环节的安全检查，全年未发生安全事故。

领导班子成员名录

行　长　路广林

副行长　吴　锋

　　　　白一峰

（供稿：王金明）

农商银行

2019年，泾川农商银行紧紧围绕行党委和董事会的决策部署，全面落实省联社提出的“抓党建、化风险、促合规、稳发展”的工作要求，强化信贷业务管理，加大支农力度，加快转型发展，着力提质增效，较好地完成了全年各项目标任务。

【业务工作】年内，各项存款余额达到400900万元，较年初净增19307万元，增幅5.06%。其中个人存款余额377238万元，较年初净增25754万元；全年发放贷款14103笔277416万元，收回贷款16692笔297978万元。业务收入29632万元，业务支出29585万元，实现净利润47万元。

【惠农助农】制定了《关于加快信贷投放支持三农工作的实施意见》，收回精准扶贫贷款2042笔11127万元，续贷2431笔11206万元，不良率0.6%；发放脱贫助力贷款680笔3398万元；代理全县城乡居民养老保险和医疗保险个人缴费业务，收缴养老保险30980笔679万元，收缴基本医疗保险241041笔6343万元。以“三农终端+惠民终端”为模式，完成135个农村金融服务室改造。

【科技金融】采取上门入户、微信、车载广告、户外广告、冠名赞助等多种宣传业务政策，开展手机银行、云闪付、飞天e码通、信用卡等业务的营销推介，不断扩展电子银行业务市场。开通智慧公交、布放自助设备、开通三农自助终端、投放惠民服务终端等方式，使电子银行业务得到进一步推广普及。

【文化建设】参加全县社火巡游展演，组织开展反洗钱、“3·15”、金融知识进村进社区、“庆三八·献爱心”职工募捐、业务合作走访、庆“五四”青年职工大会、吴焕先烈士纪念馆党员主题教育、十九大、十九届四中全会会议精神学习等活动；开展各类主题实践活动和谈心交流联结职工感情，年内走访慰问职工36人（次），与职工谈心交流70多人（次），凝聚了团队精神。

职工技能竞赛

【企业宣传】通过新闻报道、文字公告、业务信息播放、微信公众号等进行宣传。采取户外广告牌、村社布设监督牌、LED视频宣传、员工进村进社区等方式宣传业务、推介产品。以身边的典型人物和事例为素材，广泛宣传了农商行服务“三农”工作，助力全县经济社会发展的优惠举措。

领导班子成员名录

行　长	李耀龙
纪委书记、监事长	董纯录
副行长	戴惠荣
	吴永辉
	刘永生
党委委员、工会主席	张海锋
党委委员、总审计师	王晓云

（供稿：张　欢）

甘肃银行

2019年，甘肃银行泾川支行按照“服务地方经济、服务中小微企业、服务‘三农’、服务城乡居民”的市场定位要求，以中小微企业、工商个体户、城乡居民和“三农”客户为服务方向，积极发放各类贷款，全力服务城乡经济高质量发展，较好地发挥了金融部门的职能。

【业务成绩】年末，各项存款余额11.7亿元，比年初净增2亿元。各项贷款余额4.9亿元，比年初净投放2.15亿元。2019年贷款投放量、增速均位居全县第一位。

【履行责任】利用甘肃银行互助担保贷款、亚行转贷款、惠陇通等特色金融产品，积极进行信贷投放，全年累计投放各类贷款3.4亿元，有力地支持了全县重点项目建设、工业企业和商贸物流等产业的发展。

领导班子成员名录

行　长	陈军宝
副行长	赵宇飞
	杜明强

（供稿：杨　超）

中银富登村镇银行

2019年，中银富登村镇银行围绕加快县域经济发展，积极履行金融服务责任，深化普惠金融改革，持续为客户提供便捷优质的金融服务，支持民营企业发展，扶助创业增收，较好地完成了全年工作任务。

【业务成绩】至年末，总资产为29485.09万元，其中各项贷款12290.82万元；负债总额为23922.31万元，其中各项存款22658.56万元。

【金融服务】创新担保方式，将集体土地自建房、机器设备纳入担保范围，为民营企业发放贷款5500多万元。利用行业优势助力脱贫攻坚，全年发放精准扶贫贷款1000多万元。用机制推动创业，为就业困难人员、复转军人、高校毕业生、返乡创业农民工发放创业贷款2200多万元。

领导班子成员名录

董事长　张浩东

行　长　王东科

副行长　张海平

　　　　王森林

（供稿：周　博）

中国人寿财险

【概况】中国人寿财险泾川县支公司，年底有员工10人。

2019年，中国人寿财险泾川支公司坚持“诚信为本、稳健经营”的理念，积极扩大市场营销，及时受理灾损赔偿，着力降低和减少保户的经济损失，业务范围和业绩稳步提升。

【经营效益】全年完成保费收入732万元，占年度计划的97.6 %，其中车险保费收入633万元，非车险保费收入52.78万元，农险保费收入46.22万元；全年理赔268.47万元，同比减少129.28万元，减幅32.5%。

领导班子成员名录

经　理　刘鸿飞

（供稿：史　君）

中国人寿

2019年，中国人寿泾川县支公司按照稳中求进工作总基调，围绕“重振国寿”总要求，坚持党建统领，迎难而上，狠抓各项目标任务的落实，全面完成了年度主要任务指标，公司转型升级初见成效。

【经营效益】全年保费收入5202万元，同比负增长5.1%，首年期缴费收入387.44万元，同比负增长16.5%；10年期及以上首年期缴费收入257.69万元，同比增长14.49%；短期险保费收入268.03万元，同比增长15.56%。

【理赔服务】全年处理各类理赔案件1860件，支付赔款729.99万元，其中长期险案件124件，赔付299.66万元，基金险960件，赔付318.93万元），短险简单赔付率45.72%。理赔服务时效1.34天，5日结案率99.94 %。

【风险管控】公司持续做好风险排查，对乱象治理、非正常退保、销售误导、非法集资、投诉等重点风险常抓不懈。建立洗钱风险防控三道防线管理架构，三道防线各司其职、协调配合，形成了洗钱风险防控合力，全年无重大违规违纪事件发生。

领导班子成员名录

经　理　王海平（9月止）

　　　　付　强（10月任）

（供稿：孟俊义）

中国人民人寿保险公司

【概况】2019年公司有合同制员工5人，代理员工115人，经营有个人保险、银行保险、团体保险、互动保险、服务营销保险。

2019年，中国人民人寿保险公司泾川县支公司全力推进集团公司“大个险”战略的实施，强化基础管理，积极拓展业务，加大营销队伍建设，各项工作都取得了长足发展。

【经营效益】全年实现保费收入1352万元，其中个险保费收入281万元，短期险保费收入23.5万元，互动保费收入58.6万元。全年理赔86件，赔付金额66.28万元，平均结案时间在24小时内，客户理赔满意，无重大客户投诉案件。

【经营管理】加强从业人员业务培养，严格执行《保险销售从业人员诚信品质综合评价管理办法》，自觉遵守财务工作纪律，严厉打击非法集资行为，强化信息真实管理，不断提高公司管理水平。

领导班子成员名录

经　理　鲁军亮

（供稿：张惠霞）

中国人民财产保险股份有限公司

【概况】中国人民财产保险股份有限公司泾川支公司下设8个部门，在高平、玉都、丰台设有营销服务部，有职工26名。

2019年，泾川支公司认真落实省市公司的安排部署，紧盯全县精准脱贫工作大力发展农业保险，全面落实增品扩面提标降费工作要求，精心安排推荐保险品种，普惠与特惠紧密结合，全力扩大保险业务总量，较好地完成了各项目标任务。

【经营效益】全年完成全险种保费收入1823.5万元，同比增长5.44%，其中车险保费收入1135.11万元，同比增长3%；商业险保费收入164.09万元，同比增长3.67%；农险保费收入524.3万元，同比增长11.77%。及时受理保户赔偿请求，全年赔款917.77万元，其中农业保险已决赔款431.44万元。

领导班子成员名录

经　理　胥国平

副经理　张建新

（供稿：张培源）

经济管理

发展和改革

【概况】 2019年1月，县级机构改革后，将县民政局、工信局的相关物资储备职责等划入县发展和改革局，加挂泾川县粮食和物资储备局牌子，下设县重大项目服务中心、县价格认证中心、县以工代赈办公室、县交通战备信息中心、县能源开发服务中心、县粮食稽查队6个二级单位。年底，发改局机关有干部职工25人。

2019年，全县发展和改革工作认真落实中央、省市、县各项决策部署，坚持以稳中求进为总基调，以供给侧结构性改革为主线，按照稳就业、稳金融、稳外贸、稳外资、稳投资、稳预期“六稳”要求，不断优化经济结构，强化项目支撑，改善基础条件，提升公共服务，保障改善民生，较好地推动了经济社会持续平稳健康发展。

【经济运行】 全年生产总值完成38.15亿元，增长6.6%；固定资产投资完成13.22亿元，增长7.3%；规模以上工业增加值完成0.41亿元，增长7.1%；社会消费品零售总额完成27.91亿元，增长7.8%；一般公共财政预算收入2.18亿元，同口径增长8.4%；城镇居民人均可支配收入27155.4元，增长7.7%；农村居民人均可支配收入10483.71元，增长9.3%。

【项目建设】 全年论证储备循环农业、文化旅游、节能环保等重点项目48项，概算投资102亿元，争取中央、省市财政专项资金13.5亿元，落实债券资金2.1亿元。年内实施500万元以上项目62个，完成投资18.4亿元，南滨河景观大道、星鼎电商物流配送中心等项目建成投用，朱家涧水库建成蓄水。

【易地搬迁】 “十三五”期间实施易地扶贫搬迁1635户6563人，搬迁入住率100%；拆除旧房1158户，拆除率70.2%，其中2016年项目拆除494户，拆旧率为100%；紧盯后续产业培育，建成王村、红河蔬菜园区和肉牛养殖小区，实现了“搬得出、稳得住、能致富”。

太平镇荒场村易地扶贫搬迁项目

【规划编制】组织相关部门编制了推进绿色生态产业发展规划及10个专项行动计划，谋划产业项目48项，概算总投资101.82亿元，争取绿色专项债券资金3000万元。2019年纳入全县500万元以上十大生态产业项目清单36项，概算总投资56.43亿元。编制完成《泾川县乡村振兴战略实施规划（2018—2022年）》。

【深化改革】依托甘肃政务服务网和投资项目在线审批监管平台，推行并联审批运行机制，将投资项目审批压缩至120个工作日以内。全年在线审批项目36项，办结35项，办结率97.22%。落实综合电价扶持政策，两次下调一般工商业电价8.77分钱，对17家龙头企业电价每千瓦时降低0.1元。扎实开展国务院第五次大督查整改和第六次大督查自查整改，围绕减税降费、稳定扩大就业、创新引领发展、优化营商环境四个方面，查找出44个问题，建立问题清单、明确责任和时限，全力协调督促开展整改。

【社会信用体系建设】开展行政许可行政处罚信息“双公示”、联合惩戒典型案例及“诚信泾川”红黑榜信息录入工作，累计录入“双公示”信息4044条、红黑榜2批5条，联合惩戒典型案例1例，曝光失信被执行人122名，发布拒执罪典型案例9件。

【粮食和物资储备】加强“粮安工程”建设，对盛谷公司城关和高平分公司2个库点进行粮库智能化升级改造，对高平分公司2座危仓进行大揭顶维修，增加仓容2500吨。实施陇上好粮油项目，对1户A类“放心粮店”进行店面升级改造，累计建成“放心粮店”10户。开展粮食库存、粮食收购、政策性粮食销售出库和储备粮轮换专项检查26次，下达责令整改通知书3份，采取省粮油批发交易市场挂牌出售的方式，完成2168.8吨县级储备粮轮换。制定《救灾物资储备管理制度》，接收救灾储备物资7大类42种。

【价格管理】全面清理行政事业性收费及经营服务收费，加强民生商品的价格监测，上报各类监测表30份，采集上报活鸡、育肥猪价格监测报表28期。依法开展涉纪、涉案物品价格认定工作，受理价格认定案件10起，标的金额44.82万元。完成城市公交车、巡游出租车票价和城区供热监审，清理规范中介服务。

领导班子成员名录

局　长　　王新义

副局长、县粮食和物资储备局局长

　　　　　刘鹏忠

副局长　　卢建荣（2月止）

　　　　　刘凯元（2月任，9月止）

　　　　　张田世（9月任）

　　　　　杨小勇

纪检组长　袁绍华（12月止）

　　　　　彭　哲（12月任）

（供稿：张永华）

统　计

2019年，全县统计工作全面贯彻落实县委十七届七次全委会议暨县委经济工作会议、全市统计工作会议精神，以提高统计数据质量为核心，以改革创新为动力，以服务和推动高质量发展为目标，以统计行风建设为保障，为全县经济社会高质量发展提供统计支持。

【统计业务】年内，依法依规实现农业、工业、商贸、固定资产投资等行业统计联网直报，规模以下工业、限额以下批发零售、住宿餐饮业等7项调查工作顺利开展，开展了部分行业事业单位月度统计调查、国内旅游、公众生态满意度等社情民意调查，按期完成小康社会监测、人口变动抽样调查、统计用区划和城乡划分代码维护等工作。基本单位名录库新增“四上企业”2户。

【统计服务】通过县政府门户网站、统计系统网站向社会发布数据，积极向各级各部门提供统计信息咨询服务。围绕中华人民共和国成立70周年整理撰写宣传资料，制作宣传展板。围绕“放管服”改革，梳理编制县统计局服务事项基本目录和实施清单。编发2018年统计提要、统计公报、统计年鉴等资料。

【统计法制】开展统计造假专项整治，对“跑数要数”、违反相关要求的统计做法进行清理纠正。抽查“四上企业”、投资项目单位统计数据质量29户。转发中办、国办《关于防范和惩治统计造假、弄虚作假督察工作规定》。将统计法律法规知识纳入干部培训内容，广泛开展统计法规宣传培训。

【第四次全国经济普查】2019年1月至4月底完成全县经济普查正式登记，共登记法人单位1367个、产业活动单位455个，抽样调查个体户1013个，8月份完成普查数据汇总和整体工作总结。

领导班子成员名录

局　长　张剑冰
副局长　李培建
　　　　王晶平
纪检组长　牛君瑞（女，1月任）

（供稿：王海峰）

调查队

2019年，泾川调查队紧紧围绕全省国家调查工作确定的目标任务，全面落实省调查总队和泾川县委、县政府各项工作部署，坚持从严治党，求真务实，扎实开展各项业务调查工作，圆满完成了全年工作任务。

【党的建设】制定《泾川调查队2019年党建工作要点》《党风廉政建设工作要点和责任分解》和《2019年支部学习计划》，突出以党的建设统领统计调查工作。全年支部组织主题党日活动12次，班子成员讲党课6次，举办经验交流会4次。

【调查情况】年内，泾川调查队完成国家、地方住户调查，国家、地方农产量调查和专项调查等15项。专项调查重点承担了月度劳动力调查、工业生产者价格调查、新设小微企业调查、服务业结构调查等。住户类调查项目，全县共抽取住户调查13个点130户，有126户为电子记账户，4户为传统纸质记账户，电子记账率达96.9%。农业类调查项目，全县抽中粮食产量调查点12个（5个国家点，7个地方点）。全国月度劳动力调查全县共抽取480户，逐月抽取16户（8户新户，8户老户），利用PDA入户调查，调查结果采取网络直报的方式上报，真实客观地反映泾川县城乡居民家庭从业人员就业、失业状况。

领导班子成员名录

队　长　温建君（10月止）
　　　　刘得弟（11月任）
副队长　刘林福
纪检员　马　伟

（供稿：剡玲玲）

审　计

【概况】按照全县机构改革方案，成立县委审计委员会，办公室设在县审计局；县发改局的项目稽查职能、县财政局的预算执行和其他财政收支情况的监督检查、国有企业领导干部经济责任审计、县属国有企业监事会的职责划入审计局。县审计局下设经济责任审计办公室、“三农”资金审计中心，核定行政编制10人，工勤编制1人，事业编制18人。年底，有职工25名。

2019年，全县审计工作认真贯彻落实中央、省、市、县委审计委员会和省、市审计工作会议精神，围绕县委县政府工作中心，严格执行年度审计项目计划，依法全面履行审计监督职责，努力提高审计工作质量和效率，全力加强审计机关自身建设，各项工作进展顺利。

【县级预算执行审计】对本级财政预算执行情况和11个部门预算执行情况进行审计，查出违规资金2121.97万元，管理不规范资金174330.6万元，审计决定收缴资金2121.97万元，上缴非税收入8.38万元。

【经济责任审计】对18名领导干部的任期经济责任和3名领导干部的任中经济责任进行审计，查出各类违规资金94.74万元，管理不规范资金576.6万元。

【政府投资审计】对2018年农村公路安全生命防护工程等6个项目进行了审计，查出违规资金19.26万元。委托中介机构对8个乡镇15个易地扶贫搬迁项目、13个教育改薄项目和6个医疗领域专项进行了资金审计。

【民生资金审计】对2018年农村饮水安全巩固提升等4个项目的专项资金管理使用情况进行了审计。

领导班子成员名录

局　长　　韩东堂
副局长　　闫玉成
　　　　　贾永春
纪检组长　杨再励（女）

（供稿：董小军）

自然资源

【概况】按照《泾川县机构改革方案》，将县国土资源局、县林业局的职责，以及县发改局的组织编制主体功能区规划、县住建局城乡规划管理、县水务局的水资源调查和确权登记管理、县农牧局的草原资源调查和确权登记管理以及自然保护区、风景名胜区、自然遗产、地质公园等管理职责整合，组建县自然资源局，加挂县林业和草原局、县不动产登记管理局、县绿化委员会办公室牌子。内设土地征收和储备中心、规划测绘服务中心、城乡规划设计研究室、自然资源执法监察大队、基本农田保护建设办公室、矿产资源服务中心、不动产登记中心、平凉市森林公安局泾川县分局、林业有害生物防治检疫站、退耕还林工作站、林业技术推广中心、果业局、果品产业技术服务中心、林业科学研究所14个下属单位，下设14个乡镇自然资源管理所（分局）和官山林场、林木种苗管理站2个基层场站。年底，有干部职工228人。

2019年，全县自然资源工作坚持以习近平新时代中国特色社会主义思想为指导，深入学习贯彻党的十九大和十九届三中、四中全会精神，坚决贯彻落实中央、省市县委及市局党组各项决策部署，围绕全县经济社会发展大局，稳步推进人员融合、业务整合、队伍建设，充分发挥自然资源保障和服务职能，全面完成了年度各项工作任务。

【规划管控】收集21个县直部门和14个乡镇47个方面的重点资料，完成省、市国土空间总体规划调研。委托专业设计单位编制了县城6处地块控规修改专题报告及17宗项目用地规划设计条件论证报告，为县医院附属工程等20个建设项目办理建设工程规划许可证。办理8个项目建设用地规划许可证，用地面积4.28万平方米；办理8个项目选址意见书，用地面积31.18万平方米；办理13个项目乡村建设规划许可证，总建筑面积0.37万平方米。

【项目用地】围绕重点项目建设，办理用地预审35宗665亩；编制了《泾川县城关镇、玉都镇等14个乡镇城乡建设用地增减挂钩实施方案》，增加规划周转指标3182.03亩，保障了重点项目实施。上报3个批次建设用地1442亩，全年有偿供地21宗510.85亩，收缴土地出让价款3.3783亿元；以划拨方式向县体育中心等项目供地6宗127亩；为中石化华北分公司石油勘探提供临时用地3宗20.97亩；批准王村、罗汉洞等4个乡镇养殖设施和配套设施用地7宗120.75亩。

【自然资源保护】进一步健全耕地保护责任体系和补偿激励措施，县乡村层层签订耕地保护目标责任书，落实耕地保护59.55万亩、基本农田保护48.3万亩，基本农田保护率达到81%；完成永久基本农田储备区划定任务，划定面积7000亩；实施飞云等5乡（镇）土地整理复垦项目，总投资819万元，建设总规模4909亩，新增耕地280.8亩；开展林业法律法规宣传28次，发放宣传资料1.6万份，择优聘补生态护林员35名，续聘新聘贫困户生态护林员752名，森林管护水平明显提高。

果品展销会

【防灾减灾】制定完善全县《2019年地质灾害防治方案》，健全县乡村组四级地质灾害防治体系，靠实工作责任。投资700万元，实施合志沟地质灾害治理项目，保护了合志沟流域群众的生命财产及城区安全。

【执法监察】开展国土资源动态巡查417人（次），发现各类违法违规行为87起，立案办结2件，向公安机关移交1件；完成卫片执法检查，对已确定的违法占用图斑向乡镇和涉及部门进行了反馈，督促限期整改。

【扫黑除恶】围绕自然资源领域存在的10方面涉黑涉恶问题和6方面涉黑涉恶新动向，对历年群众来电来信来访、领导批示及上级转办、网络舆情反馈、卫片执法、“大棚房”清理清查等反馈问题进行排查梳理串并分析，对自行摸排和转交的10条线索逐案调查，调查终结8件，其中向县公安局移交1件，2件正在核查，扫黑除恶工作取得阶段性成效。

【不动产登记】延伸不动产专网，拓宽服务渠道，开通城关等8个所受理窗口，方便群众就近办理不动产登记，年内办理各类不动产登记证书及证明11499本，其中证书4136本（含林权类），不动产登记证明7363本。

【生态绿化】以城乡面山、道路林网、公园小区、河流堤岸为重点，完成荒山造林3.04万亩，建成绿色通道146公里，完成10个村村庄绿化0.19万亩，城区及街巷绿化100多亩。集中对王母宫、大云寺、田家沟、锦绣凤凰景区进行绿化补植，提升了景区绿化效果。

【果品产业】全县新植补植果园2.2万亩，在丰台镇湫池，党原镇赵家，窑店镇公主、庙头等村建成苹果矮砧密植园946亩。完成果园补植1.95万亩，提质增效32万亩，巩固提升出口基地5万亩，GAP基地0.52万亩；完成果树修剪30.6万亩，覆膜保墒2.3万亩，追肥31万亩，果树拉枝4.6万亩，病虫害综合防治33.5万亩，果实套袋20亿只。对2万亩二、三类果园落实移栽整合、培肥地力、树形改优等改造提升措施，切实改善了园相园貌。深入村组果园开展培训200多场（次），培训果农1.9万人（次）。至年底，全县果园面积达到36万亩，当年果品总产量19.4万吨。

【林业改革】全县发展林下养鸡、养鹅35万只，林下种药1.1万亩，林业效益进一步提升。深入推进“放管服”改革，对林草局承担的23项服务事项编制办事服务指南，明确办理流程，全部进驻政务大厅进行窗口办理。

【林政管理】开展森林保险宣传，落实林地保险48万亩，依法办理征占用林地审批手续，办理采伐证38份，审核上报征占用林地项目9个，征收植被恢复费1220万元。防治侧柏叶枯病1500亩；检疫各类苗木217万多株，核发植物检疫证103件，种苗产地检疫率达到100%。完成植被恢复28处310亩，栽植苗木6.7万株。

领导班子成员名录

局　长　　梁小峰（1月任）

副局长、林业和草原局局长

　　　　　夏爱军（1月任）

副局长　　赵　勇（1月任）

　　　　　王惠军（女，1月任）

　　　　　辛永发（5月任）

纪检组长　梁春荣（1月任）

（供稿：刘俊俊）

市场监督管理

【概况】2019年1月，全县机构改革后，原县工商行政管理局、食品药品监督管理局、质量技术监督管理局合并组建成立了泾川县市场监督管理局，加挂泾川县食品安全委员会办公室、泾川县知识产权保护局牌子，整合了原物价局价格监管、盐务局盐务监管、工信局专利管理等部分职能，下设食品药品检验检测中心、市场监管综合行政执法队、质量技术监督检测所3个局属单位和15个乡镇市场监管所。年底有干部职工182名。

2019年，全县市场监督管理工作认真贯彻落实党的十九大和十九届二中、三中、四中全会精神及县委县政府部署要求，促改革、提质量、强监管、守底线，全县市场秩序得到进一步规范。

【监管服务对象】至年底，全县有各类企业1844户，注册资金58.57亿元，2019年新发展277户，注册资金98035万元；农民专业合作社467户，注册资金160342万元，新发展44户，注册资金9876万元；个体工商户8027户，注册资金80971万元，新发展1118户，注册资金13874万元，完成“个转企”67户。

【证照改革】全面实行“多证合一、一照一码”登记模式，发放“多证合一”营业执照1041份，全程电子化登记办理率90%以上。进一步减少简化办事流程，企业登记时间压缩到2日内办结，资料齐全、符合法定条件的当天办结。集中清理没有开展实质性业务的专业合作社，注销“空壳社”322户，注销个体工商户2427户。

“3·15”宣传活动

【商标培育】全年申请商标185件，注册成功183件，商标注册量达到571件。

【市场监管】全年开展不定向抽查2次，抽查个体工商户521户、农民专业合作社28户、企业96户。对石油、网络、电子商务、旅游等市场进行了定向抽查，抽查市场主体42户。

【知识产权保护】深入开展知识产权保护专项执法行动，严厉打击侵犯商标、专利、地理标志等行为，共查办商标侵权案件1件，案值0.31万元，罚款0.6万元。开展专利执法行动12次，检查专利商品6个品种，下架处理3个假冒伪劣专利品种。

【食品安全监管】加大对食用农产品的抽样力度，完成省上下达食品抽检任务805批次，15个食品快检室检食品1863批次，食用农产品2136批次。检查学校食堂、供餐单位及校园周边食品经营者900多户（次），校园周边小作坊77户，下发责令改正通知书94份，约谈学校食品安全负责人61人（次），下架封存“五毛食品”69公斤。依托县食品药品信息化监管平台，申请县财政资金17万元，新增饭店、学校食堂和营养餐加工点等集中性的食品安全监管点位75处，已接入互联网+智慧监管“陇上食安”平台91户。

【药品安全监管】开展专项整治8次，检查涉药单位384户，下发责令改正通知书150份，办理案件30件，罚没款4.7万元。积极开展药品评价抽验，共抽验60批次，监督抽验17批次，上报药品不良反应233份，器械不良事件68份。

【质量安全监管】全年检测检验县内经销和使用的煤炭123个批次。加大对医疗卫生单位、企事业单位使用的仪器、仪表和经营户使用的计量衡器的监督检查。共检查血压计、眼镜配制计量器具、压力表等1800多台（件）。认真履行特种设备安全监察职责，全年注册登记特种设备26台（部），车用气瓶登记53个。

【消费维权】调处消费者投诉133件，挽回经济损失46.23万元，处理政府网站消费留言52件，调解率100%。

【扫黑除恶专项斗争】先后9次召开专题会议，对扫黑除恶专项斗争进行了安排部署，引导市场经营者积极举报“菜霸”“市霸”“行霸”等涉黑涉恶涉乱势力，悬挂举报箱15个，发放扫黑除恶宣传资料1.8万多份，悬挂标语72条，发动经营者悬挂横幅416条，开展调查问卷940余份，集中宣传31场（次）。

【非公党建】持续扩大“两个覆盖”，全县共建立非公企业党组织132个，组建率52.6%；纳入党内统计的企业251户，覆盖企业189户，覆盖率达到75.3%。全县非公企业共有党员398名，其中今年新发展党员22名，培养入党积极分子25名。撤销“空壳”党支部33个，完成软弱涣散党组织整顿5个。

领导班子成员名录

局　长　　董永峰（1月任）
副局长　　贾自慧（1月任）
　　　　　王卫星（1月任）
　　　　　毛永明（1月任）
　　　　　张　勇（4月任）
纪检组长　郭富祥（1月任）
非公有制经济组织和社会组织工作
　委员会副书记　郭　刚（4月任）

（供稿：辛文辉）

应急管理

【概况】泾川县应急管理局1月29日挂牌成立，承担原县安全生产监督管理局全部职能、县政府应急委员会办公室的应急管理、县公安局的消防管理、县民政局的灾害救助、原县国土资源局地质灾害防治、原县林业局的森林防火、原县地震局的震灾应急救援、县水务局的水旱灾害防治、县农牧局的草原防火等职能，以及县防汛抗旱指挥部、县抗震救灾指挥部、县森林防火指挥部、县减灾委员会、县安全生产委员会全部职能。内设办公室、应急指挥中心、综合协调股、安全生产监督管理股、自然灾害及火灾防治股、救灾和物资保障股、宣传教育股7个股室和安全生产执法监察大队、地震局2个下属事业单位。年底，有干部职工60人。

2019年，全县应急管理工作全面贯彻落实国家和省市应急管理和安全生产工作会议精神，坚持“以防为主，防抗救相结合”的方针，努力夯实应急工作基础、健全责任体系、强化隐患排查、狠抓专项整治，应急管理、安全生产、防灾减灾救灾工作取得良好成绩，较好地服务于全县经济社会发展。

【应急能力建设】成立泾川县防灾减灾救灾委员会，制定《关于进一步完善应急管理体制机制的实施方案》，开建泾川县应急指挥中心，组建了乡（镇）、村（社区）应急管理所（室），三级应急机构网络全面建成，严格落实24小时应急值班和事故信息零报告制度，及时发布雨情、水情、大风等灾害预警信息。组织重点行业、重点区域开展防汛、地质灾害、地震应急、交通事故等大型应急演练327场（次），参与群众8万多人，应急处置能力进一步提升。

安全生产宣传

【应急宣传】 扎实开展"5·12防灾减灾日""安全生产月""119全国消防日""森林草原防火宣传周""国际减灾日""安全生产法宣传周"等宣传活动，发放安全生产、防灾减灾知识读本、彩页5万余份，推送安全生产、防灾减灾、防汛抗旱等信息10万余条。

【安全生产】 扎实开展危化品、消防、道路交通、煤矿、非煤矿山等领域隐患排查和安全专项整治，累计检查262家（次），排查隐患375条，全部督促整改到位。2019年，全县发生各类事故11起，死亡5人，受伤1人，直接经济损失1.86万元。事故起数、死亡人数、受伤人数、直接经济损失同比分别下降70.59%、72.22%、88.89%、39.63%。

【防灾减灾】 争取防汛资金97.7万元，购置防汛物资6.4万多台（件），清理疏通河道8处42公里、沟道13条17公里，排查整治水患215处，发布预警信息128条，有效保障了汛期安全。以重点林区、旅游景区为核心，在泾汭河流域南北面山、南北二塬沟壑36处重点林区设立警示标志、张贴"禁火令"、设置检查点，从源头上杜绝了火灾隐患。对全县1335家人员密集场所（学校、医院、建筑工地等）高风险场所进行消防监督检查，发现火灾隐患7030处，督促整改7014处，下发通知书1409份，发出处罚决定书27份，临时查封12家，关停7家，罚款26.75万元，拘留3人，有效降低了火灾隐患。建立健全地质灾害防治体系，加强地震、地质灾害隐患点动态监测、险情巡查和预警预报，发放防灾工作明白卡、防灾避险明白卡，最大程度保障了人民群众生命财产安全。

领导班子成员名录

局　长　李　杰（1月任）
副局长　高贵成（1月任）
　　　　郭瑞廷（1月任）
　　　　毛春晖（4月任）

（供稿：吴向东）

住建环保

住房与城乡建设

2019年，全县住房与城乡建设工作认真贯彻落实县委十七届七次全体会议暨全县经济工作会议及省、市城乡建设工作大会精神，以改善提升城乡人居环境为重点，持续深化党建统领“一强三创”行动，抓学习促担当，抓作风促落实，强化管理，攻坚克难，全力推动任务落实，各项工作取得了突破性进展。

【项目建设】全年实施城镇开发建设项目15个，完成投资6.34亿元。重点基础设施建设完成南滨河景观大道续建、G312甘家沟段慢车道柏油罩面、S304线两河广场至水文站段道路拼宽、世纪花园A-B区段公园及人行步道建设、“宪法主题公园”建设、泾州街老旧管网雨污分流改造、老旧住宅楼基础设施配套、城区“五桥一街一路”的美化亮化、污水处理中心提标扩容、污泥无害化处置及中水回用等项目工程；水泉路道路建设完成桥梁工程、管网埋设、路基回填。

【城区住宅开发】实施城区房地产开发项目9项，概算投资8.36亿元。名都花苑、天和人家、金江御苑、锦绣财源、世纪花园C区、万美家园6项续建项目及紫润东郡、金都花园、星鼎花园三期3项新建项目全面开工建设，累计完成投资8.35亿元。

【棚户区改造】对历年尾欠的460户棚户区改造任务进行集中攻坚，完成房屋征收377户。2019年老旧住宅楼改造涉及42个小区61栋楼1622户，总投资8410.22万元，全面拆除小区内小煤房1326间，处理遗留问题1560多条，年底改造全面竣工，小区人居环境得到有效改善。

【农村住房监管】对全县所有农户用房进行“过筛子”排查，针对排查认定的695户危房，采取“一户一策”的措施分类改造，新建409户，维修加固286户，全县危房实现全清零目标。对全县2017年以来享受危房改造补助的1938户农宅和22475户“四类重点对象”全部悬挂了标识标牌，对1320户长期闲置无人居住的废弃院落进行了拆除，对无法拆除的危房全部进行了喷绘标识；对正在使用的土坯房和位于地质灾害区域的房屋进行监管，确保农村群众居住安全。

棚户区改造现场

【乡镇垃圾处理】投资500多万元，维修改造高平、党原、荔堡3乡镇垃圾填埋场运行设施，确保正常规范运行；投资700多万元建成玉都镇、飞云镇垃圾处理站；投资200多万元，采取政府购买服务的方式，建成餐厨垃圾处理站，有效解决了城乡生活垃圾乱堆乱倒问题。

【全域无垃圾治理】紧盯城乡环境卫生方面的突出问题，集中清理陈年垃圾，规范处理新增垃圾，组建保洁队伍214个756人，整治沿路环境卫生126公里，清运生活及建筑垃圾68432多吨，农村垃圾得到了有效治理。全年开展专项督查7次，下发督办通知7期，把专项治理与完善机制相结合，努力巩固专项整治成果，确保工作实效。

【建筑质量管理】全年监督工程88项，建筑面积130.96万平方米，总投资21.25亿元，开展综合执法检查3次，消防安全、起重机械专项检查各1次，扬尘治理综合执法检查6次，农民工工资实名制支付专项检查4次，下发质量安全和扬尘治理整改通知单19份，督促整改问题56条。在建工程监督覆盖率、安全条件备案审查率、竣工工程质量达标合格率均达到100%。

【房地产市场管理】积极采取有效措施推进住房供应结构调整，引导开发中小户型、中低价位普通商品房，增加商品房供给，全县房地产库存达1783套21.45万平方米。建立房地产市场动态监测机制。全年二手房成交5.01万平方米，同比增长41.25%；新建房成交9.62万平方米，同比下降29.05%。平均销售价5124元/平方米，同比增长6.97%。依法追缴水畔华城小区486户住宅专项维修资金98.4万元，累计收缴住宅专项维修监管资金3880万元。

【供水供热供气管理】8月10日，朱家涧水库正式向百泉水厂供水。自来水公司认真落实水源地巡查和供水管网检修维护制度，对出厂水进行日检、周检、月检，按季度在县政府网站公示城区供水水质，全年安全供水190万吨。加强供热设施提升改造，投资1200万元，完成城东供热站提升改造，新建煤渣棚一座，投资3290万元，城西供热站增设65蒸吨流化床锅炉1台，新增供热能力100万平方米，结合老旧小区改造，对城区所有供热管网开展集中检修改造，11月1日按时供热。年内新增天然气用户453家，全县累计达到2381户，全年供应天然气932.8469万立方米。采取多种形式加大对安全用气的宣传，提高用户的安全防范意识和应对能力，有效防范了安全事故发生。

领导班子成员名录

局　长　何会军
副局长　雷喜泰
　　　　孙柏川（9月任）
　　　　何君贵
纪检组长　梁晓虎

（供稿：何亚运）

城市综合执法

2019年，城市综合管理工作以优质服务、和谐管理、文明执法、打造精品城市为目标，以开展“城市综合管理年”活动为抓手，配合“智慧城市”建设，管理与服务同步到位，全力以赴落实城市精细化管理各项措施，城市管理水平明显提升。

【环卫机制改革】 2019年1月，县执法局与平凉中天环境城市服务有限公司签订合作协议，由中天公司承接城区环境卫生打扫保洁、垃圾清运及园林绿化等业务，实行环卫一体化运作模式，合作期限3年，每年支付费用1490余万元。县执法局按照考核办法和考核细则，每天负责监督考核。督促中天公司落实“五扫五洒”全天保洁制度，推行“机械湿法洗扫，全天喷雾抑尘，人工常态保洁”，做到果皮箱、垃圾斗随满随清，垃圾清运落实苫盖措施；餐厨垃圾收集车每天定时定点上门收集，密闭清运，实现了垃圾日产日清，清运无遗撒无外溢。全年清运垃圾3.9万余吨，其中餐厨垃圾7300余吨。

执法局与中天环境公司签订合作协议

【城管执法】 联合相关部门，对城区商贸市场、交通秩序、建筑工地、烟花爆竹燃放等进行集中整治，累计下发整改告知书61份，劝导32家商户进店经营，引导36个摊贩归市经营，劝导12户露天烧烤摊贩使用清洁能源并安装油烟净化设备，依法暂扣违规行为人物品31件，处罚11起。审批门头牌匾53家。采用车辆巡回宣传、城管广播等方式宣传《泾川县烟花爆竹燃放管理规定》200余次，城区无序燃放烟花爆竹的现象得到有效遏制。联合公安、运管等部门，对渣土车未苫盖、车辆带泥上路等违规行为进行严管，处罚24起。

【园林绿化】 投资15.9万元，在城西广场、街路补植苗木2.2万株，移植304省道塔柏、侧柏等1.2万株。按照苗木生长规律，集中实施苗木病虫害防治3次，修剪行道树2200余棵、修剪绿化带800多平方米，配合供电公司，修剪影响供电设施树木600余棵，消除了安全隐患。

【市政管理】 筹集8.6万元，对一中路66盏路灯进行了更换升级，对城区780盏路灯进行检修。投入13.2万元，对回中广场木栅道进行了维修，更换木板642米、木扶手174.2米、钢化玻璃59.6平方米，铁皮加固木栅道104.1平方米。清理中山街木器厂、党校家属楼、农林路公厕化粪池3处及街道水箅子670个，完成37条街路882处沉淀式水箅子及城东加油站60米水渠清淤工作，加固维修路灯配电箱及基座6处，更换检查井盖21套，维修路灯60余盏，更换电缆920余米，新安装景观大道304线125KVA箱式变压器7台，维护保养城区路灯专项变压器9台，维护路灯平台集中控制器13套。

【智慧城管】 新建指挥中心监控50个，城区监控设备由原来的50个增加到100个，使用监控系统对城市管理信息及时采集、分类、处理和报送；对“六乱一明”、破坏环境卫生、园林绿化、市政设施等违规行为实行全方位、全时段、全过程监控，将发现问题及时反馈各片区城管中队进行处置。

【垃圾填埋场二期工程】 完成土地规划预审、地质勘测、可研报告、施工图设计等前期准备工作，正在进行施工图审查和土地报批，预计2020年6月开工建设，2021年12月建成投用。

领导班子成员名录

局　长	吕燕川
副局长	王永强
	任晓春
纪检组长	董志强

（供稿：陶　盼）

住房公积金

2019年，泾川县住房公积金管理部认真贯彻落实中央和省、市、县各项决策部署，围绕职工住房资金信贷需求，坚持运用新发展理念，不断扩大住房公积金覆盖范围，严格管理，规范使用，确保住房公积金安全高效运营，较好地完成了各项工作任务。

【归集管理】至年底，全县223个单位11022名职工缴存住房公积金，共归集住房公积金1.5亿元，归集余额达5.99亿元，新增缴存单位5个，新增缴存职工618名。

【贷款管理】全年办理住房贷款503笔1.65亿元，占全年放贷任务1亿元的165%，贷款余额达到6.12亿元，逾期率为0.04%。其中住房公积金质押贷款35笔881万元，房产抵押贷款468笔1.56亿元。

【提取使用】全年26852人（次）提取住房公积金0.8亿元，占全年提取计划1亿元的81%。其中提取还贷461人（次）0.3亿元，约定提取还贷26006人（次）0.24亿元；离退休提取153人（次）0.12亿元；购房提取133人（次）0.1亿元；死亡提取8人（次）33.14万元；解除劳动合同提取17人（次）40.49万元；法院执行32人（次）137.61万元；租房提取3人（次）26200元；其他提取18人（次）20.47万元，因户口迁出本地外部转出21人（次）85.87万元。

领导班子成员名录

主　任　朱永明

（供稿：张　敏）

环境保护

【概况】按照《泾川县机构改革方案》，将县环境保护局的职责、县发改局的应对气候变化和减排职责、县国土局的监督防止地下水污染职责、县水务局的编制水功能区划和排污口设置管理及流域水环境保护职责、县农牧局的监督指导农业面源污染治理职责等整合，组建平凉市生态环境局泾川分局，为市生态环境局的派出机构，1月27日挂牌成立。年底，有干部职工39人。

2019年，全县生态环境保护工作认真贯彻习近平生态文明思想和省、市生态环境工作会议和县委扩大会暨县委经济工作会议精神，以改善环境质量为核心，以打好污染防治攻坚战为重点，扎实推进生态环境重大决策部署落地见效，采取得力措施，扎实整改突出问题，各项工作取得了阶段性成效。

【环境质量】空气质量：2019年，泾川中心城区空气质量有效监测天数325天，优良天数282天，达标率86.8%，剔除沙尘影响后，PM_{10}平均浓度值为73微克每立方米，较2018年下降11.0%；$PM_{2.5}$平均浓度值为41微克每立方米，较2018年下降4.7%，县城区空气质量指标值达到国家二级限值标准。水环境质量：王村大桥、拦洪坝、长庆桥、九功桥（泾崇交界处）、圣母桥断面（汭河入泾河处）5个断面水质综合评价为Ⅲ类，均达到地表水水质综合评价Ⅲ类目标要求，达标率100%，城乡集中式饮用水水源水质达标率100%。土壤环境质量：辖区内土壤环境安全可控，未发生重金属、石油等土壤污染问题。

【空气治理】按照“宜电则电、宜气则气、宜洁净煤则洁净煤”的原则，完成46台燃煤锅炉整治。排查整顿“散乱污”企业5户，整改到位3户。督促建筑工地认真落实湿法作业、场地苫盖、轮胎清洗、物料封闭、苫盖运输等措施，坚持道路“一冲五扫五洒”保洁制度，全县工地抑尘措施合格率和道路湿法清扫率分别达到97%、80%以上。查处运料车辆未苫盖、带泥上路等违法行为18起，罚款3.9万元。完成3500户清洁取暖改造任务，有效降低了民用散煤用量，促进了区域环境空气质量改善。

【煤炭市场整治】加强煤炭专营市场和37个二级配送网点监督管理，累计巡查煤炭经营网点95次，开展联合检查320多次，劝返销售煤炭车辆170次，查处违规销售散煤和劣质煤45起，处罚7万余元，吊销营业执照2户，规范了煤炭市场秩序。

【污水治理】城区生活污水处理厂扩容提标改造、污泥处理及中水回用项目全面建成投用，完成王村、党原、高平3个污水处理站环保竣工验收，对县内18个入河排污口扎实开展了排查整治。

【泾河流域水环境综合整治项目】项目初设概算总投资3643.3万元，1月完成工程招投标，3月28日开工。至年底，完成投资约2500多万元，主要完成进出水渠、出水干管、放空干管铺设及项目管理用房浇筑，占总进度70%。

泾河流域水环境治理项目开工

【水源地专项行动】完成王村水源地G22高速公路穿越和154户居民存在生活面源污染问题整改；完成朱家涧水库水源地内原设油井拆除、居民生活面源污染、隔离围网等基础保护设施未建等问题整改；建成了朱家涧水库，10月29日进行完工验收。

【土壤整治】持续开展农村环境整治，完成荔堡镇高马村、问城村和泾明乡长务城村中央专项资金农村环境整治项目和王村镇章村村省级专项资金农村环境整治项目并通过验收。建成玉都、飞云垃圾处理站。

【环保执法】完成备案项目514个，审批环境影响报告15个，“三同时”执行率达到100%。全年立案处罚9起，罚款40万元，案件办理情况均在泾川门户网站进行了公示。全年受理环境信访46件，结案率100%。

【典型培育】完成市级“绿色学校”创建任务，命名泾川县第三小学为市级“绿色学校”。

领导班子成员名录

局　长　　李　杰（1月止）
　　　　　王博玉（1月任）
副局长　　周英全（3月止）
　　　　　薛小军
　　　　　董小花（3月任）
　　　　　王　鑫（1月任）
纪检组长　梁安民

（供稿：卢宏斌）

教　育

【概况】2019年底，全县有各级各类学校345所，其中幼儿园139所、小学183所（另有教学点17个）、初中15所、九年制学校2所、特教学校1所、完全中学2所、高级中学2所、中职1所，在校学生44333名，教职工4552名。

2019年，全县教育工作深入学习贯彻党的十九大、十九届四中全会和全国、全省、全市教育大会及县委十七届七次全体会议精神，围绕全县工作大局，按照发展抓公平、改革抓体制、整体抓质量、安全抓责任、保证抓党建的基本思路，抓重点、补短板、攻弱项，全面落实立德树人，深化体制机制改革，着力提升教育教学质量，全力开展校园精细化管理，切实加强教师队伍建设，全县教育工作健康稳定发展。

【基础教育】完成8所农村幼儿园的日托制改造，县第五幼儿园开办招生，全县学前三年毛入园率达到93.5%；九年义务教育巩固率达到98.42%，适龄儿童入学率、初中入学率均达到100%，小学、初中在校生持续保持零辍学；小学毕业升学率100%，15周岁初等教育完成率达到100%；特殊教育大力开展送教下乡、送教入户活动，残疾少年入学率达到97.5%；当年普通高中招生1626人，高中阶段毛入学率达到94.05%。参加高考2126人，一本上线433人、上线率20.4%，同比提高1.9个百分点；二本以上上线1262人、上线率59.4%，同比提高25.6个百分点。

【中职教育】县职教中心与大金、吉利、安靠、中芯等4家企业合作，设立冠名班，完成订单培养544人，联合办学企业发放奖教金21.49万元；开发培训教材1本；紧盯富民特色产业，建立精准脱贫通用培训平台3个，培训1500多人。

【队伍建设】招聘引进各类教师67人，城区学校选派22名学科骨干教师赴农村学校开展支教活动，教师参加各类培训6000多人（次）。全年评定正高级职称6人，高级职称363人，中级职称211

人，有16名教师获市级骨干教师称号，4名教师获得市级学科带头人称号，4名教师获省级骨干教师称号，30名教师获省级农村骨干教师称号。

【办学条件】 投资6600多万元，新建、改扩建校舍1.94万平方米，新建运动场1.34万平方米。至年底，全县校舍总建筑面积60.9亿平方米，生均小学13.03平方米、初中24.6平方米、普通高中21.44平方米、职教中心10.74平方米；生机比小学7.6：1、初中5.5：1、普通高中10.4：1、职教中心6.1：1，师生网络学习空间创建率分别达94%、67%。

【素质教育】 成立泾川县句读联盟公益协会和七色工作坊，举办全县第三届中小学读书节，先后开展各类阅读活动80多次，建设图书角305个。组团参加平凉市第四届中学生运动会，获得团体第五名。创建国家级国防教育示范校1所，市级文明校园12所，语言文字示范校23个（其中省级10个，市级13个）。

【教育管理】 制定《泾川县高效课堂建设年活动方案》，推广高效课堂建设。颁发民办教育办学许可证14份，对不符合办学标准的6所校外培训机构下发《停止办学通知书》。对全县138所幼儿园"小学化"倾向开展专项治理，规范办园行为。选任30名督学，开展重点教育教学工作综合性督查和专项督查10次，督促整改问题50多个。深入开展教育系统扫黑除恶专项斗争，及时摸排报送涉校黑恶线索，确保校园内外活动安全可控，全年无重大事故发生。

领导班子成员名录

局　长　解天俊

副局长　李旭勤

　　　　樊俊玺

　　　　魏军民

纪检组长　尚筱竑

（供稿：钱耀辉）

泾川一中

2019年，泾川一中紧紧围绕学校年度工作计划，不断优化工作思路，改进工作方法，狠抓教学管理，全力促进教学质量与教育水平的提升，圆满地完成了各项工作任务。

【教学质量】 2019年参加高考903人，其中应届重本上线308人，占34.11%，二本以上上线846人，占93.7%，教学质量稳步提升。在校园普遍开展"听、说、读、写、演、讲、赛"等系列读书活动。在全县第三届中小学读书节活动中获高中组第一名。

【德育教育】 年内开展了法制、心理健康、毒品预防、清明祭扫、研学旅行、成人礼、"阅读的力量"主题演讲等系列活动，教育引导学生树立正确的人生观、世界观和价值观。建设"儒园"景观1处，栽植绿化苗木2000余棵，提升了文化育人氛围。

校园一角

【队伍建设】 年内，组织召开班主任会议4次，举办课堂教学、高考备考讲座4次。举办教师培训2次，组织各年级部分学科教师外出培训学习10余次。建成物理、化学实验室各2个。积极组织各学科教师参加省市级规划课题、微课题申报和研究。

【安全管理】 年内，建成微型消防站1处，组织师生开展消防逃生演练2次。修订完善学校食品卫生管理制度、应急预案，加强校园值班管理，突出行政领导带班，实行24小时值班制度。

领导班子成员名录

校　长　李晓华
副校长　杨建玺
　　　　王渭宁
　　　　杜俊夫
纪委书记　范晓勇

（供稿：李肇峰）

泾川二中

【概况】2019年底，泾川二中有教学班30个，在校学生1620人，教职工156人。

2019年，泾川二中认真贯彻落实市、县教育工作会议精神，持续深化教学改革，强化教材研究和教法创新，全面推行教学精细化管理，全力促进学生德智体美劳全面发展，着力提升教育教学质量，推动学校健康发展。

【教学成绩】2019年，全校初三学生毕业482人，被泾川一中等省级示范高中录取224人，重点高中升学率达到46.5%；被县内普通高中录取73人，高中升学率总体达到61.6%，中考成绩在全县排名第一。学生王敬宜以总成绩818.5分获全市中考第一名。

【教研教改】加强新教材研究，着力提升教学质量，举办全校第六届新课改课堂教学讲赛活动，有13门学科44名教师参加讲赛，130多名教师参加听课评课，全校教师人均听课达20节（次）以上。经过课堂教学改革的探索和实践，不断打造高效课堂，促使教学水平提升。

【特色办学】组建校园文学社、书画社、舞蹈队、合唱队、篮球队、田径队等10多个课外兴趣活动小组，每周按计划开展活动。成功举办校园经典诵读比赛、师生演讲比赛和班级歌咏比赛等活动，有效培养提升了学生体育、音乐、舞蹈、美术、科技、诵读等方面的兴趣爱好和特长。5月，由我校教师指导的朗读《平凉赋》被省教育厅评为一等奖。

朗诵比赛

【德育教育】以提高学生素养为重点，从生活习惯、待人接物等生活细节入手，注重学生文明习惯的教育和培养，利用班会、个别谈话等形式，加强对学生的思德教育，请司法人员作讲座2次，召开家长会8次，及时与家长沟通交流情况，增强了学生的法治意识和辨别是非能力，减少违纪违规现象。

领导班子成员名录

校　长　吴麦科
副校长　冯小平
　　　　赵宏荣

（供稿：温小涛）

泾川三中

【概况】2019年底，县第三中学有教学班48个，在校学生1908人，教职工224人。

2019年，泾川三中坚持以提升学校品位、办人民满意学校为目标，以创建优良校风、提高教育教学质量为主线，在质量提升、制度建设、队伍管理和特色办学等方面取得新突破。

【教学质量】高考本科上线380人，上线率64.3%，位居全市同类普通高中第二。年内，12名教师所带班级教学质量位居全市同类学校第一，22名教师所带班级教学质量居全县同级同科目第一。年底，在全县高中教育教学综合考核中评定为优秀等次。

【办学特色】学校现有专任美术教师6名、音乐教师11名，拥有声乐室5个，舞蹈室4个，器乐室2个，传媒室、编导室、服装室各1个，美术画室12个，教具室1个。在教学活动中突出艺术教育，扩大美术班、体育训练队、音乐班和传媒班规模，2019年高考艺术类一批上线112人，二批上线85人，上线率62.54%。学校自主创作的舞蹈《大云之光》《天地之尊西王母》参展演出，获得社会好评。

【队伍建设】现有教师中，全市“十佳”校长、知名校长1人，高级职称15人，中级职称105人，省、市级优秀教师和骨干教师70人，县级优秀教师和骨干教师134人。年内，晋升正高级教师1人、高级教师2人、基层高级教师3人、一级教师5人、二级教师1人。引进紧缺人才（音乐教师）1人。年内先后有86名教师、51名学生在各级各类比赛中获奖。其中2019年10月，史博文老师辅导学生闫佳蕊、赵悦峰、杜芸芸拍摄影像作品《探索：泾川百里石窟长廊》参加由中国科协青少年科技中心和中国青少年科技辅导员协会主办、教育部基础教育司支持的第十届全国青少年科学影像节获得二等奖。

领导班子成员名录

校　长　徐经隆

副校长　张祺寿

　　　　贾宏斌

　　　　李金科

（供稿：赵尔博）

泾川四中

【概况】2019年底，泾川县第四中学有教学班29个，学生1125名，教职工138人。

2019年，泾川县第四中学全面贯彻全县教育工作会议精神，围绕教学质量、校园管理、综合实践、阅读推广、社团活动、家庭教育六项重点工作突破和提升，强化日常管理，夯实工作基础，积极探索创新，较好地完成了年度目标任务。

【教学管理】突出教学工作的全程管理，针对学生学习现状和存在突出问题多次分级分组探讨，突出因材施教，研究提出并落实一些行之有效措施予以改进。组织开展第五届校园课堂教学大奖赛、高效课堂教研及课堂教学督评、课堂教学质量提升研讨及薄弱学科督导等活动，不断推进课堂教学改革，有效推进了教育教学质量提升。

【德育教育】年内，举办第五届班主任论坛、班会观摩、班级文化建设评比等活动，组织师生赴吴焕先纪念馆开展祭奠先烈、清扫城市等活动，培养学生积极参与社会实践、勇于承担社会责任。通过举办法制、禁毒、校园欺凌、交通安全等讲座，使学生认识和感悟生命的意义与价值。通过开通学校公众号、召开家长会、家访、班级微信群、致家长一封信等形式及时与家长沟通，形成齐抓共管的工作合力。

【特色建设】学校成立14个学生课外活动社团，组建志愿者服务队和“校园之声”广播站，鼓励学生在社团中找到一个岗位、扮演一个角色、获得一份体验。坚持每周一个主题，使广大学生在潜移默化中得到教育提高。

【党建引领】把作风建设融入学校日常管理之中，持续深化党建统领“一强三创”行动，组织开展了庆祝中华人民共和国成立70周年大合唱、党员赴界石铺接受革命传统教育、教职工球类运动会等活动，开展集体学习25次，人均摘抄学习笔记5.1万多字，撰写心得体会10篇，教师队伍的政治觉悟和责任意识得到提高，敬业意识显著增强，教学质量和教育水平明显提高。

领导班子成员名录

校　长　鲁新文（9月止）

　　　　杨广成（9月任）

副校长　孙定春

　　　　刘海红

（供稿：吕宏伟）

职业教育

【概况】泾川县职业教育中心（平凉理工中等专业学校）开设数控技术应用等15个专业，年底有教职工231人，在校学生4823人。

2019年，全县职业教育全面贯彻国家、省、市、县教育工作会议精神，以提升办学质量为重点，紧盯实用技术人才市场需求，突出校企合作，不断丰富办学内涵，持续提升学生就业竞争能力，积极打造优质职教培训基地，教学质量和办学效益明显提高。

职业教育文艺活动演出

【教育教学】全面推行“做中教，做中学”的教学模式和“教、学、训、考、鉴、赛”一体化培养方式，开展仿真教学、情境教学，不断提升教学质量。2017级电子商务班49名学生顺利完成高职转段测试，2016级职高班学生参加对口升学单招和综合评价录取117人，参加全省统考本科上线38人，上线率达64.41%，位居全省前列。

【校企合作】继续推行校企（校际）合作、订单培养、工学结合培养模式，新建大金、吉利、安靠、申洲企业冠名订单班6个，招收学生211人，争取企业捐资助学297人（次），发放奖学金29万元，提供实训耗材总价值15万元，为学生发放工服380多套。组织学前教育专业85名学生在县光彩幼儿园、第三幼儿园开展岗前见习。向14家合作企业、22家幼儿园完成10个专业537名学生的顶岗实习安置。

【成人教育】年内电大招生52人，函授招生37人。有50多名师生在省级以上技能大赛中获奖。选派486名学生参加平凉市中职学生技能大赛，有388人获奖。组织2019年电大和陇东学院函授教学及考核考评工作，完成县委组织部委托开展的干部在线培训工作。完成2500多名学生的免学费资金、1900多名学生的助学金发放工作。举办了2019年职业教育宣传周活动，开展宣讲19场（次），参加学生4300多人（次）。

【队伍建设】选派12名教师赴北京龙数智慧软件公司参加专业培训，2名教师赴北京华航唯实机器人科技公司参加培训，16名教师参加了省级职业院校教师素质提高培训，14名教师赴长三角地区参加专业培训。11名教师在全省中职学校教师技能大赛中获奖，38人（次）荣获国家、省、市级技能大赛优秀指导教师。申报国家、省市级教育规划课题28项，结题3项，发表论文24篇。

【党的建设】全面加强支部标准化建设，狠抓意识形态管控，扎实推进中心组学习、“三会一课”、主题党日等党内政治生活。全年召开理论中心组学习会议25次，警示教育大会4场（次），各支部组织召开“三会一课”、主题党日活动36次。“七一”前举办了“红心向党，祝福祖国”庆祝表彰活动。

领导班子成员名录

党委书记　王军宏（5月止）
　　　　　赵博琼（5月任）
主　任　　赵博琼
副主任　　张乃强
　　　　　张鸿翔（12月任）
　　　　　郭虎祥（12月任）
　　　　　宋旭泽（12月止）
　　　　　马建胜（12月止）
纪委书记　景仁义（9月任）

（供稿：郭宝红）

科 技

2019年，全县科技工作认真贯彻落实县委十七届七次、八次全体会议和全市科技工作会议精神，立足县情实际大力实施创新驱动战略，深化科技创新，服务全县经济建设，科技综合实力持续增强。

【项目建设】 论证储备塑料大棚模式化栽培技术集成研究与示范、贫困村果园病虫害物理防控、平凉红牛品质育肥及高校生产技术等科技项目17项，申报省、市级科技项目10项，争取资金55万元，其中省列科技项目现代苹果矮化密植栽培技术示范与推广实施顺利，建成示范园300亩，取得专利2件，发表论文1篇，提交研究报告1份。指导企业实施联合国教科文组织《信使》国际合作、秸秆汽爆破壁发酵饲草生产技术等科技项目基本结题。“泾川县气象灾害风险区划及服务”研究完成结题，并通过验收。

【科技特派员】 修订完善《泾川县科技特派员管理办法》，组织科技特派员与派出单位、服务单位签订了“三方协议”，重新选派农业、企业、社区科技特派员171名，组建特派员团队5个。农业科技特派员指导建成现代苹果矮砧密植园1500亩、日光温室103座、钢架大棚295座，引进蔬菜新品种13个、试验新品种22个，引进良种基础母牛1535头，开展技术培训108场（次），培训群众1.2万多人。企业科技特派员积极与服务企业对接，建成创新示范试验点3处。社区科技特派员深入社区开展健康咨询服务，举办医疗卫生、健康知识讲座6期。

【企业创新】 编印《企业科技创新政策法规文件资料选编》，发放资料选编300多本。指导县丰农农资有限公司申报省级科技创新型企业，落实奖励资金5万元。指导甘肃航远信息技术工程有限公司完成省级高新技术企业认定申报。

【引才引智】 依托泾川金桥国际科技文化交流中心，争取实施了联合国教科文组织《信使》国际合作项目。支持鼎康牛业发展公司与省农科院、甘肃农业大学合作，甘肃省农科院平凉红牛良种中心建设项目落户泾川，建立“平凉红牛”种质资源站、草食畜牧业陇东试验站和外国专家引智工作站，引进省内外专家5名，引进天津援派专业技术人才1名。

【宣传培训】 组织开展科技三下乡、志愿服务月、科技活动周、民族团结进步宣传月、防震减灾日等宣传活动8场（次），展出展牌20面，发放书籍2000多本，各类宣传资料5000多份。举办现代苹果矮化密植栽培技术培训班1期，培训果农120人。

【体制改革】 深入推进“三评”、科技奖励、财政支持科技创新等制度改革，修订完善《泾川县科学技术奖励办法》《泾川县科技创新平台建设与运行管理办法》等。表彰优秀科技工作者10名，推荐26项科技成果参与甘肃省科学技术奖评选。

领导班子成员名录

局　长　　贾军虎
副局长　　郝　强（1月任）
　　　　　马芬琴（女）
纪检组长　高宏慧（女）

（供稿：王志锋）

气 象

2019年，全县气象工作在以服务县域经济发展为核心，增建气象观测站点，积极运用现代科技手段改善恶劣天气影响，及时发布气象预警预报，为全县社会经济发展提供了气象服务。

【重点指标】 2019年，全年平均温度10.5℃，比上年偏高0.2℃，年降水量631.0mm，比上年偏多21%。

【地面测报】 全年地面观测业务质量保持稳

定，MDOS和ASOM2.0系统本地化运行正常，每月资料传输月报率100%，稳定运行率100%，数据可用率100%。区域自动气象站资料传输率99.8%，业务可用性99.2%；土壤水分湿度气象站资料传输率100%，业务可用性100%。

【农业气象服务】按时上报冬小麦、高粱观测报表；完成了冬小麦苗情监测调查和苹果发育期观测，资料上报及时；根据全县农业生产的需要，适时开展墒情普查和农业气象服务工作。

【气象服务】全年发布重要天气预报服务57期，决策气象服务13期，重大活动保障服务9期，启动重大气象灾害服务应急响应2次，重大灾害性天气过程预报服务无漏发。利用ADC短信平台定期向农村发布气象服务信息，发布重大气象灾害预警信息79期，发布率100%。组织开展人工消雹作业24次，有效地减轻了冰雹灾害对农作物的影响。

【气象执法】加强对防雷装置、施放气球、人影作业安全检查，全年开展气象执法3次。充分利用“安全生产月”“世界气象日”“防灾减灾日”等活动开展气象灾害防御知识宣传。

领导班子成员名录

局　长　张永勤

副局长　刘尚博

（供稿：史秀成）

卫生健康

【概况】按照《泾川县机构改革方案》，将县卫生和计划生育局、县深化医药卫生体制改革领导小组办公室、县老龄工作委员会办公室的职责，以及县安全生产监督管理局的职业安全健康监督管理职责整合，组建县卫生健康局。年底，局机关有工作人员45名。

2019年全县卫健系统认真贯彻习近平新时代中国特色社会主义思想和党的十九大精神，以新时期卫生与健康工作方针为指引，全面落实省、市卫生健康工作会议精神，围绕提升群众健康水平、完善城乡医疗条件，积极争项目强基础，抓队伍提技能，转作风强服务，不断提高医疗服务水平，各项工作进展顺利。

【医疗服务】购置识读终端和自助设备，改造县医院、中医医院、妇幼保健院3家医院电子健康卡受理环境，6月全面投用。年内，县医院门诊243746人（次），住院27612人（次）；中医医院门诊75833人（次），住院9903人（次）；妇幼保健院门诊35674人（次），住院528人（次）；乡（镇）卫生院门诊55712人（次），住院17481人（次）。

【公共卫生服务】全县建立电子居民健康档案261951份，建档率91.56%；新生儿访视率85.46%，0～6岁儿童健康管理达到87.25%；早孕建册率71.86%，产后访视率87%。居民家庭医生签约服务195960人，签约率68.7%（其中重点人群签约率75.2%）。发放健康教育资料26种162465份（本），播放健康教育音像资料36种7588小时，举办健康讲座1495次，参与16712人（次）；开展健康咨询180次，参与17540人（次）。

【健康扶贫】年内，建档立卡贫困人口家庭医生签约服务63829人，实现了应签尽签；273例大病患者得到及时救治；1372例慢性“四病”贫困人口得到规范管理。新生儿疾病筛查活产1926人，完成率99.37%；孕前优生检查1873人，系统录入1935人，完成率103%；“两癌”筛查8000人，完成率100%。

新建泾川县人民医院

【基础设施建设】持续推进县医院整体搬迁建设，完成医疗综合楼主体工程及外墙大理石贴面，室内水、电、暖、电梯安装等工程；建成传染病楼、残疾人托养中心及多功能厅；累计完成投资3.035亿元。投资100万元，提升改造了高平镇塬边村、胡家峪村，王村镇徐王村，窑店镇西门村，玉都镇摆旗村，泾明乡吊堡子村、练家坪村，荔堡镇南关村、云吕村等9个非贫困村卫生室。通过新建、与邻村共建等方式完成15个村卫生室建设，协调解决了11个行政村无合格村医的问题；投资40万元，对窑店、王村中心卫生院原门诊楼改造为中医馆，购置了牵引床、TDP治疗仪等中医诊疗设备，所有乡镇卫生院均设置了中医科。县人民医院顺利通过二级甲等综合医院等级复审。

【中医工作】依托“泾川县中医适宜技术培训基地”对口帮扶支援，开展技术指导35次，推广中医药适宜技术45项，组织义诊活动和学术讲座22场，就诊患者1100人（次）。

【医疗废物处置】医疗废物严格实行分类收集，按照规定的运送时间、路线，运送至暂存点存放。全县个体诊所、村卫生所、社区卫生服务站产生的医疗废物全部使用医疗废物周转箱（筒）定期移交乡镇卫生院和社区卫生服务中心暂存，汭丰、太平卫生院产生的医疗废物定期交至县医院暂存，红河卫生院产生的医疗废物定期交至丰台卫生院暂存。全县医疗废物全部由平凉市医疗废物集中处置中心回收处置。

【人才建设】年内，引进医学类本科生16名，选派44名专业技术人员到上级医院进修学习，3名医师参加全省培训，4名医师参加全市培训，590人（次）参加短期业务培训。

【东西部协作】天津市武清区卫健委先后5次，组织医疗专家57人（次）到泾川开展帮扶和技术交流，有14名专家到县医院、中医医院长期驻院带教帮扶。全县抽组60名医师赴武清区考察学习，其中10名医师到武清区人民医院开展为期6个月的进修学习。7月，全国名中医陈宝贵传承工作室在县中医医院建成，在全县医务人员中遴选10名业务骨干，进行跟班培养。

【地方病防治】在荔堡、王村、飞云、玉都、太平5乡镇开展地方病监测，监测儿童200名、孕妇100名及盐样341份，碘盐覆盖率达到99.12%，碘盐食用率86.5%。监测出慢性克山病149例，潜在型克山病29例，确诊成人大骨节病现症患者1999例。完成2027例布病重点人群和职业人群血清监测，检出新发病例12例。

【卫生监督】卫生监督协管检查覆盖率100%。全年查处卫生健康违法案件88件，结案88件，处罚8.72万元。2019年下达双随机任务共155件，其中国家级任务112件，省级任务43件。完成国家级任务103户（其中已关闭9户），完结率100%；完成省级任务43户，完结率100%。

【人口与计划生育】2019年全县总出生2971人，出生率8.36‰，自然增长率8.35‰，出生人口性别比104.4。共办理生育登记1930人，再生育审批22人。审核发放计生优惠奖励资金10项4050人346.828万元，代缴计生“两户”家庭养老保险6759人67.59万元，代缴计生“两户”家庭医疗参合基金11209人280.3万元。

【老年健康】为60岁以上老人提供家庭医疗服务、建立健康档案，老年人县内景区门票免收、医疗机构优先优惠政策全部落实。全年办理老年证116本。

领导班子成员名录

局　长	马新恩
副局长	邢金平
	陈宏亮
纪检组长	雷小勇

（供稿：王雯雯）

县人民医院

【概况】泾川县人民医院始建于1941年，是一所集医疗、预防、教学、科研为一体的二级甲等综合性医院。2019年，医院设15个临床科室5个医技科室9个职能管理科室，设置床位700张，有职工669名（正式职工290名，招聘人员379名），其中高级职称64人，中级职称56人。

【诊疗服务】全年门诊患者18万多人（次），收治住院病人2.7万多人（次），实施手术2100多台（次）。严格执行医保政策，全面落实建档立卡贫困户患者“先住院、后付费”服务，报销分级诊疗患者7713人（次），报销费用1753.36万元，报付率70%。

【医疗管理】全年开展“三位一体”综合考核12次，开展医疗质量分析评议4次，开展集中评阅病历8次500余份，开展处方点评12次1200余份。对79个病种进行临床路径管理。

【护理服务】全年组织护理业务查房12次，护理教学查房48次，现场开展护理业务培训65次，理论考试和技能考核860人（次），组织各科护士长开展静疗工作现状专题调研1次。选派16名护士长到天津市武清区人民医院集中学习半月，选派9名护理人员前往兰大一院培训。向门诊患者发放满意度调查问卷937份，平均满意率96.7%，电话回访住院患者19956人（次），住院患者整体满意率98.7%。

【人才建设】从甘肃中医药大学引进紧缺人才8名，招聘各类专业技术人才60名，安排150人参加各类学术交流和短期培训，选派8名医务人员外出进修。

【专科能力建设】年内建成新生儿重症监护病房、心血管内科、骨科等全省县级重点学科和妇产科、功能科、放射科等关键薄弱学科。建成胸痛中心、卒中中心、创伤救治中心、危重孕产妇救治中心、危重新生儿救治中心5个医学救治中心和泾川县检验诊断中心、影像诊断中心、心电诊断中心、病理诊断中心、消毒供应中心、远程会诊中心6个“区域医学中心”。建成全县护理（院感）、超声、妇产科、外科、内科、儿科6个质量控制中心，负责县域内各级医疗机构的业务指导和质量控制。8月6日，县医院通过等级复审；12月，县医院胸痛中心、卒中中心通过国家和省级认证验收。

等级评审工作反馈会

【党的建设】全院有党员58名，5月14日成立“中国共产党泾川县人民医院委员会”，下设临床和行管2个党支部，召开党员大会选举出党委书记、副书记各1名，委员7名，配备专职党务工作人员2名。

【后勤管理】召开县人民医院第三届第一次职工代表大会，制定《泾川县人民医院章程》《泾川县人民医院员工手册》，为8名优秀招聘护理人员落实同工同酬待遇。安装消防远程智能监控系统，建成微型消防站。安装“双向转诊”系统，推行全民健康信息平台和电子健康卡。

领导班子成员名录

院　长　王宏刚
副院长　史良科
　　　　卢宏福
　　　　杜生华
　　　　吕兴旺

（供稿：王向红）

县中医医院

【概况】县中医医院始建于1984年3月，是一所集医疗保健、中医教学、科研为一体的二级甲等医院，拥有大中型医疗设备150多台（件）。年底，有职工398人。

【诊疗服务】审核报销城乡居民住院基本医疗保险8749人（次），医药总费用2815.35万元，报销1870.29万元，报销比例66.4%，平均住院费用3237.72元。办理门诊基本医疗保险8787人（次），报销78.24万元，审核村卫生所报销20175人（次），报销108.06万元。大病保险补偿1500人（次），报销50.78万元。自5月1日起，全面落实建档立卡贫困人员先住院后付费结算，结算2970人（次），报销488.75万元；办理医疗救助3015人（次），报销254.47万元；门诊慢性病报销425人（次），报销44.74万元；办理城镇职工基本医疗保险276人（次），报销92.03万元。

【中医药服务】以“冬病夏治、蜡疗、小针刀、拔罐、熏蒸、中药热盐包、火龙疗法、中药封包治疗”为主要服务项目，全年针灸13703人（次），蜡疗3992人（次），拔罐1609人（次），中药熏蒸1599人（次），小针刀1499人（次），推拿1072人（次），微波治疗109人（次），中药定向透药910人（次），穴位贴敷1380人（次），康复训练1032人（次）。开展“中医适宜技术服务基层行”活动，累计义诊1240人（次），发放健康资料2750余份。

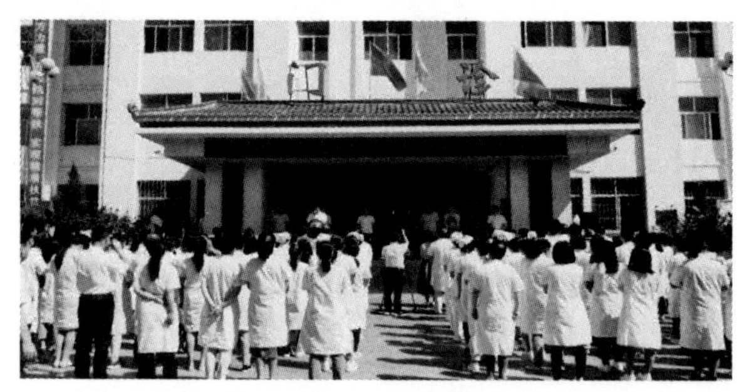

全国名中医陈宝贵传承工作室揭牌

【院感防控】开展院感防控培训12次，培训467人（次）。每月对全院各科室进行消毒灭菌效果监测，全年采样387份，合格363份，合格率94%，空气细菌培养合格率90.8%，物体表面细菌培养合格率96.6%，医务人员手细菌培养合格率91.3%，消毒液染菌量检测合格率97.3%。进行手卫生依从性暗访调查86人，手卫生依从率34.3%，手卫生依从性较去年增加9.9%。

【队伍建设】年内引进本科生5名，公开招聘专业技术人员68名；先后选派9名医务人员赴省内外医院进修，医务人员参加各级各类学术会议101人（次）；选派26人赴天津市武清区中医医院进行为期一周的培训学习。

【信息化建设】建成院内信息化系统和医学检验系统（LIS）、医学影像在线传输与存储（PACS）系统，对农合医保接口进行升级改造。中医医院在全市率先开通了“银医通”自助服务系统，实现了自助挂号、预约挂号、自助缴费、费用查询、报告单打印等一站式服务。

领导班子成员名录

院　长　杜志刚
副院长　燕小伟
　　　　脱文勤
　　　　刘俊亮（9月任）

（供稿：赵飞萍）

妇幼保健

【概况】县妇幼保健计划生育服务中心（泾川县妇幼保健院）集保健、医疗、教学、培训、健康教育为一体，承担全县妇幼保健和计划生育业务指导工作。年底，有职工79人，其中专业技术人员66人（高级职称8人，中级职称11人，初级职称47人）。

【健康扶贫】全年为351名住院患者报销住院医疗费用46.47万元，为884名门诊患者报销医疗费用6.08万元，为48名建档立卡贫困户落实民政医疗救助资金2.63万元，为25名建档立卡户报销大病保险0.36万元。

【医疗服务】落实新生儿听力初筛460例，复筛1016例，胎心监护2860例，盆底肌力测试354例，盆底康复治疗32例，从业人员健康体检886人（次）。落实节育四术384例，其中放环118例，人工流产90例，取环79例，取皮埋6例；办理出生医学证明535人（份）。实现全县62家托幼机构幼儿体检全覆盖，其中幼儿园教师体检310人（次），在园儿童体检9150人。

【妇幼保健】2019年全县共计活产2762例，7岁以下儿童健康管理19789人，管理率91.85%，新生儿访视率为92.90%。报告出生缺陷28例，出生缺陷发生率101.3/万，全年产妇2745人，孕产妇系统管理率92.25%，产后访视率为92.54%，高危孕产妇管理1145人。举办健康知识讲座852期，开展公众健康咨询活动152次，个性化健康教育指导6230人（次），发放各类宣传手册、折页等1.36万份。

【妇幼项目】全年完成农村妇女“两癌”检查8000人，乳腺检查8000人，孕前及早孕增补叶酸2437人，孕前优生健康检查1935对，孕产妇艾滋病、梅毒、乙肝检测2744人，落实产前筛查项目200人，落实听力筛查2758例，筛查率为99.82%，苯丙酮尿症、甲状腺功能低下疾病筛查2753人。收到贫困地区儿童营养改善项目配送营养包23960盒，发放率84.05%，有效服用率87.82%。

领导班子成员名录

主　任　毛瑞红（女）

副主任　董秀丽（女）

（供稿：吕娟霞）

疾病控制

【概况】县疾病预防控制中心设传染病防治科、免疫规划科、公共卫生科、检验科、结防所、性病艾滋病防治科、地方病与慢性病防治科、预防接种门诊、精神卫生科、财务后勤科、办公室等11个科室。年底有职工44人，其中专业技术人员30人。

【传染病监控】全年累计报告各类传染病发病20种637例，报告发病率为178.9/十万，发病率与去年同期（637/565）相比上升了11.3%。共收到传染病自动预警信息383次，预警信号核实判定真实。报告死因监测信息2041条，报告粗死亡率为7.16‰。

【重点免疫】对4623名重点人群进行乙脑疫苗预防接种，全年免疫规划预防接种建卡率100%，建证率100%，卡证相符率73.3%，乙肝疫苗第一、二、三针接种及时率均为100%。12月19日关停了县疾控中心预防接种门诊，业务移交县医院和县中医医院办理。

【艾滋病防治】全年干预暗娼高危3805人（次），检测230人，干预覆盖率99.4%；全县共检测艾滋病抗体50564人（次），全人群检测率为18%。艾滋病患者免费治疗率达97%。开展防艾知识宣传培训活动15项，培训2.1万余人，检测2500人。

【结核病防治】全年接诊疑似肺结核患者324例，通过网络报告疑似肺结核患者267例。2019年共发现并治疗活动性肺结核患者48例。

【精神疾病管理】全年检出严重精神障碍患者220例，至12月底，全县累计建档严重精神障碍患者1551人，在册患者1365人，年在管患者1217人，服药率44.28%，全年拨付治疗补助费28135元。

【癫痫病治疗管理】全年检出癫痫患者22例，累计筛查确诊患者614人，入组治疗508人，目前接受项目免费药物治疗308人。

【食源性疾病监测】食源性疾病监测点由原来的2个县级医疗机构增加到县乡村三级医疗机构343家，全年报告病例446例，其中食源性疾病暴发事件及食物中毒报告2起。

【慢性病管理】累计管理老年人39657人，完成年度体检25309人，累计管理高血压患者23474人，管理2型糖尿病患者3089人。

领导班子成员名录

主　任　康建业

（供稿：王小成）

医疗保障

【概况】根据《泾川县机构改革方案》，将人社局的城镇职工和城镇居民基本医疗保险、生育保险、新型农村合作医疗职责、县发改局的药品和医疗服务价格管理职责、县民政局的医疗救助职责等整合，组建县医疗保障局，1月27日挂牌成立，下设医疗保障服务中心，核定机关行政编制6名，事业编制18名。年底有干部职工39人。

2019年，全县医疗保障工作坚持以人民为中心的发展理念，围绕脱贫攻坚和看病难、看病贵等问题，狠抓惠民政策落实，着力加强医疗报销管理，努力提高基本医疗保障水平，不断提升医疗保障能力。

【医保扶贫】2019年，全县在册建档立卡贫困人口66221人，本地参保65154人，异地参保1066人，贫困人口参保率100%，有67792人享受财政补助政策，资助493.72万元。年内，贫困人口住院特惠政策受益20287人（次），住院总费用8754.35万元，基本医保报销4543.26万元，提高5个百分点报销506.19万元；大病保险报销7246人（次），补偿1318.87万元；医疗救助15219人（次），兑付救助资金1130.44万元。县乡17家定点医疗机构全面落实“先看病、后付费”制度，实现基本医疗保险、大病保险、医疗救助“一站式”即时结报。

【政策宣传】抽组人员深入乡镇、村组开展政策宣讲培训37场（次），上门办理慢性病补偿证400多份，印发《甘肃省医保扶贫明白卡》《致全县建档立卡贫困户的一封信》《甘肃省医保扶贫政策25问》各2万多份、医保宣传挂图3000多张、宣传折页2000多份。

【基金监管】制定《泾川县医保基金监管暂行办法（试行）》《泾川县医保基金监管内控制度》，修订《泾川县基本医疗保险定点医疗机构服务协议》等制度。检查定点医疗、医药机构67家，下发意见书48份。对460份大额住院外伤及第三方责任病历进行调查核实，核查出第三方责任病历43份，节约基金70多万元。

【便民服务】将所有业务进驻政务大厅医保服务区，设立办事窗口10个，梳理录入政务服务事项19项，实行医疗救助“预收资料”便捷服务，对基本医疗、大病保险、医疗救助进行递次式报销，提高了服务效率和群众满意度。

领导班子成员名录

局　长　胡广兴（1月任）
副局长　丁小平（1月任）
　　　　刘鑫全（1月任）

（供稿：赵林玉）

爱国卫生

【概况】泾川县爱卫办是县爱国卫生运动委员会办事机构，正科级建制，年底有干部职工6名。

【爱卫工作】持之以恒落实沿街单位“门前五包”责任制，定期组织相关部门进行环境卫生督查，对管理不到位的单位上门衔接督促，对垃圾乱倒乱弃、污水乱泼的现象及时进行曝光，有效地促进了城区环境卫生水平提高。牵头组织了以“共推厕所革命、共促卫生健康”为主题的第31个爱卫月宣传活动，发送宣传彩页、画册和传单2000余份，现场咨询180多人（次）。

【爱卫创建】经过创建，经省市业务部门评审验收，省爱国卫生运动委员会命名县国家税务局、消防大队、农行泾川支行为“省级卫生单位”，高平镇三十里铺村、上湾村、贾洼村为“市级卫生村”，甘肃银行泾川支行为“市级卫生单位”。

【农村改厕】农村改厕以扶持农户修建水冲式无害化厕所为重点，以PE滚塑一体化三格化粪池水冲式无害化卫生厕所为主，兼顾无害化卫生旱厕，举办培训班16期，培训乡村910人（次），现场督查指导68次。年底，建成党原、芮丰2个改厕示范乡镇；城关镇凤凰，党原镇城刘、高崖、东联，玉都镇下坳、郭马，荔堡镇刘山，太平镇三星、荒场等16个改厕示范村，建成水冲式厕所5112个、无害化旱厕497个。

领导班子成员名录

主　任　杨晓春

副主任　鱼昭华

（供稿：鱼昭华）

红十字工作

2019年，县红十字会工作围绕全县经济社会发展年度目标任务，充分发挥红十字会在人道救济和脱贫攻坚中的辅助作用，多方筹集善款，不断拓展救助范围，较好地完成了年度工作任务。

【慈善救助】全年筹集各类款物总价值180多万元，为180个贫困户发放棉被、棉衣、大米、清油等价值4.9万元；对2名大病患者分别救助2000元；受理登记“天使阳光”“小天使”救助患者7例，帮助2名患白血病儿童申请救助基金6万元；动员泾川籍成功人士王平先生设立峪润教育（医疗）奖励基金，向泾川一中、窑店中学680名师生和县医院24名医务人员发放奖励基金22.25万元。10月17日风雹灾害发生后，省红会下拨救灾面粉17吨，红十字会及时将物资发放到625户群众家中，受益群众2344人。

【“博爱周”活动】5月8日，在回中广场以“爱心相伴‘救’在身边”为主题开展了纪念第72个“世界红十字日”暨红十字博爱周活动启动仪式，发放《红十字会法》、应急救护知识彩页等宣传资料1万余份；5月12日，会同县应急管理局在兰家山小学开展“地震应急演练暨红十字救护知识讲座”，捐赠中小学生预防犯罪、健康教育、节能减排、安全知识和应急救护知识读本300余本。

【救护培训】举办应急救护培训7期，培训人员3640名，占任务3500人的104%；举办救护员培训班19期，普及性救护培训累计完成13410人，占全县总人口的3.83%，救护员培训累计完成3302人，占全县总人口的0.94%。

【无偿献血】组织群众1268人（次）义务献血45.7万毫升，完成造血干细胞采样35人（次），开展无偿献血和造血干细胞知识宣传18场（次），发放宣传资料8000多份，提供捐献咨询20多人（次），登记遗体器官捐献1人。

【博爱项目】通过“爱心桥”平台，联系波司登下属飒美特服饰公司为高平、荔堡边远山区12所小学捐赠校服600多套，总价值14.65万元。联系县内爱心企业，向两所小学100名学生捐赠书包100个、图册500本、彩笔及画图纸40套。

【志愿服务】积极发展红十字志愿服务组织，登记志愿者1701人，注册志愿者380人，培训志愿者骨干5人；新发展会员单位4个，登记会员2014人。

领导班子成员名录

会长、县委常委、副县长　袁志兴（兼）

常务副会长　孙赉学

副会长兼秘书长　杜义平（9月任）

纪检组长　翟二伟（3月任）

（供稿：马翠林）

文体广电和旅游局

【概况】按照《泾川县机构改革方案》，在县文体广电局的文化、体育、广播电视、旅游、文物等管理职责的基础上，组建县文体广电和旅游局，加挂县文物局牌子，下设博物馆、图书馆、文化馆、文物管理所、重点业余体校、文化旅游服务中心、秦剧团7个事业单位。年底，全系统有职工94人。

2019年，县文体广电和旅游局在县委、县政府的正确领导和市文旅局的精心指导下，优化思路，突出重点，强化措施，全力推进文旅融合发展，取得了良好成效。

【文旅融合】全年累计接待游客359.32万人（次），同比增长15.3%，实现旅游综合收入20.98亿元，同比增长22%。编制了《泾川县全域旅游发展规划（2019—2025年）》。完颜民俗文化景区顺利通过3A级旅游景区评审；大云寺·王母宫大景区、田家沟生态风景区、汭丰镇郑家沟景区完成企业化市场化运作，实现了景区“所有权、管理权、经营权”三权分置。

【文化活动】年内组织筹办海峡两岸西王母故里民俗文化交流、“走进王母故里·品味诗韵泾川”文化旅游节、“画崆峒”赴泾川采风、“交响丝路·问道崆峒”泾川分会场晚会、第四届冰雪旅游节、第一届“泾川画家画泾川”采风写生、汭丰“绿色蔬菜节暨乡村旅游季”、城关镇第三届凤凰民俗文化旅游节、王村完颜篝火晚会、“喜庆丰收节·逐梦好柿来”罗汉洞乡第二届柿子文化节等文化旅游活动。

文化旅游节开幕式

【项目建设】一是泾川大云文化学术报告厅建设项目，总投资783万元，累计完成投资690万元，年内建成二层主体及外墙保温，实现主体封顶。二是百里石窟长廊保护项目。泾川博物馆建设项目完成投资1800万元，完成主体封顶；完颜民俗文化村道路硬化和民俗展厅布展，完成投资280万元。三是南石窟寺岩体加固二期工程项目，完成投资153万元。四是县体育场完成场外道路铺装、周边绿化排洪等工程。

【文化惠民】举办了泾川县庆祝中华人民共和国成立70周年歌咏比赛和文艺晚会，完成平凉市2019年春晚泾川分会场节目录制工作；精心组织实施文化科技卫生“三下乡”活动，集中开展了文艺演出和送书画下乡、送政策给群众活动，书写赠送春联200多副；充分发挥文艺社团作用，精心编排传统秧歌、民间小曲、民俗舞蹈、情景剧表演等28个节目，在县回中广场集中展演；全年举办秦腔演唱会3次14天28场；免费开办书法、美术、剪纸等培训班10多期，培训730人（次）；组织“送戏进农村”140场（次），农村电影放映2000余场（次）；向19个村发放体育健身器材190件（套）；完成14个乡（镇）文化馆、图书馆分馆创建。

【行业监管】深入开展文化市场“天天查”和“扫黄打非”工作，先后集中开展打击查堵有害政治出版物、侵犯知识产权、打击盗版工具书等专项行动9次，联合市场监管、应急管理等部门开展执法检查9次，受理游客投诉6起，办结率100%。

领导班子成员名录

局　长　朱银柱

副局长　王卫星（1月止）

　　　　李宝船（1月任）

　　　　刘晓炜

　　　　肖树标（1月任）

纪检组长　景娟娟（女，4月任）

（供稿：张志伟）

博物馆

2019年，县博物馆认真贯彻落实县文旅局各项工作部署要求，充分发挥“收藏、展示、研究、交流、教育”功能，坚守安全底线，提升服务水平，弘扬地域文化，有效促进了全县文博事业稳步发展。

【新馆建设】在城北大云寺景区东南侧选址新建县博物馆，新馆占地30亩，规划建筑面积5480平方米，计划总投资4800万元，2019年6月开建，年底建成主体工程。

【安全管理】组织灭火演练及消防安全知识培训4次，对馆内消防设施进行了改造提升，消除安全隐患。严格执行领导带班、全员值班的24小时安全值班制度，确保馆藏文物绝对安全。开展野外文物巡查6次，现场勘查盘口水库、天然气管道建设等工作中的文物安全状况，确保不可移动文物安全。

【陈列展览】组织开展了“北宋泾州龙兴寺出土窖藏佛像展”“吉金藏雅——泾川庄浪馆藏历代钱币展”“密风阮华——泾川灵台博物馆馆藏精品铜器联展”“泾川记忆——庆祝建国70周年摄影展”和“泾州古城史文化展”等展览，参观人数超过15万人（次）。开展各类青少年教育活动18场（次），其中“博物馆里花灯俏·欢欢喜喜闹元宵”“绘精品文物·传泾州神韵”“领略石窟之美”等活动，参与人数、活动效果为历年之最。开展了“流动博物馆”进企业、进乡镇、进学校、进

“流动博物馆”走进街道社区

社区、进军营等“五进”活动20余场（次），参观人数达到2万人（次），发放宣传资料1万多份。

【文物进京展出】 5月中旬，泾川出土的隋石佛头像、隋彩绘观音菩萨石立像、北周石佛头像和舍利石函等4件文物到国家博物馆借展，这是泾川县出土文物首次亮相国家博物馆。

【对外交流】 年内接待学术团体、高校及国内知名博物馆参观访问团队21次，接待各类专家、学者及高校师生1000多人，较好地发挥了博物馆作为地域文化传播主阵地作用；先后到市内及天水等地开展馆际交流，促进了工作水平的提升；注重学术研究，邀请知名文博专家开展讲学活动，积极参加省市县组织的各类培训，年内发表论文7篇。

领导班子成员名录

馆　长　陈景强

副馆长　高建锋

　　　　郭　珍

（供稿：高建锋）

图书馆

【概况】 县图书馆现有馆舍19间，各类藏书45654册，核定编制7人，年底有职工9人。

【阅览服务】 及时增加了文学期刊、报纸杂志等阅览资料，坚持周一至周日不间断对外开放，全年接待读者1.8万人（次），借出各类图书1.1万册。

【信息化建设】 进一步推进文化信息资源共享工程建设，确保电子阅览室正常使用，加快图书馆数字化建设，强化歌德数字阅读系统运行维护。

【阅读推广】 制定了全民阅读活动实施方案，利用世界读者日、图书馆服务周等时机，加大全民阅读活动宣传推广。在荔堡、窑店等乡镇和玉都镇刘李河村开展了送文化下乡活动，联合文化馆、博物馆和玉都中学开展了“弘扬传统文化、传承爱国情怀”传统文化进校园活动，举办了“承端午传统文化、怀屈原浩然正气”朗诵会。

领导班子成员名录

馆　长　杨　祯

副馆长　杨淑叶

（供稿：程　鹏）

体　校

【体育场建设】 2018年12月15日，泾川县体育场正式使用，总投资4843万元，建筑面积89760多平方米。

【体育比赛】 全年举办各类体育活动28场（次），省、市级大项比赛4次。主要体育比赛有“体彩杯”第三届越野赛，“体彩杯”象棋、围棋、乒乓球比赛，“庆三八”职工趣味运动会，泾川县全民运动会，中华垂钓大赛甘肃泾川选拔赛，平凉市第三届徒步越野挑战赛、第二届山地自行车越野赛，甘肃省第二届全民健身运动会围棋项目比赛。其中4月20日至30日举办的泾川县全民运动会，共组织9大项85个小项的比赛，38支代表队900名运动员参加比赛，运动会的开设项目、参加人数创历年之最。

组织第二届“体彩杯”山地自行车越野赛

【指导员培训】 举办三级社会体育指导员培训3期，参训60人，推荐17人参加二级培训，10人参加一级培训，3人参加国家级培训，均取得社会体育指导员资格证书。

领导班子成员名录

副校长　李　昕

　　　　付小宁

刘义民

（供稿：王永红）

文化馆

【节庆文化活动】春节期间，分别在王村镇、高平镇、玉都镇刘李河、荔堡问城村组织文艺演出和送书画下乡活动，在回中广场举办了民俗文化展演、“广胜杯”春官诗大赛等活动。举办泾川县第二届“楠林杯”青少年书画展，展出书画作品530件。夏天举办了平凉文化旅游节泾川分会场演出、第六届海峡两岸西王母故里民俗文化交流展演活动。在首届平凉红牛节举办了泾川文艺专场会演。组织筹办了“庆祝建国70周年”文艺晚会和歌咏比赛。

【文艺培训】邀请县内著名老师，开办书法、美术、剪纸、面塑、声乐等5大类专业班15期，培训青少年400多人。举办非遗传承人培训班2期，培训100余人。

暑假开展书法培训

【非遗保护】对64个县级以上非物质文化遗产项目和荞面饸饹、豆腐脑等地方小吃等25个项目的视频资料进行整理。投资4万元，布设了非遗陈列室，征集反映泾川地方特色的非遗及民俗展品20件。4月23日，《仙鹤舞》等非遗节目在甘肃卫视《扶贫第1线》录制播出。举办以泾川民俗文化和非遗为主题的文艺晚会，演出《道灯》《鼓舞泾州》《传统婚礼秀》等节目12个。

领导班子成员名录

馆　长　王红权

（供稿：朱　虹）

文物管理

【概况】按照县级机构改革要求，撤销王母宫石窟文管所和南石窟寺文管所，成立泾川县文物管理所，负责王母宫景区、大云寺、南石窟、凤凰山、牛角沟、百里石窟长廊等古建壁画、雕塑、碑铭、遗址等文物的保护修缮、陈列展示、考古发掘等工作，核定编制9名，年底有职工13人。

【文物保护】严格落实值班制度，做到24小时无间断值守。加强文物存放环境监测，在重点部位放置温度计和湿度计，根据数值变化及时采取保护措施。定期检查文管单位供电线路、安防系统、监控设备、消防器材等，及时排除安全隐患，确保使用正常。

【文物宣传与展览】通过多种形式，向社会宣传文物保护的政策法规，提高干部群众的文物保护意识，组织群众免费参观文管单位，全年接待游客5.6万人（次）。

【文保项目】年内，实施了南石窟寺修缮项目二期工程，完成脚手架搭设和锚杆加固等。邀请敦煌研究院专业人员，对南石窟寺壁画塑像进行调研，为后续修复提供了依据。编制完成南石窟、王母宫石窟保护规划方案，通过省级评审。

领导班子成员名录

所　长　李秀竹

副所长　王小刚

（供稿：盖红元）

融媒体中心

【概况】县融媒体中心是在原县广播电视台基础上组建的媒体机构，1月29日挂牌成立，为县政府直属事业单位，归口县委宣传部领导。至年底，开办电视节目1套，广播节目1套，开设泾川发布、泾川门户网、视听泾川、“阅泾川”APP等新媒体平台；县境内中央和省、市、县广播电视节目覆盖率达95%以上。

新闻直播间

2019年，县融媒体中心坚持以习近平新时代中国特色社会主义思想为指导，以积极占领意识形态主阵地为根本，始终坚持党管媒体原则和团结鼓劲、正面宣传为主的方针，牢牢把握正确的政治方向和舆论导向，发挥各媒体间深度融合和聚合共振效应，使媒体融合工作成为宣传思想发动、意识形态引领、舆论生态构建的有力抓手，有效服务于全县经济社会发展大局。

【新闻报道】 全年共制作播出《泾川新闻》144期1454条，策划拍摄、制作播出电视栏目《零距离看泾川》12期、《德孝大讲堂》24期、专题片8部，策划创作“我和我的祖国”快闪、短视频、H5等融媒体产品76部。

【新媒体传播】 泾川发布全年发布365期，推送消息2920条，全年阅读量220万+，其中头条阅读量125万+，阅读次数6万以上的1条，阅读次数1万以上的9条，阅读次数5000以上的35条，截至12月31日关注人数有28113人。视听泾川全年发布182期，推送消息963条，全年阅读量43万+。门户网站全年总推送消息5302条。

【外宣工作】 全年上送省级媒体播出新闻21条，平凉电视台播出电视新闻302条，广播新闻353条，《平凉日报》刊发稿件102篇。

【安全播出】 坚持各类节目和广告的“三审”制度和监听监看制度，确保播出内容安全；加强技术维护保障，建立和完善长效的安播工作机制，确保节目播出“零差错”“零失误”。全年播出新闻综合频道5400小时，转播中一3510小时、中七3510小时30分，转播中国之声、甘肃人民广播电台和甘肃农村广播共7020小时。

【融媒体建设】 按照省、市县制定的县级融媒体中心建设工作方案，完成了单位挂牌、资产清算、人员移交、业务整合等工作；投资180万元建成了80平方米指挥调度平台，“阅泾川”APP客户端于12月12日上线运行；对移交的泾川发布、泾川门户网、平媒宣传工作等新业务和电视广播业务进行技术融合、信息共享，基本实现一次采集多形式发布，使新闻得到多渠道多方位的传播。对原设备进行更新升级，采购高清摄像机、航拍器、高清广播级编辑系统、制作网支撑服务器编辑单元、高清收录系统、高清编码器等制播设备164台（套），实现了采编播全高清化。

领导班子成员名录

主　任　史春荣
副主任　周剑锋
　　　　卢　燕（女，4月任）
纪检组长　王志宏（2月任）

（供稿：章　鹏）

新华书店

2019年，县新华书店坚持以习近平新时代中国特色社会主义思想为指导，认真贯彻落实县委、县政府各项决策部署，以企业发展为主线，创新发行手段，全力开展图书发行，积极为全县干部群众提供健康科学的精神食粮。

【教材发行】 春秋两季，组织员工100多人（次）运送教科书110万册到乡村学校，积极做好教材余缺调剂，保证了教学工作的正常开展。

【理论读物发行】为全县机关、事业单位征订并配送各类政治理论读物200多种，主要有《习近平谈治国理政》2364册，《习近平新时代中国特色社会主义思想三十讲》5775册，《习近平的七年知青岁月》142册，《习近平在正定》30册，《习近平用典》58套。

【送书下乡】结合文化科技卫生"三下乡"活动，向基层干部职工和广大群众发起"倡导全民阅读，共建书香泾川"全民阅读倡议，出动流动售书车22次，下乡赶集进校摆摊，销售各类图书1950册。免费为群众发放挂历和农历400册、对联200副。

【农家书屋配送】对建成的212个农家书屋进行了图书补充，共补充图书1.7万册。

【企业文化建设】深入开展"创先争优"活动，继续推行党组织和党员公开承诺及争创党员先锋岗活动，树立典型和榜样，着力培养职工"团结敬业、奉献担当"精神，有效地提升了员工队伍素质。

领导班子成员名录

经　理　徐　杰

副经理　卢文辉

（供稿：魏元虎）

大云寺·王母宫大景区

【概况】大云寺·王母宫大景区管理委员会组建于2017年6月，内设综合办公室、市场营销科、财务审计科、规划建设科、产业发展科、监督管理科、招商融资科7个科室，核定编制30名。

2019年，大云寺·王母宫大景区建设与管理服务工作紧扣"交响丝路·如意甘肃"品牌塑造，以打造"王母故里·佛道圣地·养生泾川"旅游品牌为目标，以创建全省全域旅游示范区为契机，着力深化大景区管理运营体制机制改革，积极推进文旅融合发展，全面开展全域旅游示范县创建任务的落实，奋力推进各项工作迈上新台阶。

【机构改革】县政府与甘肃城乡发展集团建设开发有限公司、泾川大云寺文化产业园有限责任公司签订了三方合作协议，完成了景区清产核资及经营权移交工作。围绕项目推进、运营维护、市场营销、接待服务等工作，建立协同协调机制，在同向发力中逐步理顺完善景区管理权和经营权运行。

【项目建设】建成大云寺景区管理中心、旅游厕所、景区围墙；景区过境高压线改线，完成铁塔栽建和高速跨路作业；藏经楼项目进入工程收尾阶段。及时协调召开项目结算会议，委托专业代理机构，研究锁定项目债务。协调省城乡投公司，论证立项民俗文化展示体验馆、温泉小镇等建设项目，筛选论证景区服务设施改造提升、王母宫景区道路改造及人行栈道建设等重点项目，积极争取纳入"十四五"国省盘子。

【宣传推介】举办第1051届西王母庙会和第六届海峡两岸西王母文化故里民俗文化交流活动、谒礼华夏母亲（西王母）仪式。积极组团参加了2019中国国际旅游交易会、深圳文博会、中国西北（西宁）旅游营销大会等文化旅游节会，制作主题宣传展板4面，发放旅游纪念品5种1800多件、宣传折页2.6万份，展销旅游文创产品8种。利用网站、公众号累计发布各类信息1350多条，阅读6.2万余次。

【景区管理】制定印发了旅游景区《2019年突发事件应急预案》《安全生产"一岗双责"工作实施意见》《2019年防汛应急预案》《景区火灾事故应急处理预案》等，签订了安全生产目标责任书，邀请县消防大队开展技能培训。建立了防汛工作制度及24小时值班制度，确保景区消防、防汛安全。配合"雪亮工程"建设，在景区安装电子监控设备48个。

领导班子成员名录

党工委书记　王廷佐（8月止）

杨本县（9月任）

管委会主任　齐雪琴（8月止）

杨本县（9月任）

党工委委员、管委会副主任

林立峰（9月任）

党工委委员、办公室主任

徐　涛（2月任）

（供稿：薛宝春）

吴焕先烈士纪念馆

【概况】 吴焕先烈士纪念馆内设综合办公室、宣传教育科，核定事业编制12名，年底有工作人员17名。

2019年，吴焕先烈士纪念馆认真贯彻落实县委十七届七次全委会暨县委经济工作会议精神，以弘扬红色文化为核心，加快项目续建和馆内展厅布展，扎实开展爱国主义教育，全力服务各级各部门思想道德建设，较好地推动纪念馆工作健康稳步发展。

【规划完善】 完善陵园区详细规划，委托有关单位形成规划方案。编制完成《泾川县吴焕先烈士纪念馆项目规划设计》和《泾川县吴焕先烈士纪念馆提升扩建项目可行性研究报告》。

【基础设施建设】 完成服务区、展览区门口景观绿化900平方米，铺装纪念馆前区广场2400平方米，安装主题铜像1座，在展览院内安装墙面浮雕2块。完成安防工程，配备防暴器材，规范园区标识牌，提升了景区形象。

【展厅布置】 分三个展厅九个板块进行布展，内容为《军魂不朽》《播撒火种》《开辟新天》《重树军旗》《孤军长征》《血沃泾川》《永坪会师》《星耀泾水》《薪火相传》；完成4D电影《四坡战斗》，通过文字、图片、实物、绘画、雕塑及现代声光电等技术综合布展，全方位展示红二十五军和吴焕先烈士辉煌的革命生涯，为开展红色革命教育提供了良好环境。

【宣传教育】 在清明节、建党节、烈士纪念日、国庆节等重要时间节点，为前来参观的党员干部和青少年学生安排学习革命历史、重温入党誓词、唱国歌和团（队）歌、诗歌朗诵、聆听红色故事等活动内容，唱响爱国主义主旋律。年内配合各界开展主题活动500多场（次），受教育人数22.8万人（次），同比增长44.3%。

我县开展吴焕先烈士陵园祭扫活动

【馆际交流】 赴北京参加纪念红二十五军花山寨会议85周年座谈会，赴河南省罗山县何家冲参加红二十五军长征出发85周年系列纪念活动，参加了全省红色纪念馆馆长论坛。组织干部职工赴甘肃省博物馆、兰州战役纪念馆、平凉市博物馆、镇原屯子纪念馆等周边纪念馆考察交流、收集资料。

【媒体宣传】 年内接待来自中央、省市各级媒体共46家，其中8月16日7时在CCTV综合频道、CCTV新闻频道《朝闻天下》栏目播出了《红二十五军：北上先锋　军魂不朽》，时长6分53秒，在河南电视台播出了《军魂吴焕先　功勋卓著千古传》等。通过人民网、中国纪念馆、甘肃省广播电视总台、平凉发布、泾川门户网站、吴焕先纪念馆微信平台、今日头条等媒体发布消息和报道2500多条。

【史料征集】 纪念馆特约研究员卢振国同志捐赠一批珍贵的原声录音资料，主要包括当年采访原红二十五军老同志和数次参与战史编委会座谈会时留下的珍贵内部录音。向社会征集军号、马刀、火药壶、烧水壶等革命历史文物20多件。赴中央和省市县档案馆、图书馆、博物馆等单位查找征集档案资料，在中央档案馆调取吴焕先亲手写给中央的报告1份；红二十五军历史及吴焕先政委史料业余研究者晋凯同志向纪念馆捐赠珍贵文物13件。

领导班子成员名录

党工委书记	李晓京
馆　长	毛永宏（4月止）
	李晓京（4月任）
副馆长	李广学
	许晓明（4月任）
纪工委书记	何川霞
宣传教育科科长	刘　华
办公室主任	陶春艳

（供稿：秦银丽）

社会服务与管理

人力资源和社会保障

2019年，全县人力资源和社会保障工作认真贯彻落实省、市人社工作会议和县委经济工作会议精神，按照“六稳”要求，坚持“民生为本，人才优先”工作主线，以推动脱贫攻坚为重点，全力抓好就业创业，不断强化社会保障，统筹推进人事人才工作，积极构建和谐劳动关系，为决战脱贫攻坚、决胜全面小康作出了积极贡献。

【党的建设】深化党建统领“一强三创”行动，扎实推进“十星级”党支部标准化建设，深入开展“五心人社，服务先锋”党建品牌创建活动。以“转变作风改善发展环境建设年”活动为统揽，结合“人社系统行风建设”，深入开展“抓学习、强纪律、转作风、树形象”主题活动，从严管理干部，修订机关管理制度，制定了窗口服务规范和《泾川县人社局机关工作人员岗位责任追究办法》。扎实开展“不忘初心、牢记使命”主题教育，党员干部政治意识和政治能力持续提高，守初心、担使命的自觉性明显增强。

【就业创业】全年城镇新增就业4680人，城镇登记失业率为3.36%。审核发放创业贷款1360万元，为193家企业发放创业补贴96.5万元，申报南北商贸集团为省级创业孵化基地；举办了“首届泾川县创业成果展示推介暨‘春风行动’就业招聘会”，组建人力资源服务中心，每周六定期举行招聘会，全年开展各类招聘活动20场，帮助2500多名劳动者就业；新安排公益性岗位131人，为381名公益性岗位人员拨付岗位补贴495.36万元；引导44名高校毕业生及失业青年就业；办理就业失业登记证628本。

【人事人才】制定印发《泾川县干部借调、抽调工作规定》，为县直部分事业单位公开选调工作人员55名。全面落实职称制度改革措施，聘评中高级以上职称601人，其中正高职称9人，副高职称384人，中级职称272人。积极鼓励事业单位人员离岗创业，办理离岗创业36人，恢复岗位9人。

邀请武清区专家来泾川培训教育、农业、卫生领域专业技术人员160名。为教育、卫健系统引进专业人才26名。招募2019年省选、县选支企生139名，“三支”生49名。

【社会保障】全年征收城乡居民养老保险费3266万元，机关养老保险费13423.35万元，职业年金654.27万元。在全市率先建立城乡居民基本养老保险缴费和待遇正常增长机制，增加2500元和3000元两个缴费档次，提高县级补贴标准，为60岁以上待遇领取人员人均月增加2元县级基础养老金。全面落实减税降费政策，养老保险单位缴费费率由19%降为16%，企业职工养老保险缴费基数采用全口径社会平均工资，比上年降低192.85元，累计为企业和参保人员减费286万元。加大稳岗返还力度，简化稳岗补贴申报程序，为9家企业发放稳岗补贴7.73万元。为重度残疾、贫困人口、计生两户、特困户、低保户等困难群体代缴养老保险406.46万元。全民参保计划巩固提升，缴费人数比上年增长3.7%。工伤保险农民工参保率98%，新开工项目参保率98%，基金支出240万元。失业保险参保人员缴费率99.9%，缴费人数增长率1%，基金支出91万元；社保卡累计持卡人数311848人，持卡人数占全县总人口数的96%。

【劳务经济】全年输转劳动力7.32万人，其中组织化输转5.57万人，输转贫困劳动力2.2万人，开展各类培训8513人，创劳务收入19.58亿元。建立县外劳务输转基地12个，新建扶贫车间8家，吸纳建档立卡劳动力就业300人，带动贫困户就业脱贫463人；开发乡村公益岗位1551个，安排贫困劳动力1551人，人均年收入6000～8000元。

【劳资管理】审批发放2019年度取暖费10941人2236.25万元，为4653名乡镇工作人员审批发放2019年度乡镇工作补贴1616.17万元，为7113名工作人员正常晋升工资级别、档次（薪级），月增资总额512175元，人均月增资72元。为2973名乡村教师提高生活补助，月增资总额29.73万元，人均月增资100元；提高学校班主任津贴标准，人均月增资313元。提高退休人员基本养老金，企业职工退休金月人均提高149元，机关事业退休人员养老金月人均提高191元。

【劳动维权】全年受理劳动监察案件77起，结案77起，为1433名务工人员追回工资1241.53万元；受理劳动人事争议案件30起，结案30起，涉及151人246.96万元。全年收缴建设工程项目保证金67家1537.76万元。

领导班子成员名录

局　长	吕晓文
副局长	李永强
副局长、劳务办主任	闫俊春（4月任）
副局长	王　贤（1月任）
纪检组长	许春艳（1月任）

（供稿：李建军）

民　政

2019年，全县民政工作认真贯彻落实县委十七届七次全体会议暨县委经济工作会和省、市民政工作会议精神，努力践行以人民为中心的发展思想，紧紧围绕重点工作，着力创新工作方式，不断提升服务水平，为打赢脱贫攻坚战，建设绿色开放幸福美好新泾川作出积极的贡献。

【社会救助】2019年，城市低保标准提高8%，一类低保每人每月由397元提高到429元，二类低保每人每月由368元提高到398元；农村低保标准提高8%，人均全年由3720元提高到4020元，一类对象月补助水平由310元提高到335元，二类对象月补助水平由290元提高到318元。全年累计为5816户14297人发放农村低保资金3661.47万元，为1185户2840人发放城市低保资金1454.52万元，发放临时救助资金1434.04万元。

【养老服务】采用公开招聘方式，为5所养老机构配备服务人员17名；投资28万元，建成养老服务机构视频监控系统。全年发放城乡特困供养资金685.87万元，其中为农村848户900人发放特困供养资金676.34万元，为城市9户9人发放特困供养资金9.53万元。

【慈善福利】全年为126名孤儿发放生活费153.04万元，为35名孤儿发放“福彩圆梦·孤儿助学工程”项目资金24.75万元，为624名农村经济困难老人发放补贴78.93万元。

【社会事务】清明节前，积极进行文明祭祀宣传活动，发放“文明祭祀从我做起”倡议书2500余份。开展流浪乞讨人员救助专项巡查、整治打击、救助保护、回归安置行动15次，实施救助送返流浪乞讨人员165人（次）。全年办理收养登记3个，婚姻登记2280对，其中结婚登记1850对、离婚登记430对；开展婚介人员培训90人（次）。

【基层政权】印发《关于加强乡镇政府服务能力建设实施方案》和《关于加强和完善城乡社区治理的实施意见》，全年为34个行政村更换了村（居）委会统一信用代码证书。在泾明乡白家村开展农村社区建设试点工作。

【社会组织】年内撤销空壳党支部14个，新建党支部4个。新登记社会组织4个，注销社会组织85个，其中，扶贫互助协会79个。至年底，全县共有社会组织79个，社会组织党支部8个。

【项目建设】投资715万元，建成高平中心敬老院主体工程。投资900万元，完成泾川县殡仪馆和火化炉配套项目主体建设。利用天津市对口帮扶资金74万元，在党原镇陈袁村修建幸福大院1处。

领导班子成员名录

局　长　毛永宏（3月止）
　　　　李雄伟（3月任）
副局长　段　瑾（女）
　　　　牛筱春（9月止）
　　　　辛伟宏（9月任）
纪检组长　张治福
县非公有制经济和社会组织党工委副书记
　　　　朱春虎

（供稿：尚小平）

退役军人事务

【概况】按照中央和省、县机构改革精神，将县民政局的退役军人优抚安置职责、县人社局的军官转业安置职责及县人武部的相关职责整合，组建县退役军人事务局，2018年12月6日挂牌成立，下设县双拥办和县退役军人服务中心，核定行政编制6名，事业编制10名。年底，有干部职工10名。

2019年，全县退役军人事务工作认真贯彻落实中央和省、市、县各项决策部署，以促进社会稳定为主线，着力夯实工作基础，优化服务机制，全力提高退役军人各项工作的层次和水平，团结引导全县退役军人为建设绿色开放幸福美好新泾川作出积极贡献。

【服务体系建设】成立县委退役军人事务工作领导小组，组建县退役军人服务中心，设立乡（镇）及城市社区退役军人服务站15个、村（社区）退役军人服务站218个。

【政策落实】严格执行政策规定，为2341名优抚对象发放生活补助1068万元、价格临时补贴27.6万元；为30名伤残和军休干部代缴医疗保险9.2万元，为37名“两参”下岗失业人员发放生活补助17.8万元，为5名军队离退休干部发放退休金95.5万元，为134名退役士兵发放兵役优待补助金711.5万元，为33名进藏士兵发放一次性奖励金33万元，为48名新入伍大学生发放一次性奖励金26万元，为571名重点优抚对象发放门诊医疗补助16.33万元。

【优抚管理】逐人逐项审核了优抚资格、优抚标准、发放时限、发放方式等，建立了工作台账，确保各项优待抚恤政策得到全面落实。组织召开全县部分退役士兵社会保险接续工作部门联席会议第一次会议，印制宣传资料、申请办理表等2000余份，安排专人到县档案馆查询1972—2018年政府安置文件230份，调阅档案138卷，审核符合政府安置条件的退役士兵1340人；至年底，集中受理退役士兵接续申请293份，录入社保接续信息系统278人，向社保中心移交档案资料270份，4人完成缴费。

【双拥工作】在建军节、国庆节、“国防教育日”和征兵期间，利用广播、电视、网络等媒介，大力宣传双拥模范乡（镇）、先进单位和退役军人、致富能手先进事迹，书写标语150余条，发放资料5000余份。完善了泾川二中、城关镇、玉都镇、城市社区和城关镇蒋家小学国防教育展室。组织参训民兵200人、国防教员35人（次）、国防教育骨干20人（次）参加国防知识培训学习。创建全省双拥模范县工作顺利通过了省、市验收。

优秀退役军人座谈会

【信息采集】购买固定和移动信息采集设备各18套，在14个乡（镇）、3个城市社区和局机关分别设立信息采集点18个，采集退役军人信息7734人。

【就业创业】对2019年秋季接收的94名退役士兵逐人确认培训意向，组织70人参加驾驶员职业技能培训，24人参加电焊、汽修、技工等技术培训。对历年退役军人开展劳务技能培训300人（次）。组织引导30名退役军人、现役军人家属积极参加平凉市退役军人暨现役军人家属就业专场招聘会；为农村退役军人安排护林员、交通协管员、保洁员等公益性岗位325个。

【褒扬纪念】为烈军属和退役军人家庭悬挂光荣牌7657面。组织开展了首届“泾川最美退役军人”评选活动，有10人受到了表彰奖励。为解放前参加革命工作的24名退役军人颁发“庆祝中华人民共和国成立70周年”纪念章。

领导班子成员名录

局　长	鲁新生
副局长	王小奇
	史永旺
双拥办主任	卢焱炜
纪检组长	陈兴科（2月任）

（供稿：吕燊堃）

民族宗教工作

【概况】至年底，全县有回、蒙古、苗、彝等21个少数民族共2019人，其中回族1922人。县内五大宗教并存，设有基督教“两会”（基督教“三自”爱国运动委员会和基督教协会）、伊斯兰教协会、天主教爱国会、佛教协会、道教协会5个宗教团体，均无人员编制和办公场所。依法批准的宗教活动场所有17处，其中基督教设有1堂7点，伊斯兰教清真寺6处，天主教、佛教（汉传佛教）、道教各1处。备案教职人员有106人。

【民族团结】举办民族政策“百场万人”大宣讲、清真食品从业人员培训等主题培训7期，深入宣传《民族区域自治法》等法律法规，审核换发清真食品经营许可证41本，在太平镇寨子洼村布设民族政策宣传长廊300多平方米。组织开展第16个民族团结进步创建宣传月活动，对15个省、市、县级民族团结进步示范乡镇（单位）、村（社会）、家庭（个人）进行了表彰命名。在太平镇红崖湾村实施易地搬迁项目后续工作，搬迁安置回族群众11户，垦复旧庄基11处；扶助30户贫困群众购进红安格斯母牛30头；组织林业、畜牧、科技等部门技术人员开展劳务技能培训3期，培训民族群众360多人（次），输转劳动力200多人，组织医务人员义诊服务600多人（次）。

民族政策法规培训

【宗教工作】 印发《泾川县关于加强新时代宗教团体建设的实施意见》，指导五大宗教召开代表大会，完成了宗教团体换届工作。国庆节，组织宗教场所集中举行了升国旗仪式，参观泾川县庆祝“新中国成立70周年”成就展览等活动；为乡镇配发《宗教事务条例》《民族宗教政策60问》等2000余册。建立健全宗教活动场所财务管理、教务公开、活动审批、宗教界人士列名等内部管理制度20余项。举办宗教界人士政策法规培训班4期。在全县17个宗教活动场所布设政策法规宣传版面240多平方米。组织文旅、市场监管、公安等部门深入宗教活动场所、书店、清真食品经营店，对宗教类出版物、投资承包经营宗教活动场所、宗教场所违规设置功德箱和滥塑宗教造像等情况开展检查11次，当面谈话提醒35人（次），签订承诺书17份，完成民间信仰场所登记731处。向省、市申报了县城基督教教堂改造搬迁事项，审批宗教活动场所维修2处。

领导班子成员名录

局　长　马志锋

副局长　谢鹏伟

（供稿：李斌刚）

乡（镇）与城市社区

城关镇

【概况】城关镇辖18个村1个林场116个村民小组，总人口7628户32331人，耕地总面积30191亩。年底，镇政府机关有职工178人。

2019年，城关镇以习近平新时代中国特色社会主义思想为指导，认真贯彻落实中央、省市、县委各项决策部署，按照“紧紧盯住一个目标，全力实施三大战略，突出抓好五项重点，精心措办十件实事”的工作思路，持续强化项目支撑，统筹镇村一体发展，大力发展富民产业，着力改善民计民生，全力维护和谐稳定，全镇经济社会发展取得新成绩新进步。

【基础设施建设】实施袁家庵、蒋家、水泉、土窝子4个村主干道路硬化及巷道改造提升工程7.6公里，配套排洪渠4.4公里，疏通清理排洪渠380米，完成城北三号安置区192套住房分配任务，完成茂林安置楼项目前期手续及开工准备工作。

【产业发展】果品产业，组织劳力300多（人）次，动用机械100多（台）次，配套化肥54吨，完成果园标准化管理5700亩；为何家坪、蒋家、甘家沟3个村127户贫困户争取产业扶持到户资金14.4万元，完成贫困户果园标准化管理1420亩。对延风村195亩蟠桃园全面落实果园标准化管理措施，65亩桃树初挂果，年产果8000公斤，产值8万元。畜牧产业，充分发挥鼎康牛业、盛腾牧业示范带动作用，带动散户发展养殖，由鼎惠公司为贫困户代养红安格斯牛220头、平凉红牛76头。蔬菜产业，利用天津对口帮扶项目资金，为33户贫困户种植地膜洋芋200亩；对现有127座日光温室、142座大中拱棚进行加固、维修及更换棚膜；积极鼓励果农引进新品种、推广新技术，茂林村试种火龙果1棚，产量达1500公斤，产值3万元。乡村旅游，建成锦绣凤凰博物馆1处，馆藏各类民俗器物2000多件，乡村旅游要素不断完善；成功举办“畅游锦绣凤凰·共享魅力城关”旅游季暨第三届锦绣凤凰民俗文化旅游节，年内接待游客18万人（次）。

【服务重大项目建设】年内，完成大云寺前区广场、文明路、文景路、城北供暖公司、南滨河景观大道、永安驾校等15宗土地征收541.07亩，解决土地遗留问题42起，化解矛盾纠纷101起。完成甘家沟片区、延风片区、泾灵路片区、城东二期拆迁325户。

乡村环境整治

【人居环境整治】清理泾河五里铺、甘家沟、蒋家段河道垃圾170多吨、树木1万多株；集中拆除茂林、延风、甘家沟、何家坪4个村南滨河大道沿线废旧门头牌匾128个；实施蒋家村提升工程，拆除废旧庄基18处，实施空地绿化1277平方米，修建青砖文化墙200米、树池1.7公里；栽植行道树3000株，种植草本花带5公里。改造公共卫生间14处，完成农户改厕535个，完成改炕3400户，全力倡导冬季清洁取暖，强力实施取暖火炉改造，拆除小锅炉1座，推广清洁煤使用300吨。集中开展环境卫生整治28次，治理卫星监拍垃圾隐患点76处；全面实施重点路段及门前“三乱”整治50多公里。

【社会事业】开展戏曲、社火、自乐班等民俗文化活动8场（次），成功举办锦绣凤凰灯谜晚会、自行车越野赛、西王母民俗文化展演、全地形车嘉年华比赛、何家坪农民运动会等文化体育活动。完成全年征兵任务，建立退役军人服务站19个，慰问烈属、伤残军人132人（次）；在县中医医院设立双拥门诊，开展上门义诊和免费体检，为224名优抚对象减免医药费用2.15万元。完成农村妇女“两癌”普查613例、贫困户患病人口筛查376例、优生健康检查217例。全镇29409人参加新型合作医疗，收缴医疗基金715.7万元，参合率98.72%；有19880人参加城乡居民养老保险，收缴保险基金289.62万元，参保率95.07%。发放农村低保、五保、临时救助、医疗救助、残疾人两补、失地群众生活保障等各类惠农资金4618.89万元。

【脱贫攻坚】全年，持之以恒狠抓“一户一策”帮扶计划的落实，投入产业扶持资金35.3万元，落实果园标准化管理6480亩，养牛1281头，种菜200亩，建办扶贫车间1个，安置劳动力60人；采取“龙头企业+合作社+基地+贫困户”的发展模式，为295户贫困户量化配股291万元，户均分红591.86元，贫困群众增收基础进一步夯实。为新沟、凤凰、何家坪3个村村集体配股176.4万元。完成农房改造18户、自来水入户17户、埋设供水管道450米；全面落实基本医保、大病保险等保障政策，建档立卡贫困人口基本医疗保险参保率达到100%。全力抓好中央专项巡视、省委巡视、成效考核和各级暗访调研检查等反馈的25条问题整改。年底，全镇23户61人实现脱贫，贫困户下剩6户19人，贫困发生率下降到0.05%。

领导班子成员名录

书　记	何会军（3月止）
	张宗翔（3月任）
镇　长	张宗翔（3月止）
	高凯华（4月任）
人大主席	李广社（2月任）
副书记	辛伟宏（9月止）
	李　勇（9月任）
纪委书记	黄　强（2月止）
	脱　玮（2月任）
副镇长	李广社（2月止）
	樊　荣（女，2月止）

王海映（2月任）
可　佳（2月任）
叶　云（9月止）
武装部部长　刘　炜（1月止）
鲁鹏飞（1月任）
党建办主任　脱　玮（2月止）
张胜前（3月任，10月止）
张　琰（女，10月任）
党委委员、延风村党支部书记
完祥林

（供稿：胡尉平）

汭丰镇

【**概况**】汭丰镇辖9个村、1个社区（张老寺）3172户12198人，其中农业人口2440户9710人，总面积111.28平方公里，耕地面积23152.4亩，人均1.8亩。年底，镇政府机关有干部职工68人。

2019年，汭丰镇认真贯彻落实中央、省市县委各项决策部署，牢固树立五大发展理念，积极抢抓乡村振兴战略机遇，按照“紧扣一个主题、聚焦三项重点、培育五个典型、抓实六项重点、措办七件实事”的年度工作思路，全力以赴补短板，千方百计强弱项，多措并举兴产业，倾心尽力惠民生，驰而不息转作风，年度各项工作进展顺利。

【**精准扶贫**】年初，对70个未脱贫户、46个巩固提高户根据户内脱贫实际和发展需求，科学制订了“一户一策”脱贫计划。依托东西部扶贫协作和定点扶贫，落实帮扶资金194.5万元，建成同中村扶贫车间1处、钢架大拱棚40座，落实配股分红项目2个，培训干部群众50人（次），输转贫困劳动力108人。因地制宜，帮助贫困户种植露地蔬菜2684.8亩，落实果园标准化管理及间作套种3327.4亩，扶持贫困户购买平凉红牛137头，红安格斯牛120头。积极招商建办江苏泰兴鸣龙服装厂汭丰扶贫车间、泾川县农产品标准化加工中心，帮助150多名贫困户实现就近就业。年内实现稳定脱贫43户128人，全镇贫困发生率下降至0.54%。

【**基础设施建设**】争取项目资金316.9万元，在焦家会、东王、郑家沟、百烟等4村实施人居环境整治，投放“两箱一桶”290个，硬化道路4733平方米、排水渠383米，巷道硬化3260平方米，墙基保护840米，修建村级厕所4座，购置车载垃圾斗33个，垃圾收集电瓶车10辆。

【**蔬菜产业**】对128座日光温室、708座大中拱棚全面落实配方施肥、基质育苗等栽培技术和病虫害防治等标准化管理措施，积极推广栽植天山雪玉、民欣早椒、水果萝卜等新优品种。投资95万元，对25座日光温室、264座钢架大拱棚棚体棚膜进行了更换。全镇蔬菜种植户达到1500多户，日光温室棚均收入2.5万元、拱棚棚均收入1.2万元，露地菜亩均收入1200元，蔬菜产业对农民人均收入贡献额达1850元。

【**果畜产业**】在龙王村建成花椒园1处320亩，对全镇7处杂果园区全部落实树下覆膜、配方施肥、浇水保活、间作套种等管理措施，发放间作套种补助资金166.17万元，投施有机肥料240吨。年内新增肉牛养殖户84户，牛存栏量净增加381头。

【**旅游产业**】投资25万元，新建星级厕所1处，完成绿化30亩，布置夏日灯展70多处。成功举办了汭丰镇第三届乡村旅游季、2019年甘肃平凉第七届登山挑战赛泾川分会场暨第三届“体彩杯”徒步越野挑战赛等大型活动。年底，郑家沟景区移交泾川县大云恒盛旅游开发公司运营。

【**社会保障**】落实“两免一补”政策827人，学前教育免保教费163人，“雨露计划”补助134人20.1万元。医保参加9484人，落实基本医疗保险资助7000人，完成贫困人口住院报销1336人。年内有低保人口189户419人、五保户22人，发放生活保障金94.3万元、残疾人补贴35.8万元、临时救助金17.3万元、抚恤金23.9万元。

【精神文明建设】持续开展“汭丰好人”评选活动，对“好儿媳”“好公婆”“新乡贤”“田秀才”“土专家”等40名先进典型进行表彰奖励，创建“乡风文明”积分超市8个。积极组织开展了“礼赞新中国、讴歌新时代”主题演讲比赛、“舞动最美汭丰、共庆祖国华诞”全民广场舞大赛等活动，组织群众开展戏曲表演、民间社火等活动30多场（次），丰富了群众的精神文化生活。

领导班子成员名录

书　记	张静平
镇　长	刘明华
人大主席	贾永春
副书记	吕军明（4月止）
	孙海涛（4月任）
	王　炜（女，12月任，挂职）
纪委书记	刘拴民（2月止）
	何惠秀（女，2月任）
党建办主任	王　杰（2月止）
	孟红刚（2月任，9月止）
副镇长	王红刚（2月任）
	任亮亮（12月任）
	林婷婷（女，2月止）
	刘燕妮（女，2月任）
武装部部长	李　澜（2月任，12月止）
	李小银（12月任）
党委委员、焦家会村党支部书记	文录成

（供稿：赵志成）

王村镇

【概况】王村镇辖18个村101个村民小组6796户29093人，总面积102平方公里，总耕地6.3万亩。年底，镇政府机关有干部职工88人。

2019年，王村镇坚持以党的十九大精神为指导，全面贯彻落实县委十七届七次全委会暨县委经济工作会议精神，深入推进党建统领“一强三创”行动，全力加快脱贫攻坚步伐，以培育特色产业、增加农民收入，改善基础条件、提升公共服务为关键，破解瓶颈，实干攻坚，全面完成了既定的各项目标任务。

【产业发展】年内，对1.5万亩果园全面落实修剪、拉枝、覆膜、果实套袋等管理措施，悬挂粘虫板3.6万只，果园投放尿素62吨、有机肥377吨，果品产量达11415吨，产值4566万元。在川区墩台、百泉等村搭建西瓜拱棚10270座6762亩，带动群众实现土地流转、劳务“双增收”。在朱家涧、章村等村修建日光温室23座、钢架拱棚271座，带动墩台、王村、光明、向明等村种植高原夏菜4718亩。积极扶持有养殖能力的群众发展畜牧业，新增红安格斯母牛160头、平凉红牛240头，建成朱家涧平凉红牛养殖场1处。

章村蔬菜园区建设

【基础设施】砂化中塬村生产道路3.5公里，硬化刘家沟村生产路2.8公里，建成朱家涧移民新村服务管理中心1处244平方米。

【乡村旅游】深挖王村镇知青文化和红二十五军红色文化，9月建成王村知青记忆园并投入运营。进一步完善完颜村旅游配套设施，开发民俗演艺、特色餐饮和文化娱乐项目，多层次开展宣传推介，年内顺利通过国家3A级创建验收。积极开发镇域内旅游文化资源，全镇以知青记忆园、完颜民俗文化景区、掌曲红军楼、中原苹果采摘园、薛家庄梨花园等为景观的乡村旅游圈初具规模。

【文化活动】举办了王村镇庆祝中国农民丰收节、赛园活动启动仪式暨高考中考颁奖晚会、农民农事体验运动会、王村秧歌大奖赛、王村农民歌手大奖赛、知青手植园开园仪式、王村镇党员干部抵制高价彩礼推动移风易俗集体承诺活动等文化活动，参加群众达5.2万人（次）。

【社会保障】全镇19139名群众参加城乡居民养老保险，收缴养老保险基金261万元，群众参保率达96.2%，有4489人符合条件按月领取养老保险。有25685人参加新型农村合作医疗，收缴医疗保险基金565.07万元，参保率94.9%，贫困人口参保率100%。全年发放各类社会救助资金378.3万元，其中农村低保资金238.9万元、农村分散特困供养资金29.3万元、孤儿生活补助资金5.9万元、居民临时救助资金41.4万元、残疾人两项补贴资金56.5万元、经济困难老人补贴6.3万元。

【脱贫攻坚】 制订“一户一策”帮扶计划45户，动员贫困群众种植露地蔬菜3251.5亩。争取资金358万元，入股县鼎康牛业公司和县雄发兴农果蔬公司。朱家涧村103户322名建档立卡贫困人口全部搬迁入住新建的移民安置楼，扶持26户贫困户发展“五小产业”，协助办理小额贷款25万元。年底脱贫136户399人，贫困发生率下降到0.4%，剩余贫困人口45户117人。

领导班子成员名录

书　记　林立峰（3月止）
　　　　刘小平（4月任）
镇　长　任晓钟（4月止）
　　　　尚晓星（4月任）
人大主席　郭建忠
副书记　王小强（9月止）
　　　　孟红刚（9月任）
　　　　徐艳珍（女，12月任，挂职）
纪委书记　吕志厚（3月任）
副镇长　赵小刚
　　　　康有宏（4月任）
　　　　周金霞（女，4月任）
武装部部长　王　军
党建办主任　王天伦
党委委员、二十里铺村党支部书记
　　　　魏金平

（供稿：宋小龙）

党原镇

【概况】党原镇辖23个村165个村民小组，有农业人口8732户36059人，2019年，农民人均纯收入达9325元。年底，镇政府有职工91人。

2019年，党原镇坚持以习近平新时代中国特色社会主义思想为指导，认真贯彻落实县委、县政府各项决策部署和工作要求，按照“党建统领强保障、稳中求进提质量、创新突破促提升、担当尽责抓落实”的要求，围绕“1353”（坚持突出一条主线，培育三个典型，抓好五项重点工作，精心措办三件实事）工作思路，持之以恒抓脱贫、全力以赴育产业、竭尽全力惠民生、多措并举强治理、创新载体抓党建，各项工作取得了显著成效。

【基础设施建设】年内水泥硬化村组道路4.3公里，衬砌排洪渠3.8公里，维修柏油路面1.5公里，改造提升高丰等8村自来水管网163公里，建成陈袁村老年幸福大院1所。

【产业发展】围绕“果转型、菜提质、牛扩量”的思路，建成赵家村维纳斯黄金苹果基地504亩，全镇落实果园标准化管理1.2万亩，举办果园管理技术培训班10期1500多人（次）；招商引资搭建钢架大棚5250座，大力发展设施西瓜种植，带动种植露地西瓜1200亩、露地蔬菜1787.2亩。持续扩大养殖规模，提升管理水平，种植全膜玉米2.8万亩、玉米饲草280亩，修缮圈舍515座，引进红安格斯母牛176头，年内新增肉牛550头、生猪2.4万头、肉鸡18万只，全镇肉牛存栏达到3200头，生猪存栏达到6.5万头，肉鸡存栏40万只。

【生态环境建设】完成镇生活垃圾填埋场维修续建工程，在高崖、东联、丁寨、徐家等9个村改造农户水冲式厕所750户，新建改建完颜洼、城刘、西联等村公厕16处，在城刘村新建废旧农膜回收点2个，创建徐家、东联、陈坳、丁寨等7个村为清洁村庄，配发垃圾收集箱20个、分类垃圾筒260个。持续开展造林绿化和村屯绿化，完成荒山造林1171.5亩，整修道路林网15.3公里，栽植云杉、柳树等苗木2.4万棵，种植百日草、波斯菊等花卉3.5万株。

安排部署乡村环境整治工作

【社会事业】严格落实社会保障各项政策，全镇共有低保对象722户1640人，发放低保金425.2万元；五保对象83户86人，发放保障金59.99万元；各类优抚对象256人，发放补助资金99.56万元；发放临时救助金25.65万元、医疗救助金225.59万元、救灾资金51万元；发放耕地地力补贴393.85万元。全镇养老保险参保24493人，参保率为96.21%。

【精准扶贫】年初，对全镇剩余的建档立卡贫困户和监测户根据户内脱贫增收实际，科学制订“一户一策”帮扶计划，整合各方面力量，持续加大帮扶力度，落实贫困户果园标准化管理5093亩，贫困户饲养平凉红牛140头、红安格斯母牛220头，种植露地瓜菜1787.2亩，为526户贫困群众配股532万元。年底，全镇脱贫111户376人，吊沟村实现整村脱贫退出，全镇剩余贫困人口73户231人，贫困发生率降至0.64%。

【精神文明建设】建成党原镇新时代文明实践所（站）和城刘、高崖等4个村新时代文明实践站，隆重举行庆祝建党98周年先进基层党组织、优秀共产党员表彰活动和“传承红色基因·砥砺拼搏奋进”主题文艺演出；举办庆祝中华人民共和国成立70周年“筑梦新时代·奋进新征程”广场舞大赛，组织“讲文明·树新风”表彰活动，组织全镇及党员干部抵制高价彩礼推动移风易俗集体承诺活动，签订承诺书1600多份，采用群众喜闻乐见的形式，深入开展社会主义核心价值观宣传教育，引导广大群众培树文明新风。2019年创建市级文明村2个。

领导班子成员名录

书　记　　刘贵明（1月止）
　　　　　温建平（3月任）
镇　长　　刘小平（4月止）
　　　　　段文军（4月任）
人大主席　白立华（12月止）
　　　　　徐胜军（12月任）
副书记　　朱俊毅（3月止）
　　　　　黄　强（3月任）
纪委书记　王　强（3月止）
　　　　　王　杰（3月任）
党建办主任　康慧敏（女，4月止）
　　　　　王新红（4月任）
副镇长　　王　栋（12月止）
　　　　　史小银（12月止）
　　　　　王海生
　　　　　李　昊（12月任）
武装部部长　韩宏福
党委委员、丁寨村党支部书记
　　　　　王德良
党委委员、徐家村党支部书记
　　　　　徐和平

（供稿：朱永康）

玉都镇

【概况】玉都镇辖16个村129个村民小组6951户2.9万人，耕地总面积6.3万亩。年底，镇政府有干部职工104人。

2019年，玉都镇认真贯彻习近平总书记视察甘肃重要讲话和指示精神，认真落实中央、省市县委各项决策部署，紧盯年度各项目标任务，全力以赴补短板，千方百计强弱项，多措并举兴产业，倾心尽力惠民生，驰而不息转作风，全镇经济社会发展实现了新突破。

【基础设施建设】年内为易地扶贫搬迁小区259户群众接入天然气，硬化小区道路及铺装人行道4658.4平方米，安装道牙1.31公里，新修排洪渠1.3公里，栽植绿化苗木3000多株；在尹家洼村硬化村组道路3条3.2公里；在下坳、郭马2村集中实施水冲式卫生厕所改造583户，旱厕改造12户，改造村级水冲式公共厕所12座；镇污水处理站建成投运。投资860万元，在下坳村建成了垃圾处理站主体工程。

【产业发展】果品产业：全面落实修剪拉枝、病虫害防治、增施基肥等管理措施；开展果树技术培训30场（次），培训果农3800人（次），调运有机肥900吨、复合肥30吨、尿素80吨、地膜37.4吨，完成拉枝修剪及施肥1.7万亩，间作套种1.2万亩，为郭家咀矮化密植园栽植竹竿4万多株，果园管理水平明显提升。畜牧产业：为贫困户引进红安格斯基础母牛68头、平凉红牛基础母牛69头，辐射带动全镇236户新增养牛456头，全镇肉牛存栏达到2600多头，生猪存栏2万头，肉鸡存栏2.3万只。劳务产业：举办畜牧养殖、家政服务等劳动技能培训10期156人，陇原巧手培训1期63人，引导劳务输出6056人（次）。瓜菜产业：在下坳、王寨、官村3个村流转土地982亩，招商引资1964万元，搭建西瓜钢架大棚2400座，带动全镇种植露地蔬菜1085亩。

【生态建设】整修道路林网80公里，栽植各类苗木3.5万株，整理门前菜圃980多处，拆除废旧庄基、残垣断壁110多处，完成荒山造林1800亩，森林覆盖率达到了51%。

【社会事业】全镇参加新型农村医疗28826人，参合率达到98%，住院、门诊报销5624人106.22万元；养老保险参保26713人，参保率达到92.4%；玉都中学参加高考155人，重点大学上线12人，本科及专科上线143人，落实“两免一补”政策1292人，“雨露计划”51人7.65万元。

【社会保障】全镇有五保户74户76人，低保对象459户1100人，孤儿15户15人，各类优抚对象223人，全年发放低保资金308.25万元、五保金55.8万元、孤儿生活补助资金17.5万元，优抚补助资金77.87万元。为群众兑付退耕还林、耕地地力补贴等惠农资金2148.46万元。

【扶贫攻坚】对115户未脱贫户和12户巩固提升户因户施策，科学制订了“一户一策”帮扶计划，摸排确定“重点监测户”30户96人、“边缘户”65户221人，年底脱贫103户330人，贫困发生率下降到0.2%，4个贫困村实现整村脱贫退出。

【党的建设】以“不忘初心、牢记使命”主题教育为抓手，深入推进党支部建设标准化和党建统领“一强三创”行动，全面开展“共产党员户”挂牌和共产党员带党徽活动，培养入党积极分子25名，发展党员20名，镇党委举办村支部轮训班1期，党务干部培训班1期，选派4名贫困村党支部书记赴天津武清区参加学习培训，有条件的党员实现学习强国和甘肃党建APP应用全覆盖，按季度对132名村“两委”成员开展任职资格联审，调整村党支部书记2名，衔接村党组织书记、村委会主任“一肩挑”12人。组织了庆祝建党98周年党史知识竞赛、庆祝中华人民共和国成立70周年文艺会演，政府机关党支部集中组织开展缅怀革命先烈重温入党誓词等活动。

领导班子成员名录

书　记　吕永发（2月任）
镇　长　吕永发（2月止）
　　　　朱俊毅（3月任）
人大主席　王一忠（2月止）
　　　　吴向忠（3月任）
副书记　何宏福（1月止）
　　　　罗双福（2月任）
纪委书记　罗双福（1月止）
　　　　刘向东（2月任）
副镇长　杜小伟（12月止）
　　　　丁　娜（女，3月任）
　　　　曹　刚（12月止）
　　　　曹海勇（12月任）
党建办主任　刘向东（1月止）
　　　　巨永生（2月任）
武装部部长　巨永生（1月止）
　　　　吴文刚（2月任）
党委委员、康家村党总支书记
　　　　康广生

（供稿：邓虎虎）

丰台镇

【概况】丰台镇辖13个村103个村民小组6305户26091人，耕地总面积6.73万亩，人均2.57亩，其中，果园3.9万亩，人均果园1.49亩，户均6.19亩。2019年底，镇政府机关有干部职工共78人。

2019年，丰台镇坚持以习近平新时代中国特色社会主义思想和党的十九大为指导，认真贯彻落实省、市、县各项决策部署和工作要求，扎实推动党建统领“一强三创”行动，聚焦乡村振兴、民生实事、环境整治、社会治理四个重点，持续强化果品首位产业，努力提高保障和改善民生水平，加强和创新社会治理，各项工作取得了新的成绩和进步。

【精准扶贫】以产业扶贫为重点，投资40万元，带动全镇276个贫困户管理果园1200亩，101户落实果园间作套种200亩；争取东西部协作资金9万元，资助114个贫困户种植地膜洋芋180亩；投资90万元，扶持48户贫困户饲养平凉红牛基础母牛74头、46户养殖红安格斯基础母牛53头；安排乡村公益性岗位69个，输送劳动力475人。将77万元扶贫资金量化入股，贫困户获得分红4.62万元。至年底，脱贫退出24户70人，贫困发生率降至0.24%。

【产业发展】在湫池村建成现代化矮化密植设施园300亩，带动果农间伐更新500多亩，投资80多万元，发放有机肥270多吨，投施果园2.5万亩，清园1.3万亩，防治病虫害2万亩。举办果园管理综合培训班5期、培训果农2000多人（次），创建百亩金牌示范园13个。在市县赛园赛果活动中，1个果园获得市级标准化示范园，2个果园获得县级标准化示范园，获得优质果品金奖、铜奖各1个。在贫困村集中示范建设果园防雹网30多亩。在焦家、通尔沟、张观察等3村新建330亩现代矮化密植设施园，秋季完成规划、整地、设施搭建等建园工作。2019年，全镇果品总产量达到3.6万吨，总产值达到1.44亿元，人均果品收入达到5184元。投资137.6万元，扶持农户引进基础母牛300头。全年牛存栏879头，出栏625头；生猪存栏3621头，出栏2847头；羊存栏1178只，出栏478只；鸡存栏8.1万只，出栏3.6万只。

【生态建设】全年荒山造林965亩，栽植刺槐15.8万株、油松8930株、山毛桃8万多株；围绕镇村主干道路，完成村屯绿化4.7亩、道路林网建设8公里。

【社会事业】全年累计发放各类民政资金631.23万元；城乡居民养老保险、基本医保参保率分别为95%和92.45%；有3752人享受养老保险待遇。年内举办春节文化活动和趣味运动会等各类文体活动80多场（次），广泛开展“文明家庭”

“十大孝子”“巾帼建功”评选活动，9户18人获得表彰奖励。丰台籍在外成功人士捐资4.1万元助教兴学，11月，建成县文化馆和图书馆丰台镇分馆。投资10万元，对伍仲幼儿园厨房进行日托制改造，投资700万元新（改）建巨家、张观察、盖郭、西头王等4所小学的教师宿舍。完成农村妇女“两癌”筛查621人，孕前优生健康检查175例。深入开展全域无垃圾治理，创建清洁村庄3个。

【基础设施】投资92万元，硬化村组道路1.17公里，配套边沟涵1056米，铺设管涵4道24米。投资500多万元，完成镇街道雨污分流工程，建成污水处理站，铺装商户门前人行街路。完成电网大修技改11.8公里，改造立杆176株。完成农户改厕440个，改造公厕9个。

领导班子成员名录

书　记	段全福（4月止）
	任晓钟（4月任）
镇　长	张小英（女）
人大主席	路志峰
副书记	朱小军（1月任）
纪委书记	朱小军（1月止）
	刘　炜（2月任）
副镇长	卢焱飞
	张胜前（2月止）
	张志杰
	张雄雄（3月任）
党建办主任	吕新锋
武装部部长	赵向恒

（供稿：蒋小宁）

红河乡

【概况】红河乡辖8个村50个村民小组2433户7966人，耕地29048.5亩，其中川地6505亩，山地22543.5亩。2019年底，乡政府机关有干部职工58人。

2019年，红河乡按照“紧扣一个目标、抓实六项重点、强化四项措施”的年度工作思路，坚持脱贫攻坚与乡村振兴两手齐抓、产业培育与基础改善同频共振、经济发展与社会建设一体推进，全乡经济稳中有进，社会大局和谐稳定，较好地完成了年度目标任务。

【基础设施建设】实施朱段韩家山至东庄石湾主干道路和东庄村内道路硬化，硬化村组路3.51公里，配套排洪渠2.1公里、护栏512米。依托天津市武清区帮扶资金，在姚哈村新建50立方米调蓄池1座，埋设自来水管道4公里，彻底解决了姚哈、东庄2村30户108人生活用水不正常的问题。在杨吕杨家沟、柳王任川2个蔬菜产业园区实施了供水、用电、道路砂化等配套工程。

【产业发展】新建日光温室28座、钢架大棚36座，全乡日光温室累计达到97座，钢架大棚达到270座；争取市、县帮扶单位捐资27万元，帮助群众种植露地瓜菜205.7亩、落实果菜间作873.2亩，复种秋菜858.3亩。扶持贫困户养牛266头，其中红安格斯基础母牛140头，全年新增肉牛养殖420头、出栏肉牛368头。利用扶贫资金为5个村和113户贫困户配股1230万元，贫困户累计配股达到286户，占贫困户总数的19.2%。

【生态建设】实施面山绿化治理480亩，栽植杏树、油松、刺槐等苗木4万株，新建道路林网5.8公里，栽植行道树1.6万株。清理河道林木14.3亩，整治围耕复垦35亩。

田赵美丽乡村建设

【社会保障】全乡新型农村合作医疗参合7429

人，参合率95.52%，贫困人口参合率100%，569人办理慢病补偿证，1360名贫困人口报销医疗费用394.34万元。有5662人参加城乡居民基本养老保险，参保率98.01%，待遇领取1449人。年内发放救灾资金50.82万元、医疗救助43.37万元、低保金139.35万元、五保金19.74万元、残疾人补贴资金39.1万元。全乡安排到公益性岗位的贫困人口累计达221户，占贫困户总数的14.8%。

【精准扶贫】2019年，紧盯全乡50户未脱贫户和58户需要巩固提升的已脱贫户，精准制订并落实“一户一策”脱贫计划，帮建日光温室及钢架大棚12座，种植瓜菜216亩，养牛47头，就近务工78人，安排公益性岗位41人，扶贫资金配股113户，纳入农村低保和特困供养34户。年底稳定脱贫29户89人，下剩贫困人口24户68人，贫困发生率下降到1.03%。

领导班子成员名录

书　记	徐保学（8月止）
	王俊宏（9月任）
乡　长	王俊宏（9月止）
	朱红娟（女，9月任）
人大主席	史志强
副书记	李小军（3月任）
纪委书记	赵永锋
党建办主任	刘　兵
副乡长	曹海勇
	林婷婷（女）
武装部部长	席　晨
党委委员、龙王桥村党支部书记	袁高峰

（供稿：曹人方）

荔堡镇

【概况】荔堡镇辖17个村136个村民小组7573户34412人，全镇土地面积123平方公里，有耕地7.5万亩，林地6.1万亩。年底，镇政府干部职工90人。

2019年，荔堡镇认真贯彻落实县委、县政府的各项决策部署和工作要求，以脱贫攻坚为统揽，全力实施“3+3”冲刺清零行动，持续培育富民立业，大力实施乡村振兴战略，深入开展“三大革命”和“六项行动”，不断完善社会治理体系，全面完成了年初确定的各项目标任务。

【脱贫攻坚】对全镇贫困人口进行排查，新识别贫困户1户6人，排查出监测户28户133人、边缘户51户216人，对121个未脱贫户和39个巩固提升户，按户制订“一户一策”帮扶计划，依托扶贫资金，为562户贫困户栽植核桃、花椒、苹果等，培育了增收产业。投资154.5万元，为1246户贫困户5150亩苹果园落实了标准化管理措施，为197户投资220万元发展畜牧养殖，安排179名贫困人口到公益性岗位就业。年底，脱贫86户327人，贫困发生率降至0.38%，刘山、庙李2个村实现脱贫。

【产业发展】年内，新建果园350亩，补植1076亩，落实清园修剪拉枝等管理措施1.9万亩，组织果园管理技能培训17期，培训群众4000多人（次）。种植全膜玉米1.13万亩，种植全膜马铃薯1200亩；养殖平凉红牛237头，红安格斯母牛220头；完成劳动力培训675人，劳务输转10597人。

【社会保障】年内全镇有低保对象593户1664人，分散特困供养对象92人、孤儿13人、残疾人744人，全年发放各类保障资金2921.65万元。收缴城乡居民基本养老保险基金307.5万元，参保率97.57%，征收合作医疗基金636.21万元，参保率98.96%。办理生育登记服务247人，孕前优生健康检查220例，妇女“两癌”筛查1037人。

【荔堡街道改建】项目概算总投资1318.67万元，2018年9月动工改造，实施3条街道柏油罩面24813.91平方米，埋设雨污分流管道3585米，修建排洪渠2558米，安装道牙2046米，铺装人行道

14985平方米，安装路灯125盏、垃圾桶55个，补植国槐216棵。配套修建污水处理站1处，日处理污水30吨。11月14日，街道改建全面竣工。

【小盘河水库移民安置点建设】庆阳小盘河水库建设项目，涉及荔堡镇刘山、庙李、袁董3村87户群众。配合项目实施，规划建设小盘河移民安置点1处，新修农户住宅65户，统一配套了安置点水、电、路及绿化亮化工程，硬化道路7555.3平方米，衬砌排洪渠1.86公里，修建消防通道282.2米，埋设供水管网4.4公里，栽植雪松、云杉、红叶李等苗木2.2万株，种植草坪2491平方米，新建文化广场1518.6平方米，安装健身器材9件。

【生态环境建设】完成荒山造林2490亩，栽植核桃、山毛桃、刺槐等苗木31万株，补植退耕还林工程860亩，完成森林抚育6290亩。整修村组道路林床28.3公里。完成群众户厕改造570户、村级公厕改造12座。组织劳力1800多人（次），集中开展镇村环境卫生综合整治8次，清理排洪渠5.48公里，拆除危房危墙16处，清理涝池淤泥3处，清理农户门前乱堆乱放的柴草、粪土和生活垃圾80多吨。为高马村、问城村购置勾臂式垃圾车1辆，安置垃圾箱30个。开展县级河长巡河3次，镇级河长巡河11次，村级河长巡河50多次。

领导班子成员名录

书　记　巫廷举
镇　长　吴生文（4月止）
　　　　郭亚锋（4月任）
人大主席　吕保郎（4月任）
副书记　吕保郎（4月止）
　　　　康慧敏（女，4月任）
纪委书记　吴向忠（3月止）
　　　　艾俊林（3月任）
党建办主任　章志刚　（9月止）
　　　　陈怀勤（12月任）
副镇长　袁红亮
　　　　吕拴宏
　　　　何丽萍（女）
武装部部长　陈怀勤（12月止）
　　　　代春红（12月任）
党委委员、西关村党总支书记
　　　　孙碎虎

（供稿：林小虎）

泾明乡

【概况】泾明乡辖12个村71个村民小组3343户13817人，总面积61.5平方公里，总耕地2.91万亩。年底，乡政府机关有职工101人。

2019年，泾明乡坚持以习近平新时代中国特色社会主义思想和党的十九大精神为指导，以脱贫攻坚为统揽，认真贯彻落实县委十七届七次全体会议暨县委经济工作会议精神，突出重点，强化措施，靠实责任，全力抓好“七项重点”，精心实施“三大项目”，积极措办“三件实事”，奋力推进全乡经济社会高质量发展。

【产业发展】在吊堡子、山底下、算李等6村发展拱棚西瓜2000亩，搭建钢架大棚2400座，全乡设施西瓜种植面积达到3000亩，实现产值2400万元以上，帮助群众增收1000万元以上。在白家村投资20万元，新建钢架大棚10座，带动全乡种植地膜洋芋、辣椒等露地蔬菜1200亩；累计投入化肥12吨、地膜2940公斤，落实果园标准化管理措施，苏家河山台地矮化密植园实现2年挂果，全乡挂果园累计达到2350亩，产量达到3752.5吨，实现产值1776万元。突出分散养殖扩量，新增基础母牛120头，其中红安格斯85头，年底全乡牛、猪、鸡养殖分别达到500头、1000头、3万只。

【基础设施】实施项目8个，完成投资382.3万元，硬化道路0.53公里、砂化道路21公里、衬砌排洪渠1.04公里，建成吊堡子、练家坪2个标准化村卫生室，在长武城实施自来水集中入户工程1处

61户，新建30立方米调蓄池1座。改建村级卫生公厕8个，在郝家、白家等村改建水冲式厕所264个。

【生态环境建设】 完成算李至庄头村5公里面山绿化680亩，整修县乡道路林床50多公里，实施村屯绿化40多亩，栽植油松、柳树、云杉等绿化苗木2.2万多株。以乡村环境卫生整治为契机，在村组修建固定垃圾仓114个，配发移动式垃圾仓80个，组织群众3000多人（次），出动机械80多台（次），清运垃圾200多吨，清理柴草粪土50多处。在泾明街道新建排洪排污管道3000米，建成污水处理站1座。实施山底下人居环境整治提升项目，投资200多万元，栽植道牙2.5公里，安装路灯40盏，清理排洪渠1.8公里，整修林床2.5公里，栽植云杉、火炬等绿化苗木5300株。

【乡村旅游】 持续完善白家景区基础设施，安装太阳能路灯52盏，绿化村屯道路3.2公里、农宅“四旁”绿化1.4万平方米，种植花卉8000多平方米。持续扩展生态采摘、休闲垂钓、特色餐饮等旅游服务规模，新增农家乐5户。全年接待游客6.2万人，实现旅游综合收入200多万元。7月28日，在白家村举办泾川县“走进王母故里·品味诗韵泾川”文化旅游节开幕式，市文旅局调研员郭俊林，县委常委、宣传部部长赵小军，县人大常委会副主任康君，县政府副县长杨芳，县政协副主席冯维成出席开幕式，省内外旅行社代表、新闻媒体记者，各乡镇、县直各部门、驻泾各单位负责同志，全乡干部群众2000多人参加开幕式。

文化旅游节开幕式

【民生保障】 全面开展低保对象核查调整，清退低保对象107户284人，新增低保对象80户169人。全乡养老保险参保9594人，参保率92%，60岁以上领取待遇人员2212人。合作医疗参保12289人，贫困户参合率达到100%。全面落实义务教育阶段“两免一补”政策和营养餐计划，新建村卫生室2处，新增村医1名，办理慢性病补偿证105个，完成优生健康检查87例，妇女“两癌”普查389人。

【精准脱贫】 对35户未脱贫户制订“一户一策”帮扶计划，将收入不稳定的13户38人列入巩固提升计划，落实各类帮扶资金42.4万元。为50名贫困群众举办果业技能培训1期，发放小麦良种1.5万斤、化肥240袋。筹资100多万元，解决住房隐患问题51户。年底，全乡脱贫27户94人，贫困发生率下降至0.22%。

领导班子成员名录

书　记　温建平（3月止）
　　　　赵华强（4月任）
乡　长　赵华强（4月止）
　　　　蒋明福（4月任）
人大主席　刘宏鹏（2月任）
副书记　王福全
纪委书记　刘拴民（2月任）
副乡长　赵小鹏（12月任）
　　　　脱丽英（女）
　　　　罗小龙
武装部部长　杨　云
党建办主任　刘　忠（2月任）
党委委员、山底下村党支部书记
　　　　王安贤

（供稿：吕亚鹏）

罗汉洞乡

【概况】 罗汉洞乡共辖12个村81个村民小组

4039户16690人，耕地总面积27027.4亩，其中山地23445.6亩，川地3581.8亩。年底，乡政府机关有干部职工100人。

2019年，罗汉洞乡认真落实中央和省、市县委各项决策部署，扎实推进脱贫攻坚，强化项目支撑，促进产业转型升级，统筹推进社会事业，努力维护和谐稳定，全力推动全乡经济社会健康持续发展。

【产业发展】年内新建塑料大棚12650座，日光温室24座，智能连栋温室1800平方米；新栽黄花菜3000亩，种植设施瓜菜5100亩、大蒜500亩；开展技术培训5期4300多人（次）；完成果园标准化管理1.6万亩；新建柿子晾晒棚106座，硬化附属场地3970平方米，新建200吨果蔬冷藏库1座，柿饼、黄花菜加工车间12间240平方米；帮扶贫困户养殖平凉红牛172头、红安格斯牛120头、獭兔675只。

【基础设施】全力配合实施国道312线改扩建项目。在南河村蔬菜园区修建水塔1座，打深井1眼；拓宽砂化产业园区道路10.5公里，衬砌排水渠500米。硬化村组道路6.3公里，配套排洪渠1200米，栽植行道树4000多棵。加快罗汉洞村易地扶贫搬迁基础设施配套建设，硬化道路400米，铺设道牙280米，衬砌排洪渠400米，安装太阳能路灯10盏，20户搬迁户全部搬入新居。

【生态文明建设】完成荒山造林1380亩，栽植刺槐15万株。整修丈八寺叶家山、吕家拉上山路、巨荔路等路段林床12.7公里，栽植国槐、柳树、云杉等苗木1万多株。全面拆除旧危房、废棚圈及残垣断壁，实施改厕296户，关停张姚村养殖小区1处，集中治理垃圾点26处，配套垃圾收集箱300套。清理洪河景村段河床树木1.7万多株，清理杂物45吨。

【精准脱贫】为64个贫困户和40个巩固提升户，根据户内实际科学制定“一户一策”帮扶计划，全力补齐短板弱项。对排查出的68户住房不达标问题，乡上筹资69.62万元，新建50户维修加固18户。多方协调解决26户群众饮水不安全问题，走访劝返适龄学生21名。为丈八寺等8个贫困村入股配股300万元，清理空壳农民专业合作社13个。年底，脱贫44户155人，贫困发生率下降至0.33%。

【社会事业】完成345户888人农村低保、五保对象提标认定工作，对不符合条件的41户124人进行了剔除，新纳入符合条件58户151人。完成妇女“两癌”筛查1180例，开展优生健康检查94例，完成医疗保险资助6327人54.88万元。集中排查化解矛盾纠纷13件，回复办理群众信访问题30多件。组织司法所、派出所、食药监所等站所集中开展联合检查6次，开展道路交通专项整治2次，配备劝导员24名。举办了柿子文化节、赛园赛果、农民才艺大比拼等活动。

领导班子成员名录

书　记　赵亮亮（1月任）
乡　长　吕俊英（1月任）
人大主席　袁智兴
党委副书记　林　浩
纪委书记　张志杰
副乡长　王新红
王建锋
赵利芳（女）
党建办主任　马　强
武装部部长　王世龙
党委委员、王家沟村党支部书记
韩福林

（供稿：杨君刚）

窑店镇

【概况】窑店镇辖12个村82个村民小组4489户17271人。土地总面积56平方公里，总耕地2.93万亩，人均耕地1.69亩。年底，镇政府机关有干部职工71人。

2019年，窑店镇全面贯彻党的十九大和十九届二中、三中全会精神，认真落实中央、省市县委各项决策部署，紧盯全面小康目标，以脱贫攻坚为主线，持续加快产业转型升级，努力改善基础条件，不断优化人居环境，着力保障民计民生，主动突破，狠抓落实，全力推动经济社会持续平稳健康发展。

【基础设施】 积极争取项目，实施“畅返不畅处治”工程6公里，补修街道路面2100平方米，硬化练范村主干道路243米。投资200.9万元，建成将军、庙头2个村部及文化广场，建成西门村卫生所。完成凤口街道改造提升工程，硬化铺装人行道300平方米，埋设排污管道957米，修建雨水暗渠395米，埋设天然气管道3公里，安装道牙1100米，栽植绿化苗木200株，建成镇污水处理站。

【产业发展】 组织果园管理培训36期7400多人（次），组织400多名务果能手赴陕西、西峰、静宁等地考察学习现代果园管理技术。在将军村建成“维纳斯”黄金苹果矮化密植示范园100亩，在公主村建成120亩烟富8号自根砧矮化密植设施园；在南头湾村建成防雹设施园35亩。对全镇48个专业合作社进行核查，规范提升21个，注销“空壳社”27个。

【生态环境治理】 完成荒山造林1445亩，整修林床14.1公里，新建道路林网3.5公里，栽植刺槐18.2万株，油松、海棠、红叶李等绿化苗木8000株。在丰禾、公主2村完成改厕383户，实施练范、庙头、公主等8个村公厕修建项目，配备吸粪车2辆。组织开展国道、省道沿线环境卫生集中整治，清理垃圾堆放点64处，清理垃圾400多吨，拆除旧房57户220间、窑洞9孔；购置垃圾箱80个、人力垃圾车21辆，创建卫生清洁示范村3个。

【精准脱贫】 对全镇34户未脱贫户和8户巩固提升户，根据户内实际制订“一户一策”帮扶计划，年内聚集各方力量狠抓各项帮扶措施落实，年底脱贫退出26户72人，贫困发生率下降到0.12%，下剩贫困人口8户21人。

【社会事业】 投资326万元，新建窑店中学学生宿舍楼和教学辅助用房；投资28万元，实施东坡小学校园硬化；投资80万元，完成中心幼儿园日托制改建；建成东坡小学、练范小学、中心小学3个远程互动教室。举办庆祝农民丰收节广场舞大赛、庆祝中华人民共和国成立70周年文艺会演，开展了和谐五星、十大孝子、窑店好人、新乡贤评选等活动。完成孕前优生检查116例，农村妇女“两癌”检查413例，为104名残疾人员办理残疾证。

领导班子成员名录

书　记　　吕孝忠（4月止）
　　　　　吴生文（4月任）
镇　长　　陈建新
人大主席　许春艳（女，1月止）
　　　　　雷永平（3月任）
副书记　　刘书良（11月止）
　　　　　王红刚（12月任）
纪委书记　杜义平（2月止）
　　　　　何建辉（2月任）
党建办主任　何建辉（2月止）
　　　　　林　相（2月任）
副镇长　　郭双武
　　　　　尚艳丽（女，3月任）
　　　　　李小银（12月止）
　　　　　张　莹（12月任）
武装部部长　郑海龙
党委委员、龙盘村党支部书记
　　　　　薛宽义

（供稿：陈　晶）

飞云镇

【概况】 飞云镇辖11个村84个村民小组4658

户18375人，土地总面积4.2万亩，耕地面积3.42万亩，其中山地1.1万亩，塬地2.3万亩，现有果园2.08万亩。年底，镇政府机关有干部职工64人。

2019年，飞云镇认真贯彻落实党的十九大和十九届二中、三中、四中全会精神，严格落实县委、县政府各项决策部署和要求，以打赢脱贫攻坚战和实施乡村振兴战略为契机，统筹推进产业发展、基础设施改善、社会事业发展、人居环境改善和党的建设等各项工作，较好地完成了年度各项工作任务。

【果品产业】在飞长路、东元路等沿途园区插空补建果园213.7亩，补植10860株。拉建防雹网，建立减灾示范园70亩。按照果园管理的季节要求，狠抓管理技术要点落实，全年落实果园标准化管理2.08万亩，修剪拉枝2万多亩，果园悬挂粘虫板2.6万张，放置诱捕器500个，安装杀虫灯20盏。举办果园管理技术培训班18期，培训果农1360人，组织外出参观学习2次，建成了岸门张家、老庄官场幼园管理及元朝丰产园管理等一批工作典型。

果品展销

【生态建设】在飞云、南峪、毛家3村实施荒山造林工程685亩，在南峪村落实生态恢复工程300亩，栽植刺槐11万株、山毛桃2.42万株，整修道路林床42公里，补植农田道路林网22公里。聘请保洁员20名、护林员6名，评选生态环境“最美庭院”10户。树立飞云、元朝、南庄头3村为全镇人居环境改善示范点，购置垃圾压缩车1辆，放置垃圾箱10处，配置电动垃圾清运车8辆、垃圾分类箱165个。

【基础设施建设】在东高寺村建成飞云镇垃圾处理站，配合县上完成岸门村境内1100KV输电线路的塔座安装和电线架设。镇文化广场二期工程完成场地平整3260平方米，硬化380平方米，绿化美化2325平方米；完成元朝村文化广场改造2000平方米，维修文化墙260米，安装路灯4盏；硬化村组道路3.9公里，衬砌渠道900米；在南峪、坡头、老庄等村完成农户改厕350户，建成村级公厕7座。

【社会事业】完成毛家小学改造，新建宿舍10间；实施镇文化站办公楼维修改造，粉刷墙面3000平方米。开展各类群众性文化活动16场。完成优生健康检查107对，60岁以上老年人、0～6岁儿童和孕8～12周妇女健康体检1168人，妇女“两癌”筛查645人。实施儿童营养改善项目，发放营养包780盒。

【社会保障】全镇11363人参加城乡居民基本养老保险，征收养老保险基金152.55万元，落实政府资助15.79万元，参保率93.40%，全年发放社会养老保险金2926人375.23万元；有15456名群众参加新型农村合作医疗，收缴个人合作基金340.03万元。年内，为837名低保对象发放低保金200.11万元，为7名孤儿发放生活费9.3万元，为46人发放特困供养金31.31万元，为47名老年人发放生活补助6.47万元，为376名残疾人发放两项补贴46.01万元，临时救助2548人43.86万元。

【扶贫攻坚】对全镇13户未脱贫户和4户巩固提升户，因户因人制订“一户一策”帮扶计划，精准落实帮扶措施。深入开展“十查十看十补课”行动。贫困户实施果园标准化管理1000亩，间作套种1000亩；动员47户贫困户饲养平凉红牛和红安格斯基础母牛49头；组织开展技能培训7期340人（次），输转劳动力555人。年内脱贫7户30人，贫困发生率下降到0.12%。

领导班子成员名录

书　记　　高玉红（女，9月止）
　　　　　吴晓峰（9月任）
镇　长　　吴晓峰（9月止）
　　　　　王小强（9月任）
人大主席　吕军明（4月任）
副书记　　王　强（2月任）
纪委书记　吕喜荣（12月止）
　　　　　王　栋（12月任）
副镇长　　张志杰（3月止）
　　　　　谢小平（9月止）
　　　　　刘自鹏（9月止）
　　　　　杨　华（12月任）
　　　　　田喜娟（女）
　　　　　段龙前（12月任）
党建办主任　赵兴旺（3月任）
武装部部长　杨　华（12月止）
　　　　　赵　鑫（12月任）
党委委员、南峪村党支部书记
　　　　　辛秀成

（供稿：薛建荣）

高平镇

【概况】 高平镇辖29个村213个村民小组10385户35257人，土地总面积96812.5亩，耕地31772.8亩，人均耕地1.18亩。年底，镇政府机关有干部职工102人。

2019年，高平镇坚持以习近平新时代中国特色社会主义思想和党的十九届二中、三中、四中全会精神为指导，坚持稳中求进工作总基调，认真落实中央和省市县各项决策部署，统筹推进稳增长、促改革、调结构、惠民生、防风险工作，保持经济持续健康发展，为全面建成小康社会奠定了基础。

【产业发展】 按照"远抓苹果、近抓菜畜、常抓劳务"的发展思路，在寨子等5村插空新建果园180亩，开展果园标准化管理4.8万亩，在草滩、代家建成蔬菜园区2处，新建日光温室23座、钢架大棚31座。积极落实畜牧扶贫各项政策，帮扶285户群众引进红安格斯牛160头、平凉红牛191头。

【基础设施】 争取资金108万元，维修改造危旧房屋96户，全镇农户住房实现安全达标。硬化村组道路1.1公里，砂化生产道路2.8公里，衬砌渠道2.2公里。建成代家村幸福大院1处，新建住房14套，配套完成院内绿化亮化。依托项目，实施了垃圾填埋场维修工程。

【生态环境治理】 完成面山绿化3000亩，道路林网建设31.26公里，村屯绿化2万多平方米。以高太路、312线、高邵路、双河路为重点，及时清理居民生活垃圾，清除路旁堆放的杂物、柴草、建筑材料。

【精准脱贫】 全面落实"一户一策"帮扶计划，深入推进"九大冲刺行动"，聚焦短板弱项，采取得力措施，扎实做好边缘户和监测户的帮扶，全面巩固提升脱贫质量。年底脱贫退出63户182人，贫困发生率下降到0.13%。

【社会事业】 开展文化活动6场（次），推进移风易俗，遏制高价彩礼、婚丧事务大操大办等不良习俗，不断提升精神文明建设水平。新建胡家峪、塬边村2所标准化村卫生室。年内全镇有低保对象722户1643人，五保对象78户84人，发放民政救助资金504.5万元；居民养老保险、新农合参保率分别达到95.85%和97%，建档立卡贫困人口实现参保参合全覆盖；对5686名享受养老保险待遇人员进行了人脸认证，完成率98.68%。

【社会服务】 全年承办81项便民服务事项，接待群众7300余人（次），提供扶贫、民政、社保等政策咨询服务2700余次，解决矛盾纠纷12起。

领导班子成员名录

党委书记　　樊志辉（4月止）

林立峰（4月任）
镇　长　　薛立军（3月止）
吕永亮（3月任）
人大主席　杜　斌
副书记　　韩　伟（3月任）
纪委书记　陈怀亮（3月止）
马　亮（3月任）
党建办主任　董小平
副镇长　　李海峰
尚艳丽（女，3月止）
李　亮（4月任）
张小军（4月任）
武装部部长　李永锋（1月任）
党委委员、许家坡村党支部书记
薛小平

（供稿：赵永平）

太平镇

【概况】太平镇位于泾川县南塬西端，全镇辖15个村94个村民小组3855户16223人，有耕地7.04万亩。年底，镇政府有干部职工71名。

2019年，太平镇按照“设施建设补短板，优化人居促提升，产业培育增效益，稳定脱贫保成效”的总体要求，紧盯脱贫攻坚目标要求，持续壮大富民产业、多方完善基础设施、切实改善人居环境、努力促进社会和谐，全镇经济社会发展成效显著。

【产业发展】全年补植核桃和苹果320亩，落实苹果园标准化管理6206亩，山地核桃园标准化管理10030亩，塬区栽植花椒573亩；新建日光温室38座、钢架大棚23座；195户群众新养殖平凉红牛276头、红安格斯母牛180头，全镇牛存栏量2978头。

【基础设施建设】完成里口大桥地勘、测量以及招投标等工作，浇筑桥梁桩基6根96米、预制桥板8块；在何家、周家2村硬化村组道路3.1公里，更换周家村饮水管道1.5公里；实施荒场、里口易地扶贫搬迁基础设施建设工程，硬化区间道路5.72公里，衬砌排洪渠6.94公里，砂化道路5.8公里。

【生态建设】在口家、荒场2村完成面山造林2455亩，栽植油松1.2万株、刺槐20余万株；整修高太路、双河路、何崖路等村组路段林床26.3公里；在三星、荒场、七千关等村栽植花卉苗木，实施村屯绿化工程。

【社会事业】完成382户821人农村低保、五保对象提标认定，全年发放低保、老年人困难生活补助等资金218.14万元，全镇10267名群众参加城乡居民养老保险，收缴养老保险基金148.84万元；为1471人报销合作医疗、医疗保险以及医疗救助，办理社保卡14404张，完成妇女“两癌”筛查560例，开展优生健康检查110例。

【脱贫攻坚】紧紧围绕“两不愁、三保障”目标任务，制订完善147户456人贫困户和38户145人巩固提升户“一户一策”帮扶计划，积极协调帮扶单位、驻村工作队以及社会各方力量，全力补齐短板弱项。筹资63.7万元，新建维修住房63户；通过安装净水设备、增设管道等方式，解决了26户群众饮水不安全问题。新建改建寨子洼小学1处。为三星等13个贫困村入股配股430万元。扎实开展合作社规范提升专项行动，清理取缔空壳社19个、规范提升30个。年底，全镇脱贫人口116户374人，贫困发生率下降至0.5%，里口、荒场2个贫困村顺利脱贫退出。

【街道改造】投资453万元，实施街道改造提升工程，2019年5月开工建设，完成主街道柏油罩面325.7米，硬化水泥路面300平方米，铺装人行道5105.2平方米，新修排水渠651.4米，配套完成绿化亮化工程，10月全面竣工。

领导班子成员名录

书　记　　尚志龙（3月止）
薛立军（3月任）

镇　长　高凯华（4月止）
　　　　高永强（4月任）
人大主席　杜江鲛（2月任）
副书记　徐胜军
纪委书记　杜江鲛（2月止）
　　　　吕宏伟（2月任）
副镇长　秦小龙
　　　　王海映（2月止）
　　　　薛文虎（2月任）
　　　　陈怀亮（4月任）
人武部部长　刘斌勤（1月任）
党建办主任　王红艳（女）
党委委员、阴坡村党支部书记
　　　　陶回乡

（供稿：韩永强）

城市社区管委会

【概况】城市社区党工委下设南街、北街、东街、中街4个社区党总支，15个楼宇党支部和1个机关党支部，有党员858名。管委会下辖4个社区居委会，辖区内有常住人口12852户36144人。年底，管委会机关有干部职工20人。

2019年，县城市社区紧紧围绕县委、县政府决策部署，以服务群众为中心，以保障改善民生为根本，围绕城市社区党的建设、居民服务、民生保障、社会管理等重点领域集中用力，规范管理，热忱服务，圆满完成了各项目标任务。

【党的建设】年内，党工委开展理论中心组学习14次，组织知识测试4次，观看政论专题片2场，发展党员9名，按期转正10名。结合庆祝中华人民共和国成立70周年系列活动，评选表彰城市社区“五星级”党员30名、“共驻共建”先进个人10名。开展党建工作督查3次。在东街社区率先建立新时代文明实践站，整合党员服务队、政策宣讲队、健康医疗队等7支志愿服务队，全年开展服务活动15场。

【社会保障】年底城市社区有低保户1049户2468人，残疾人254人，优抚对象114人，孤儿11人。年内社区工作人员入户访视率达到87%，办理居民社保卡1.2万多张，发放低保金1409.83万元、孤儿生活费19.2万元、伤残军人抚恤金206.65万元、城市居民临时救助金14.38万元。

【社区服务】举办城市社区大讲堂6期、法治讲座5次，开展党建理论、安全生产、环境保护、民生政策、扫黑除恶等方面的知识宣讲，受教育人数达1.2万人。向部队输送合格兵员，悬挂军人光荣牌1380面。登记发放一孩、二孩生育登记服务证170个，审批再生育指标5个，网上办理民生事项170人（次）。

【健康服务】落实基础数据比对工作，核对公安出生报户等信息1576条，审查在职人员计生信息411人（次），登记访视信息3400多条。筛查慢性病患者3054人，举办各类健康宣传讲座10次，开展体检、义诊、签约服务10295人（次）。组织65岁以上老年人体检2432人（次），孕产妇体检82人，0～6岁儿童体检270人。

【社会治理】以扫黑除恶行动为契机，利用公众号、微信群、电子屏、散发传单等形式，广泛宣传政策，紧盯重点区域集中进行走访巡查，摸排线索，引导群众揭发举报。在东街社区建成宪法主题公园1处10个版面、禁毒法治长廊1处6个版面、综合治理8个版面。开展消防、防汛、安全宣传教育8次，悬挂标语10条，发放教育读本3000余册，宣传单页4万多份，安全告知书1500多份，排查隐患20余处。转化社区邪教人员1名。全年调处各类矛盾纠纷83起。

【文化活动】编排积极向上、贴近生活的快板小品，经常在回中广场、居民楼院巡回演出。组织300多人参与全县春节社火巡演。元旦、“七一”、国庆等节庆期间均组织开展丰富多彩的文化活动，表演文艺节目60多个。

【中街社区】7月17日，中街社区居委会挂牌成立，办公地点位于农林路，有工作人员5名。管理服务范围东至泾灵路，南至南山根，西至农林路，北至312国道。

组织社区工作人员开展理论学习

领导班子成员名录

书　记　　王安平（3月任）
主　任　　王安平（3月止）
　　　　　吕小莉（女，3月任）
人大工委主任　刘锁琴（女，4月止）
副书记　　尚旭华
纪工委书记、监察室主任
　　　　　高宏慧（女，9月止）
党建办主任　王晓龙
管委会副主任　张　鹏（3月任）
　　　　　刘军鹏（9月任）
武装部部长　杨会元（9月止）
　　　　　郭瑞华（12月任）

（供稿：高强强）

亚盛股份张老寺分公司

【概况】亚盛股份张老寺分公司是以种植、养殖、林业为主，农林牧综合发展的国有农业企业，土地总面积7.27万亩，总人口830户2637人，从业人员382人，在册职工151人。

2019年，张老寺分公司认真贯彻集团公司的各项决策部署，持续深化企业改革，全员参与经营管理，加大酸枣培育力度，打造统一经营平台，着力构建现代农业生产经营体系，推动了分公司经济社会健康发展。

【生产经营】全年实现主营业务收入660.31万元，完成全年计划的98.1%。实现利润总额143.91万元，职均收入4.4万元。

【农业生产】全年统购各类良种2.75吨，农药364公斤，化肥213吨，播种农作物5715亩，其中玉米3500亩、小麦1715亩、油料500亩，粮食总产3004.5吨。落实苹果园标准化管理2100亩（其中统一经营280亩），苹果总产4060吨。

【项目建设】完成新一轮退耕还林建设3630亩，其中栽植刺槐2068亩45.5万株，成活率达到95%，油松10亩2000株，成活率达到90%，酸枣1552亩25.2万株，保存率达到90%以上。

【环境整治】整修场区危旧道路6.2公里，拆除危旧房38间、私搭乱建10余处；清除公路沿线杂草18公里；清理垃圾点20处，清运垃圾200余吨。

【社会职能分离移交】完成"两供一业"维修改造工程，成立泾川县汭丰镇张老寺社区居民委员会和张老寺社区支部委员会，推行"内部分开，管办分离，授权委托，购买服务"的运行机制，落实年运行经费50万元，社会职能工作正常运行。

【社会事业】为1426人办理城乡居民医疗保险，为136户372名困难职工办理城镇居民最低生活保障，6户13人享受住房补贴，为10名残疾人申请燃油补贴，为82名残疾人申请发放重度、困难残疾人两项补贴。

领导班子成员名录

党委书记、经理　张向鸿
党委副书记、纪委书记、工会主席、
　张老寺农场场长　王有荣
党委委员、副经理　朱怀文
　　　　　张尚良
副调研员　杨召才

（供稿：王进军）

获奖人物

获省部级表彰奖励人员名录

姓名	工作单位	荣誉称号	授予时间	颁奖部门
郭全淑	自然资源局	全国绿化奖章	2019年9月	全国绿化委员会
杜志春	中医院	优秀民革党员	2019年3月	中国国民党革命委员会
力鹏	宣传部	全国优秀团干部	2019年7月	共青团中央
杜鹏	人武部	民兵调整改革先进个人	2019年12月	中央军委国防动员部
樊雪霞	泾川一中	全国最美中学生	2019年2月	中国青年报社
吕金生	税务局	全国无偿献血奉献奖铜奖	2019年11月	国家卫健委、红十字总会、中央军委后勤保障部卫生局
袁志兴	县政府	全省脱贫攻坚帮扶先进个人	2019年2月	甘肃省脱贫攻坚领导小组
张静平	汭丰镇	全省精神文明建设先进个人	2018年12月	省委、省政府

续表

姓名	工作单位	荣誉称号	授予时间	颁奖部门
卢炎炜	退役军人事务局	全省双拥工作先进个人	2019年7月	省委、省政府、省军区
陈伟	公安局	“大战100天专项行动”个人嘉奖	2019年3月	省公安厅
赵迎春	公安局	社区警务和“一标三实”个人嘉奖	2019年2月	省公安厅
赵小伟	公安局	社区警务和“一标三实”个人嘉奖	2019年2月	省公安厅
景峰	公安局	全省第五届我最喜爱的人民警察提名奖个人三等功	2019年12月	省公安厅
高勇	公安局	空军招飞政治考核工作先进个人	2019年12月	省公安厅
史亚伟	公安局	案件全要素补录法制工作成绩突出个人	2019年3月	省公安厅
毛安平	人社局	全省“最美社保人”	2020年1月	省社保局

获市（厅）级表彰奖励人员名录

姓名	工作单位	荣誉称号	授予时间	颁奖部门
王宝吉	城关镇杨柳小学	甘肃省优秀少先队员	2019年4月	省人社厅、省团委、省教育厅、省少工委
陈珊	王村镇章村武酒希望小学	甘肃省优秀少先队员	2019年4月	省人社厅、省团委、省教育厅、省少工委
叶芳菲	第三小学	甘肃省优秀少先队员	2019年4月	省人社厅、省团委、省教育厅、省少工委
尚语彤	东街小学	甘肃省优秀少先队员	2019年4月	省人社厅、省团委、省教育厅、省少工委
王婷霞	东街小学	甘肃省优秀少先队辅导员	2019年4月	省人社厅、省团委、省教育厅、省少工委
史小玲	电信公司	2019年度巾帼风采最美员工	2020年3月	省电信公司
燕小飞	人民银行	全省人行“央行卫士”	2019年8月	省人民银行
陈海明	教育局	第六届全国青年科普创新暨实验作品大赛兰州赛区优秀组织个人	2019年6月	省教育厅、省科协
付斌斌	教育局	学校体育工作先进个人	2019年8月	省教育厅、省体育局、团省委
赵尔博	泾川三中	甘肃省优秀共青团干部	2019年5月	省人社厅、团省委
可喜来	县医院	2019年全省儿童急救技能大赛一等奖	2019年8月	省卫健委
可喜来	县医院	优秀医师	2019年8月	省卫健委
郭伟荣	县医院	2019年全省儿童急救技能大赛优秀选手奖	2019年8月	省卫健委

续表

姓名	工作单位	荣誉称号	授予时间	颁奖部门
胡江东	中医院	全省自强模范	2019年12月	省人社厅、省残联
刘红霞	中医院	2018年度优秀支农医师	2019年5月	省卫健委
段瑾	民政局	全省民政系统先进个人	2019年6月	省民政厅
吴崇义	农业农村局	平凉市先进工作者	2019年4月	市委、市政府
杨旭升	扶贫办	全市脱贫攻坚先进个人	2019年5月	市委、市政府
吴崇义	农业农村局	全市脱贫攻坚先进个人	2019年5月	市委、市政府
徐保学	红河乡	全市脱贫攻坚先进个人	2019年5月	市委、市政府
张静平	汭丰镇	全市脱贫攻坚先进个人	2019年5月	市委、市政府
张 闽	县委党校	平凉市优秀社科工作者	2019年8月	市委、市政府
胡海东	县委党校	平凉市第七届优秀社科成果三等奖	2019年8月	市委、市政府
朱斌涛	公安局	2019年全市禁毒工作先进个人	2020年3月	市禁毒委
甘锦莲	公安局	2019年全市禁毒工作先进个人	2020年3月	市禁毒委

先进单位

获省部级表彰奖励单位名录

获奖单位	荣誉称号	授予时间	颁奖部门
泾川县	全国第四批率先基本实现主要农作物生产全程机械化示范县	2019年12月	农业农村部
泾川县	双拥模范县	2019年7月	省委、省政府、省军区
平凉理工中等 专业学校	全国教育系统先进集体	2019年9月	人社部、教育部
城关镇凤凰村	国家森林乡村	2019年12月	国家林草局
党原镇城刘村	国家森林乡村	2019年12月	国家林草局
汭丰供电所	全国五星级乡镇供电所	2019年1月	国家电网公司
中医院	2017—2018年节约型公共机构示范单位	2019年2月	国管局、国家发改委、财政部
城关镇政府	全省双拥工作先进单位	2019年7月	省委、省政府、省军区

获市厅级表彰奖励名录

获奖单位	荣誉称号	授予时间	颁奖部门
人武部	战备动员工作先进单位	2019年2月	省军区
人武部	征兵工作先进单位	2019年2月	省军区
城关镇武装部	全省民兵调整改革综合考核第一名	2019年10月	省军区
电信公司	2019年度全省十佳县分公司	2020年3月	省电信公司
公安局网安大队	全省公安机关网络安全工作成绩突出集体	2019年11月	省公安厅
检察院	甘肃省卫生单位	2019年1月	省爱卫会
组织部	2019年《党的建设》发行工作先进集体	2019年10月	《党的建设》杂志社
组织部	《只恋这片土地》评为2019年全省党员教育电视片十佳编导作品	2019年11月	省委组织部
残联	全省"残疾人之家"	2019年12月	省政府残工委
网信办	2019年度"弘扬社会主义核心价值观　共筑中国梦"主题原创网络视听节目征集暨比赛活动二等奖	2019年12月	省广播电视局
泾明乡白家村	全省农村社区建设示范单位	2019年6月	省民政厅
供电公司	2019年第一批达标创优标杆县公司	2019年6月	省电力公司
教育局	第六届全国青年科普创新暨实验作品大赛兰州赛区优秀组织奖	2019年5月	省教育厅、省科协
教育局	"甘肃省第四届中学生运动会男子羽毛球团体第七名"称号	2019年8月	省教育厅、省体育局、团省委
教育局	"甘肃省第四届中学生运动会女子羽毛球团体第二名"称号	2019年8月	省教育厅、省体育局、团省委
招生办	全省教育考试招生工作先进集体	2019年8月	省人社厅、省教育厅
泾川四中	甘肃省卫生单位	2019年1月	省爱卫办
城关镇社会事务服务中心	省巾帼文明岗	2019年12月	省妇联
城关镇凤凰村	甘肃省乡村旅游示范村	2019年6月	省文旅厅
汭丰镇	甘肃省卫生乡镇	2019年1月	省爱卫办
农业农村局	全市脱贫攻坚先进集体	2019年5月	市委、市政府
卫健局	全市脱贫攻坚先进集体	2019年5月	市委、市政府
党原镇	全市脱贫攻坚先进集体	2019年5月	市委、市政府
县禁毒委	2019年全市禁毒工作成绩突出单位	2020年3月	市禁毒委

附录

泾川县机构改革方案

根据《中共中央关于深化党和国家机构改革的决定》《深化党和国家机构改革方案》《关于地方机构改革有关问题的指导意见》和《甘肃省机构改革方案》《甘肃省关于市县机构改革的总体意见》，结合实际，制定泾川县机构改革方案。

一、机构改革的总体部署

深化机构改革，要以习近平新时代中国特色社会主义思想为指导，全面贯彻党的十九大和十九届二中、三中全会精神，贯彻落实习近平总书记关于深化党和国家机构改革的重要论述，牢固树立政治意识、大局意识、核心意识、看齐意识，坚持加强党的全面领导、坚持以人民为中心的发展思想、坚持社会主义市场经济改革方向、坚持优化协同高效、坚持以法治方式推进改革、坚持在中央统一领导下充分发挥地方积极性。通过深化机构改革推进各领域改革，在深化各领域改革中优化机构设置和职能配置。

深化机构改革，要适应新时代中国特色社会主义发展要求，以国家治理体系和治理能力现代化为导向，使市场在资源配置中起决定性作用，更好发挥政府作用，强化社会管理和公共服务职能，切实解决人民群众最关心最直接最现实的利益问题。县主要机构设置要同中央保持基本对应，上下贯通，执行有力，确保党中央政令畅通。全面落实习近平总书记视察甘肃重要讲话和“八个着力”重要指示精神，聚集打赢脱贫攻坚战、推进高质量发展和绿色发展崛起，深化职能、转方式、转作风，提高效率效能，构建体系完备、科学规范、运行高效的机构职能体系，促进各方面改革有机衔接、协调联动，发挥改革整体效应，为全面建成小康社会、建设绿色开放幸福美好新泾川提供有力的体制机制保障。

深化机构改革，要在党中央集中统一领导下，按照省委和市委安排部署，县委切实履行领导责任，不折不扣落实好各项改革任务。

二、调整优化县级党政机构和职能

（一）坚持上下基本对应，调整优化相应机构和职能

1. 建立健全和优化县委对重大工作的领导体制机制

（1）组建县监察委员会。落实党中央关于深化监察体制改革的部署，将县监察局的职责，以及县人民检察院查处贪污贿赂、失职渎职及预防职务犯罪等反腐败相关职责整合，组建县监察委员会，同县纪律检查委员会合署办公，履行纪检、监察两项职责，实行一套工作机构、两个机关名称。

不再保留县监察局。

（2）将县委全面深化改革领导小组改为县委全面深化改革委员会，作为县委议事协调机构。县委全面深化改革委员会办公室设在县委办公室。

（3）将县委全面推进依法治县工作领导小组改为县委全面依法治县委员会，作为县委议事协调机构。县委全面依法治县委员会办公室设在县司法局。

（4）组建县委国家安全委员会，作为县委议事协调机构，具体工作由县委办公室承担。

（5）组建县委网络安全和信息化委员会，作为县委议事协调机构。县委网络安全和信息化委员会办公室设在县委宣传部。

（6）组建县委财经委员会，作为县委议事协调机构。县委财经委员会办公室设在县委办公室。

（7）组建县委外事工作委员会，作为县委议事协调机构。县委外事工作委员会办公室与县政府外事办公室在县政府办公室挂牌。

（8）组建县委军民融合发展委员会，作为县委议事协调机构，具体工作由县发展和改革局承担。

（9）组建县委审计委员会，作为县委议事协调机构。县委审计委员会办公室设在县审计局。

（10）组建县委教育工作领导小组，作为县委议事协调机构。县委教育工作领导小组秘书组设在县教育局。

（11）组建县委农村工作领导小组，作为县委议事协调机构。县委农村工作领导小组办公室设在县农业农村局。

2. 加强县委职能部门的统一归口协调管理职能

（1）县委组织部统一管理县委机构编制委员会办公室。调整优化县机构编制委员会领导体制，将县机构编制委员会改为县委机构编制委员会，作为县委议事协调机构。县委机构编制委员会办公室为县委机构编制委员会的办事机构，承担县委机构编制委员会日常工作，作为县委工作机关，归口县委组织部管理。

不再保留单独设置的县事业单位登记管理局（县党政群机关社会信用代码管理局）。

（2）县委组织部统一管理公务员工作。将县人力资源和社会保障局的公务员管理职责划入县委组织部，县委组织部加挂县公务员局牌子。

（3）县委宣传部统一管理新闻出版和电影工作。将县文体广电局的新闻出版和电影管理职责划入县委宣传部，县委宣传部加挂县政府新闻办公室、县新闻出版局牌子。

（4）县委统战部统一领导民族宗教工作。县民族宗教事务局与县委统战部合署办公，实行一

套工作机构、两个机关名称。

（3）县委统战部统一领导侨务工作。将承担行政职能事业单位县政府外事侨务办公室的侨务管理职责划入县委统战部，县委统战部加挂县政府侨务办公室牌子。

3.新组建和优化职责的机构

（1）组建县自然资源局。将县国土资源局、县林业局的职责，承担行政职能事业单位县测绘管理办公室的职责，以及县发展和改革局的组织编制主体功能区规划职责，县住房和城乡规划建设局、承担行政职能事业单位县规划办公室的城乡规划管理职责，县水务局的水资源调查和确权登记管理职责，县农牧局的草原监督管理、草原资源调查和确权登记管理职责，县住房和城乡规划建设局、县水务局、县农牧局等部门的自然保护区、风景名胜区、自然遗产、地质公园等管理职责整合，组建县自然资源局，作为县政府工作部门。县自然资源局加挂县林业和草原局、县不动产登记管理局、县绿化委员会办公室牌子。

不再保留县国土资源局、县林业局。

（2）组建市生态环境局泾川分局。将县环境保护局的职责，以及县发展和改革局的应对气候变化和减排职责，县国土资源局的监督防止地下水污染职责，县水务局的编制水功能区划、排污口设置管理、流域水环境保护职责，县农牧局的监督指导农业面源污染治理职责等整合，组建市生态环境局泾川分局，为市生态环境局的派出机构。

不再保留县环境保护局。

（3）组建县农业农村局。将县农牧局的职责，以及县委农村工作办公室的有关“三农”工作职责，县发展和改革局的农业投资项目、县财政局和县农业综合开发办公室的农业综合开发项目、县国土资源局的农田整治项目、县水务局的农田水利建设项目等管理职责整合，组建县农业农村局，作为县政府工作部门。

将县农牧局的渔船检验和监督管理职责划入县交通运输局。

不再保留县委农村工作办公室、县农牧局、县农业综合开发办公室。

（4）组建县文体广电和旅游局。在县文体广电局（县旅游局）的文化、体育、广播电视、旅游、文物等管理职责的基础上组建县文体广电和旅游局，作为县政府工作部门。县文体广电和旅游局加挂县文物局牌子。

不再保留县文体广电局（县旅游局）。

（5）组建县卫生健康局。将县卫生和计划生育局、县深化医药卫生体制改革领导小组办公室、县老龄工作委员会办公室的职责，以及县安全生产监督管理局的职业安全健康监督管理职责整合，组建县卫生健康局，作为县政府工作部门。县卫生健康局加挂县中医药管理局牌子。保留县老龄工作委员会，日常工作由县卫生健康局承担。

不再保留县卫生和计划生育局、县深化医药卫生体制改革领导小组办公室、县老龄工作委员会办公室。

（6）组建县退役军人事务局。将县民政局的退役军人优抚安置职责，县人力资源和社会保障局的军官转业安置职责，以及军队有关职责整合，组建县退役军人事务局，作为县政府工作部门，按中央有关改革部署实施。

（7）组建县应急管理局。将县安全生产监督管理局的职责、县政府办公室（县应急委员会办公室）承担的应急管理职责、县公安局的消防管理职责、县民政局的救灾职责，以及县国土资源局的地质灾害防治、县水务局的水旱灾害防治、县农牧局的草原防火、县林业局的森林防火相关职责，县地震局承担的震灾应急救援职责，县防汛抗旱指挥部、县减灾委员会、县抗震救灾指挥部、县森林防火指挥部的职责等整合，组建县应急管理局，作为县政府工作部门，按中央有关改革部署实施。

不再保留县安全生产监督管理局。

（8）组建县科学技术局。将县工业和信息化局（县科学技术局）的科学技术工作职责、县人力资源和社会保障局引进国外智力工作的职责整合，组建县科学技术局，作为县政府工作部门。县科学技术局加挂县外国专家局牌子。

（9）重新组建县司法局。将县司法局的职责，县政府办公室（县政府法制办公室）承担的政府法制工作职责整合，重新组建县司法局，作为县政府工作部门。

（10）优化县审计局职责。将县发展和改革局的项目稽查职责，县财政局和承担行政职能事业单位县国有资产管理局、县财经监督办公室的预算执行情况和其他财政收支情况的监督检查、国有企业领导干部经济责任审计、县属国有企业监事会的职责等划入县审计局。

（11）组建县市场监督管理局。将县工商行政管理局（县质量技术监督局）、县食品药品监督管理局的职责，县发展和改革局（县物价局）、承担行政职能事业单位县价格监督检查局的价格监督检查职责，县工业和信息化局（县科学技术局）的专利管理职责等整合，组建县市场监督管理局，作为县政府工作部门。县市场监督管理局加挂县食品安全委员会办公室、县知识产权局牌子。

不再保留县工商行政管理局（县质量技术监督局）、县食品药品监督管理局。

（12）组建县医疗保障局。将县人力资源和社会保障局的城镇职工和城镇居民基本医疗保险、生育保险、新型农村合作医疗职责，县发展和改革局（县物价局）的药品和医疗服务价格管理职责，县民政局的医疗救助职责等整合，组建县医疗保障局，作为县政府工作部门。

（13）组建县扶贫开发办公室。将县委农村工作办公室的有关脱贫攻坚帮扶工作职责，以及合署办公的县扶贫开发办公室的职责整合，组建县扶贫开发办公室，作为县政府工作部门。

4.其他不再设立的机构

（1）不再设立县社会治安综合治理委员会及其办公室、县维护稳定工作领导小组及其办公室，有关职责交由县委政法委员会承担。

（2）将县委防范和处理邪教问题领导小组及其办公室有关职责交由县委政法委员会、县公安局承担。

（二）上下基本对应的其他机构

县委办公室、县委直属机关工作委员会、县信访局、县委巡察工作领导小组办公室作为县委工作机关；县发展和改革局、县工业和信息化局、县公安局、县民政局、县财政局、县人力资源和社会保障局、县住房和城乡建设局、县交通运输局、县水务局、县商务局、县统计局作为县政府工作部门。

（1）优化县委办公室职责。将县档案局（县档案馆）的行政职责划入县委办公室，县委办公室加挂县档案局、县委机要和保密局、县国家保密局、县国家密码管理局牌子。县档案馆作为县委直属正科级事业单位。

不再保留与县档案馆合并设立的县档案局。

（2）将县直机关工作委员会改为县委直属机关工作委员会，作为县委工作机关。

（3）组建县信访局，作为县委工作机关。

（4）优化县发展和改革局职责。将县民政局、县工业和信息化局（县商务局）的相关物资储备职责等划入县发展和改革局。县发展和改革局加挂县粮食和物资储备局牌子。

（5）将县住房和城乡规划建设局改为县住房和城乡建设局，作为县政府工作部门。

（6）组建县商务局。在县工业和信息化局（县商务局）商务工作职责的基础上组建县商务局，作为县政府工作部门。

其他不再保留的机构：

不再保留县督查考核局，将其承担的督查工作职责分别划入县委办公室、县政府办公室，考核工作职责划入相关部门。

机构改革后，共设置党政机构35个。其中，党委机构10个（纪检监察机关1个，工作机关9个）；政府工作部门25个（详见附件）。

三、统筹推进其他各项改革

（一）深化县人大、政协机构改革和群团组织改革

完善人大专门委员会设置，组建县人大社会建设委员会，负责研究、拟订、审议劳动就业、社会保障、民政事务等方面的有关议案，开展调查研究，开展有关执法检查。

优化政协专门委员会设置，组建农业和农村委员会，将县政协有关委员会联系农业界和研究“三农”问题等职责调整到农业和农村委员会。将科教文卫体委员会承担的联系文化艺术界等相关工作调整到文史资料委员会，并将文史资料委员会更名为文化文史资料和学习委员会，科教文卫体委员会更名为教科卫体委员会。

健全党委统一领导群团工作的制度，充分发挥群团组织作为党和政府联系人民群众的桥梁和纽带作用。改革机关设置、优化管理模式、创新运行机制，促进党政机构同群团组织功能有机衔接，支持和鼓励群团组织承接适合由其承担的公共服务职能，增强群团组织团结教育、维护权益、服务群众功能。要按照中央和省上统一部署，抓好改革的组织实施。

（二）深化县委县政府直属事业单位改革和承担行政职能事业单位改革

组建新的泾川县委党校（泾川县行政学校），实行一个机构、两块牌子，作为县委直属事业单位。

组建县融媒体中心，作为县政府直属正科级事业单位，归口县委宣传部领导。

全面完成承担行政职能的事业单位改革，精准梳理，应纳尽纳，切实将事业单位承担的行政职能划归行政机构。承担行政职能的参公管理事业单位，其行政职能划入相关部门后，按照“人随事走”的原则，转隶一直从事该项工作的参公管理人员。转隶人员要根据工作需要合理确定，从严控制数量，严格按照相关程序，报省机构改革领导小组批准。承担行政职能的非参公管理事业单位，只划转行政职能，不转隶人员。对于剥离行政职能后保留的公益类事业单位，加大整合力度，减少机构数量，严格规范管理。今后，除行政执法机构外，不再保留或新设承担行政职能的事业单位。此外，按照中央统一部署，区分情况实施公益类事业单位改革。面向社会提供公益服务的事业单位，理顺同主管部门的关系，逐步推进管办分离，强化公益属性；主要为机关提供支持保障的事业单位，优化职能和人员结构，同机关统筹管理。加大从事经营活动事业单位改革力度，推进事企分开。

（三）深化综合行政执法改革

按照中央关于深化综合行政执法改革的要求和省上制定的实施意见，在明确执法机构和人员划转认定标准和程序的基础上，整合组建市场监管、生态环境保护、文化市场、交通运输、农业等5个领域综合执法队伍，实行“局队合一”体制，强化县级主管部门行政执法职能。在乡镇探索实现一支队伍管执法，建立乡镇综合检查与县级专业执法协调配合机制。

要对行政执法机构进行严格界定，对承担行政执法职责且现仍在执法岗位的人员进行甄别确认，锁定人员和编制。执法人员只出不进，整合组建综合行政执法队伍涉及的不同性质编制暂保持现状不变，待中央统一明确政策后逐步规范。清理规范临时人员和聘用人员，严禁使用辅助人员执法。

统筹配置行政执法职能和执法资源，从源头上全面梳理、规范和精简行政处罚、行政强制事项，相对集中行政处罚权、行政强制权。严格执法责任，加强执法监督，做到严格规范公正文明

执法。建立健全综合执法主管部门、相关行业主管部门、综合执法队伍间协调配合、信息共享机制和跨部门、跨领域执法协作联动机制。

继续深入推动城市管理等其他跨领域跨部门综合执法。在此基础上，从实际出发，进一步加大整合力度，实行更大范围的综合执法。

（四）构建简约高效的基层管理体制

强化基层政府社会管理和公共服务职能，深入推进审批服务便民化和直接服务民生的公共事业部门改革，打造综合、便民、高效的政务服务平台，实现就近能办、多点可办、少跑快办，最大限度方便群众办事。推动基本公共服务事项进驻村（社区）办理，推进村级便民服务点和网上服务站点全覆盖，积极开展代缴代办代理等便民服务。

深化乡镇管理体制改革，建立面向人民群众、符合基层事务特点的基层政权机构设置和人力资源调配模式，将乡镇的工作重心转到加强党的建设和公共服务、公共管理、公共安全上来。整合基层的审批、服务、执法等方面力量，统筹机构编制资源，整合相关职能设立综合性机构，实行扁平化和网格化管理。积极探索构建适应乡镇工作特点和便民服务需要的基层管理体制。

（五）强化机构编制管理刚性约束

一是严格执行党政机构限额管理规定。认真落实中央规定的机构限额和省委批准的机构数额要求，泾川县党政机构不超过35个。

二是严格规范机构设置。县委县政府不设部门管理机构。县级党政机构称委、部、局、办公室，机构规格为科级，其内设机构及经批准设立的派出机构为股级。清理不规范设置的机构，擅自设立的机构和岗位、擅自配备的职务一律取消，实体化运行的挂牌机构、变相设置的部门管理机构及“事业局”一律取消。

三是严格编制和领导职数管理。一般不设6名行政编制以下的党政机构。认真落实中央组织部、中央编办关于进一步规范领导职数管理的意见，严格按照规定的机构规格核定相对应的领导职数。按有关规定从严核定内设机构人员编制和领导职数。结合这次机构改革，打破编制分配之后部门所有、单位所有的模式，编制随职能变化按程序相应进行调整。

四是完善配合协作机制。进一步完善机构编制与组织、人事、财政等部门的配合协作机制，全面推行机构编制实名制管理，充分发挥机构编制管理在全流程中的基础性作用。推进机构编制信息公开，提高机构编制管理工作透明度，接受各方监督。完善机构编制同纪检监察机关和组织人事、审计等部门的协作联动机制，推行党政主要领导机构编制审计，加大机构编制违纪违法行为查处力度。严格控制编外聘用人员，从严规范适用岗位、职责权限和各项管理制度。

五是严格遵守机构编制纪律。严禁违反政治纪律，在贯彻落实党和国家机构改革和机构编制重大决策部署过程中有令不行、有禁不止，上有政策、下有对策，搞变通、拖延改革或者预期不执行、不报告；严禁违规设立、撤销机构或者变更机构名称、规格、性质、职责权限，在限额外设置机构，变相增设机构或者提高机构规格；严禁违规增加编制种类、突破行政编制总额增加编制、改变编制使用范围，擅自超编录用、调任、转任人员，挤占挪用财政资金、其他资金为超编人员安排经费，以虚报人员等方式占用编制并冒用财政资金；严禁违规核定领导职数，或者超职数、超规格配备领导干部；严禁伪造、虚报、瞒报、拒报机构编制统计、实名信息和核查数据，或者实施其他违反机构编制管理规定的行为。除专项机构编制法律法规外，各部门起草的行业规章、政策文件、领导讲话不得就机构编制事项作出具体规定，涉及机构编制事项的，统一由机构编制部门按规定权限和程序办理。

四、组织实施

（一）加强组织领导

要把抓改革举措落地作为政治责任，坚决落实各项机构改革任务。县机构改革领导小组负责全县机构改革的组织领导、统筹协调和督促落实，县机构改革领导小组办公室承担日常工作，建立工作专班，明确任务分工和责任主体，倒排时间表，制定施工图，紧凑有序推进机构改革工作。

（二）精心组织实施

要按照省委批准的机构改革方案，尽快制定实施意见和相关配套方案，抓紧组织实施，全面有序做好班子配备、办公场所调配、宣布班子、挂牌、职责划转和人员转隶、“三定”制定、经费资产处置、印章使用、档案移交管理等工作，不迟滞拖延，不搞变通，确保于2019年3月底前基本完成改革任务，并向市委报送总结报告。

（三）稳妥有序推进

全面贯彻落实“先立后破、不立不破”原则，坚持有组织、有步骤、有纪律推进机构改革，把握好改革发展稳定关系。加强思想政治工作，正确引导社会舆论，确保思想不乱、工作不断、队伍不散、干劲不减。此次机构改革不搞断崖式人员分流，因机构整合、撤销等造成的富余人员，在工作实践中逐步消化。要切实保证改革期间各项工作连续稳定，新老机构和人员接替平稳有序、尽快到位，做到机构改革与日常工作互促共进。特别是确保安全生产、应急救援、维护稳定等方面的工作，绝不能出现任何空档期。

（四）严明纪律规矩

严格执行机构改革政治纪律、组织纪律、机构编制纪律、干部人事纪律、财经纪律、保密纪律，严禁突击提拔调整干部，严肃查处机构改革过程中的违纪违规问题。要全面贯彻落实《甘肃省关于市县机构改革的总体意见》和本方案，重大问题要及时向市机构改革领导小组报告，不得擅自作主。要将机构改革实施情况纳入重大决策部署督察任务和巡察范围，进行督促检查。

附件：1.中共泾川县委机构设置表

2.泾川县人民政府机构设置表

附件1　中共泾川县委机构设置表

纪律检查委员会监察委员会机关
办公室
组织部
宣传部
统一战线工作部
政法委员会
全面深化改革委员会办公室（设在县委办公室）
全面依法治县委员会办公室（设在县司法局）
网络安全和信息化委员会办公室（设在宣传部）
财经委员会办公室（设在县委办公室）
机构编制委员会办公室
审计委员会办公室（设在县审计局）
教育工作领导小组秘书组（设在县教育局）
农村工作领导小组办公室（设在县农业农村局）
直属机关工作委员会
县信访局
巡察工作领导小组办公室

说明：

泾川县委设置纪检监察机关1个，计入机构限额的工作机关9个（设在相关部门的县委议事协调机构的办事机构不计入机构限额）。其中，纪律检查委员会与监察委员会合署办公，实行一套工作机构、两个机关名称；办公室挂县档案局、机要和保密局、县国家保密局、县国家密码管理局牌子；组织部挂非公有制经济组织和社会组织工作

委员会、老干部局、县公务员局牌子；宣传部挂县政府新闻办公室、县新闻出版局、县精神文明建设指导委员会办公室牌子；统一战线工作部挂县台湾事务办公室、县政府侨务办公室牌子。

附件2　泾川县人民政府机构设置表

办公室	发展和改革局	教育局	科学技术局	工业和信息化局	公安局	民政局	司法局	财政局	人力资源和社会保障局	自然资源局	住房和城乡建设局	交通运输局	水务局	农业农村局	商务局	文体广电和旅游局	卫生健康局	退役军人事务局	应急管理局	审计局	市场监督管理局	统计局	扶贫开发办公室	医疗保障局

说明：

泾川县人民政府设置工作部门25个。其中，办公室挂县委外事工作委员会办公室、政府外事办公室、政府金融工作办公室牌子；发展和改革局挂粮食和物资储备局牌子；科学技术局挂外国专家局牌子；自然资源局挂林业和草原局、不动产登记管理局、绿化委员会办公室牌子；住房和城乡建设局挂人民防空办公室牌子；文体广电和旅游局挂文物局牌子；卫生健康局挂中医药管理局牌子；市场监督管理局挂食品安全委员会办公室、知识产权局牌子。

2019年泾川县国民经济和社会发展统计公报

泾川县统计局　国家统计局泾川调查队

（2020年4月29日）

2019年，全县上下坚持以习近平新时代中国特色社会主义思想为指导，深入学习党的十九大和十九届二中、三中、四中全会精神，全面贯彻习近平总书记视察甘肃重要讲话和指示精神，认真落实中央、省市、县委决策部署，积极应对市场形势多变、经济下行持续等诸多困难，全力推进稳增长、促改革、调结构、惠民生、防风险、保稳定各项工作，实现了经济平稳健康发展。

一、综合

初步核算，全县地区生产总值38.15亿元，按可比价计算，比上年增长6.6%。其中第一产业增加值8.35亿元，比上年增长6.2%；第二产业增加值6.51亿元，比上年同口径增长7.0%；第三产业增加值23.29亿元，比上年增长6.7%。按常住人口计算，人均生产总值实现13254元，比上年增长6.2%。三次产业结构比例为21.9 ：17.1 ：61。

二、农业和农村经济

全年农作物播种面积47.68万亩，其中粮食作物播种面积38.51万亩，产量8.81万吨；蔬菜面积2.43万亩，产量2.21万吨；油料面积4.01万亩，产量0.49万吨；瓜类面积1.61万亩，产量4.15万吨；药材面积0.35万亩，产量0.015万吨；其他农作物面积0.77万亩。挂果果园面积16.31万亩，水果产量16.38万吨。其中苹果挂果面积14.25万亩，产量13.83万吨。牛、猪、羊、鸡饲养量分别为3.2万头、12.1万头、2.18万只、114.5万只。年末牛存栏1.63万头、猪存栏6.23万头、羊存栏1.62万只、鸡存栏66.67万只。全县农业机械总动力18.83万千瓦。

三、工业和建筑业

全年实现工业增加值32051万元，比上年增长5.4%。其中规模以上工业企业实现增加值4116万元，比上年增长7.1%；实现产值40196万元，比上年增长9.8%；实现主营业务收入35290万元。年末具有资质等级的总承包和专业承包建筑业企业6个。全社会建筑业增加值33092万元，比上年增长7.5%。全社会用电量21411.6万千瓦时，比上年增长9.2%。其中工业用电量6348万千瓦时。年末天然气使用户数7245户，天然气消费量932.65万立方米。

四、商品贸易

全年社会消费品零售总额279063.9万元，比上年增长7.8%。按行业划分，批发业零售额6773万元，比上年增长7.2%；零售业零售额197458.8万元，比上年增长8.1%；住宿业零售额5439.8万元，比上年增长8%；餐饮业零售额69392.3万元，比上年增长7.1%。限额以上企业实现商品零售额1514.7万元，比上年增长7.6%。商品销售（营业）额663982.8万元，比上年增长10.2%，其中批发业商品销售额67518.9万元，比上年增长7.5%；零售业销售额420704.1万元，比上年增长9.5%；住宿业营业额17742.2万元，比上年增长8%；餐饮业营业额158017.6万元，比上年增长13.8%。出口创汇2318万元。

五、固定资产投资

全年固定资产投资132205万元，比上年增长7.3%。其中5000万元以上项目投资29768万元，比上年下降52.2%，5000万元以下项目投资33777万元，比上年下降19.3%，房地产开发项目投资68660万元，比上年增长259%。第一产业投资1362万元，比上年下降48%；第二产业投资13683万元，增长7.3%；第三产业投资117160万元，增长32%。

六、财政、金融和保险

全年大口径财政收入41560万元，比上年增长1.8%。一般公共预算收入21848万元，其中税收收入12586万元，比上年下降9.5%；非税收入9262万元，比上年增长20.4%。一般公共预算支出251433万元，比上年增长11.4%。年末全县金融机构各项存款余额99.97亿元，比上年增长3.1%，其中储蓄存款87.94亿元，比上年增长7.6%。各项贷款余额70.83亿元，比上年增长2.3%。各类保费收入8084万元，各类赔付款支出2610万元。

七、交通和邮电通信业

公路运输货运量213.48万吨，货运周转量61385万吨公里，客运量218.38万人，客运周转量10805.64万人公里。境内公路总里程1258公里，年末全县民用汽车保有量10027辆。年末电信业务总量13724万元，各类通信用户29.05万户，其中计算机互联网用户8.17万户，4G用户17.92万户。

八、社会事业

全县各级各类学校（不含成人教育机构）345所，教职员工4552人，专任教师4134人，年末在校学生44333人。其中职业中专1所，在校学生4447人；高级中学2所，在校学生4675人；初级中学15所，在校学生7059人；完全中学2所，在校学生1803人；九年制学校2所，在校学生373人；小学183所（含教学点17个），在校学生17139人；幼儿园139所，小学附设幼儿班16个，在园幼儿8709人；特教学校1所，在校学生128人。义务教育阶段中学及小学入学率均达到100%。本年度全县高考上线人数2114人，上线率99.4%，其中本科上线人数1695人，上线率79.7%。

县级艺术表演团体1个，县级文化馆和公共图书馆各1个。全县文化广播服务站14个，农家书屋215个。年末拥有广播电视台1座，广播综合覆盖率99.7%，电视综合覆盖率99.3%。有线电视用户3675户，广播电视户户通覆盖215个村，受益6.02万户。全年体育获得市级以上奖牌8枚，其中省级以上1枚。

全县共有医疗卫生机构385个，其中综合医院、中医医院、康复医院各1家，基层医疗卫生机构237家，专业公共卫生机构4个，其他卫生机构141个。实有床位数1593张，卫生技术人员1502人，其中执业医师341人，执业助理医师193人，注册护士969人。

九、人民生活和社会保障

全年城镇居民人均可支配收入27155.4元，比上年增长7.7%；城镇居民人均消费支出15972.7元，比上年下降5.8%。农村居民人均可支配收入10483.7元，比上年增长9.3%，农村居民人均生活消费支出8814.9元，比上年下降8.2%。

年末，城镇职工基本医疗保险参保人数13167人，征缴医疗保险费6364万元，参加生育保险职工8635人，城乡居民医疗保险参保298144人。2019年末城镇新增就业4680人，登记失业率3.36%；考录引进安置高校毕业生414人，新增公益性岗位131个，下岗人员实现再就业1041人；年末参加企业职工基本养老保险6297人，其中新增缴费102人，征缴养老保险费3714万元；失业保险参保职工7446人，征缴失业保险费633万元；城乡居民社会养老保险参加人数207567人，征缴养老保险费3266万元；机关事业单位养老保险参加人数9138人，征缴养老保险费13423万元，职业年金654万元。社会福利收养性单位床位数393张，农村居民最低生活保障人数14297人。

十、环境保护和安全生产

可吸入颗粒物（PM_{10}）平均浓度为73微克/立方米，可吸入细粒物（$PM_{2.5}$）平均浓度为41微克/立方米，二氧化硫平均浓度11微克/立方米，二氧化氮平均浓度22微克/立方米，臭氧平均浓度84微克/立方米，一氧化碳平均浓度0.8毫克/立方米。列入国家考核的泾河泾川段出境断面地表水水质综合评价达到Ⅲ类标准，水质达标率100%；列入省、市考核的汭河泾川段水质达到Ⅲ类水质标准，全县城乡集中式饮用水水源水质达标率100%。

全年发生重大安全生产事故11起，其中道路交通事故9起、农机事故1起、垃圾清运机械伤害事故1起。死亡5人，其中道路交通死亡3人、农机事故死亡1人、垃圾清运机械伤害死亡1人。

全年平均气温10.5℃，年降水总量631毫米。

十一、人口

年末户籍人口35.3万人，户数11.14万户。根据人口抽样调查推算，全县常住人口28.82万人，城镇人口10.82万人，常住人口城镇化率37.54%。人口出生率10.22‰，死亡率5.88‰，自然增长率4.34‰。

注：

1.本公报2019年部分数据为快报数，正式数据以《泾川统计年鉴》为准。

2.公报中生产总值、各产业增加值和人均生产总值绝对数按当年价格计算，增长速度按可比价格计算。生产总值核算执行国家统计局印发的《中国国民经济核算体系（2016）》。

3. 2019年末常住人口数、人口出生率、死亡率、自然增长率为人口抽样调查推算数据。

4.本公报中就业、社保、医保、财政、金融、保险、交运、车管、通信、邮政、教育、科技、文化、旅游、广播电视、外贸、卫生、体育、环保、安监等数据由相关部门提供。